# ドイツの理科教育
## ―その伝統と革新―

宮野純次
藤井浩樹
共著

風間書房

# はしがき

　ドイツは理科教育の成立，発展に先進的な役割を果たしてきた国の1つである。しかしながら，ドイツの理科教育に関して，歴史，教育課程，教科書，授業，大学入試，教員養成などについてまとめた書はこれまで見られない。本書は，そうしたドイツの理科教育の実情を全般的かつ本格的に把握しようとする初めての試みである。

　ドイツでは，国際的な学力調査（TIMSS, PISA）での低調な結果に対する衝撃は大きく，2000年代になってから，児童・生徒の学力向上をめざした教育改革が進められている。理科教育においても「コンピテンシー」概念の導入，全国的なレベルでの初等・中等教育の教育課程の基準（「教育スタンダード」）の新設，大学入学試験の基準（「アビトゥーア試験における統一的試験要求」）の改訂など，改革は矢継ぎ早の様相を呈している。新しい理科教育，理科授業のあり方が模索されているのである。本書の第1の目的は，こうした最近の動向－ドイツ理科教育の革新－を明らかにすることである。

　一方，ドイツでは，確固たる教育の伝統は脈々と受け継がれている。それは，初等教育の総合的教科である「事象教授」，中等教育の「総合理科」といった理科教育の総合化にはっきりと現れている。また，同じく事象教授や「プロジェクト授業」に見られる，理科における問題解決，探究のあり方にも現れている。そして，理科教育における環境教育の取り組みは，すでに伝統ともいうべき充実した展開を見せている。本書の第2の目的は，以上のような主題の今日への継承－ドイツ理科教育の伝統－を明らかにすることである。

　著者の宮野純次と藤井浩樹は，広島大学で学んだ先輩，後輩にあたる。そしてドイツでは，同じくキール大学自然科学教育研究所（IPN）に留学している。その後，宮野はブレーメン大学，藤井はベルリン自由大学と，それぞ

れ交流する大学は現在の研究関心に応じて異なっている。しかし，宮野が初等教育，藤井が中等教育（化学教育）という関心の違いこそあれ，ドイツの理科教育に学びながら，わが国の理科教育のあり方を考えていきたいという思いは共通している。その根底には，理科教育の今日的問題を歴史と比較の視座から捉えること，つまり時間軸と空間軸を持った問題理解の必要性についての認識がある。

　もちろん本書は，歴史についての言及は一部にとどまるし，比較のもう１つの主体である我が国の理科教育についてはほとんどページを割いていない。あくまでも，ドイツの理科教育の実情を報告し，問題理解の１つの拠り所を提示するものである。しかし，実情を正しく捉えることを起点に，その背景や普遍性に思いをめぐらす中で，先の両軸は次第に浮かび上がってくると考えている。このあたりは，読者のご批評とご教示をいただければ幸いである。

　ここで，本書の構成について述べておきたい。本書は８つの章からなっている。第１章では，19世紀以来，初等教育において理科的内容を扱ってきた「郷土科」の成立と発展の過程，並びに1970年代以降，新教科として導入された事象教授の進展の過程を明らかにしている。第２章では，今日の事象教授における理科的内容の教育課程を取り上げ，関係学会や州が作成した教育スタンダードを紹介している。第３章では，環境先進国ドイツの環境教育に注目し，事象教授を中心とした具体的実践の特質を明らかにしている。第４章では，就学前の自然学習に言及し，学びの連続性の観点から，事象教授との関連を扱っている。これに続く章からは中等教育に話題を移し，第５章では，中等教育における理科の教育課程を取り上げ，常設各州文部大臣会議や州が作成した教育スタンダードを紹介している。第６章では，中等教育における理科の教科書について，その構成や内容の特徴を述べるとともに，理科の授業について，プロジェクト授業や最近の授業改革の動向について述べている。第７章では，大学入学試験に相当するアビトゥーア試験を取り上げ，理科の試験問題の特徴を明らかにしている。そして第８章では，中等教育の

理科や初等教育の事象教授を専門とする教師に注目し，そうした教師の大学における養成教育と学校における準備勤務の2段階の養成教育の実態を明らかにしている。なお，本書の末尾には，常設各州文部大臣会議による理科の教育スタンダードの全訳（課題例は一部訳出）を掲載している。

　本書の執筆にあたり，著者の恩師である寺川智祐先生（広島大学名誉教授）から，折りに触れて激励のお言葉とご教導をいただいた。ここに記して深く感謝申し上げます。また，本書の内容の一部には，平成24～26年度科学研究費補助金基盤研究B（研究課題番号 24402001，代表者 野上智行）の成果が反映されている。さらに，本書の出版に際し，平成26年度京都女子大学出版助成の交付を受けた。関係者各位に御礼申し上げます。

　最後に，本書を出版するにあたり，格別のご好意とご尽力をいただいた風間書房の風間敬子社長をはじめ，同書房の方々，とりわけ斉藤宗親氏に対して厚く御礼申し上げます。

　　　　　　　　　　　　　　　　　　　　　　　2015（平成27）年3月
　　　　　　　　　　　　　　　　　　　　　著者　宮野純次・藤井浩樹

# 目　次

はしがき

## 第1章　初等教育における理科の歴史 …………………………………… 1
### 第1節　郷土科における初等理科 ………………………………………… 1
1. 郷土科の理念的萌芽と郷土科論 ……………………………………… 2
2. 諸教科統合の理念と合科教授運動 …………………………………… 4
3. 基礎学校における郷土科の特設 ……………………………………… 5
4. 郷土科の体系と理科教育的意義 ……………………………………… 7

### 第2節　戦後ドイツにおける郷土科の変遷 ……………………………… 9
1. 東ドイツにおける郷土科 ……………………………………………… 9
2. 西ドイツにおける郷土科とそれへの事象教授の導入 …………… 15
3. 事象教授への批判 …………………………………………………… 22
4. 事象教授の新展開 …………………………………………………… 25

## 第2章　初等教育における理科の教育課程 …………………………… 41
### 第1節　事象教授の教育課程 …………………………………………… 41
### 第2節　事象教授の学会版教育スタンダード ………………………… 42
1. 事象教授のねらいとコンピテンシー ……………………………… 42
2. 学会版教育スタンダードにおける「自然科学」の展望 ………… 43

### 第3節　事象教授の州教育スタンダード ……………………………… 49
1. バーデン・ヴュルテンベルク州の教育スタンダード …………… 49
2. ハンブルク州の教育スタンダード ………………………………… 52

## 第3章　初等教育における理科と環境教育 ………………………………65
### 第1節　学校への環境教育の導入 ………………………………………65
1．環境教育の構想 …………………………………………………65
2．諸教科を横断する授業原理 ……………………………………66
3．学校における環境教育の実践状況 ……………………………68
### 第2節　学校における環境教育の展開 …………………………………71
1．環境教育の類型化 ………………………………………………71
2．環境を軸にした総合的な学習「グローバルに考え，ローカルに行動する」……………………………………………………73
### 第3節　環境教育における自然体験学習 ………………………………80
1．自然体験の意義 …………………………………………………80
2．環境教育における自然体験学習の実践 ………………………81

## 第4章　初等教育における理科と就学前の自然学習 ……………………89
### 第1節　ドイツの教育改革―7つの「行動領域」― …………………89
### 第2節　基礎領域における自然に関する学習 …………………………90
1．幼稚園のための教育計画 ………………………………………90
2．教育計画における自然に関する学習 …………………………93
### 第3節　学びの連続性 ……………………………………………………96

## 第5章　中等教育における理科の教育課程 ……………………………107
### 第1節　前期中等教育における理科の教育課程 ……………………107
1．学校制度と教育課程 …………………………………………107
2．前期中等教育における理科の教育課程 ……………………110
### 第2節　後期中等教育における理科の教育課程 ……………………119
1．教科目の選択履修 ……………………………………………119
2．後期中等教育における理科の教育課程 ……………………121

第3節　総合理科の教育課程の開発………………………………………125
　　　1．総合理科を求める動き………………………………………………126
　　　2．開発された総合理科カリキュラム…………………………………127

第6章　中等教育における理科の教科書と授業……………………………137
　第1節　理科の教科書………………………………………………………137
　　　1．教科書に関する制度…………………………………………………137
　　　2．中等教育における理科の教科書……………………………………138
　第2節　理科のプロジェクト授業…………………………………………146
　　　1．プロジェクト授業とは………………………………………………147
　　　2．プロジェクト授業の構想……………………………………………149
　　　3．プロジェクト授業の実際—テーマ「沼沢を体験する」—………152
　第3節　理科の授業改革の動向……………………………………………156
　　　1．理科授業の課題………………………………………………………157
　　　2．新しい理科授業モデル………………………………………………159
　　　3．授業モデルと理科教育の方向………………………………………162

第7章　理科の大学入学試験…………………………………………………165
　第1節　大学入学に関する制度……………………………………………165
　　　1．大学入学資格…………………………………………………………165
　　　2．大学入学試験…………………………………………………………167
　第2節　理科の大学入学試験………………………………………………168
　　　1．要求される能力………………………………………………………169
　　　2．試験問題の範囲と難易度……………………………………………170
　　　3．試験問題の解答に対する評価基準…………………………………171
　　　4．「化学」の試験問題…………………………………………………172

第8章　理科の教員養成……………………………………………179
　第1節　教師教育に関する制度…………………………………179
　　1．教師教育の目標……………………………………………180
　　2．大学における養成教育……………………………………180
　　3．学校における準備勤務……………………………………183
　　4．教師の継続教育……………………………………………184
　第2節　大学における教師の養成教育…………………………185
　　1．概要…………………………………………………………185
　　2．教育学領域の学習内容……………………………………186
　　3．教科領域の学習内容………………………………………187
　第3節　学校における教師の準備勤務…………………………189
　　1．概要…………………………………………………………190
　　2．養成校での教育実践………………………………………190
　　3．教員研修機関での研修……………………………………191
　第4節　理科教師の養成教育の課題……………………………193

付録　前期中等教育における理科の教育スタンダード
　　付録1．「物理」の教育スタンダード……………………………199
　　付録2．「化学」の教育スタンダード……………………………209
　　付録3．「生物」の教育スタンダード……………………………222
初出一覧……………………………………………………………237

# 第1章　初等教育における理科の歴史

## 第1節　郷土科における初等理科

　直観を根底とする感覚的な見方，考え方，遊びを中心とする行動，認識の未分化など低学年段階の子どもの特性を考えた場合に，ドイツにおいては，この段階で理科を独立した教科として教授するのではなく，他の教育と統合した総合的な教育を志向していた。私たちはこの総合的な教育の一端を，郷土科（Heimatkunde），及び合科教授（Gesamtunterricht）の成立及びその発展過程に見ることができる。

　さらに，ドイツにおける郷土科は，第2次世界大戦後，ドイツが東西に分割された後，それぞれの国において継承されていくことになる。東ドイツにおける郷土科は，廃止・再導入など幾多の変遷を経た後，国語教育の中の科目「郷土科」として位置づけられていた。西ドイツにおいては，特に1960年代後半頃から学問志向性が強い「事象教授」（Sachunterricht）が導入され，専門科学領域から内容が構成された結果，中等教育段階の教科教授に対する予備教授的性格が強くなっていた。しかし，過度の改革への批判とその後の検討の中で，郷土科の再評価が行われ，学習内容を子どもの生活現実に求め，超教科的，総合的な授業構成を意図した「郷土及び事象教授」（Heimat- und Sachunterricht）などへと新たな展開を見せていった。一方，旧東ドイツにおいても西ドイツと統一後，郷土科は「郷土科及び事象教授」（Heimatkunde- und Sachunterricht）に変えられていった。

　このように，ドイツ初等教育における郷土科は，「事象教授」や「郷土及び事象教授」などへといくつかの変革を経てきたが，それらの基本的理念や

内容構成の原理は，途絶えることなく続いており，ここに低学年理科教育のあり方の1つを見ることができる。

## 1．郷土科の理念的萌芽と郷土科論

　教授原理としての郷土科の源流は古く，16世紀のヴィヴェス（Vives, J. L.），17世紀のベーコン（Bacon, F.），ラトケ（Ratke, W.），コメニウス（Comenius, J. A.），ロック（Locke, J.）などにまで遡ることができる。また郷土科の教授原理が基礎づけられてくるのは，18世紀のルソー（Rousseau, J. J.）やペスタロッチー（Pestalozzi, J. H.）の頃からであり，19世紀にはそれが郷土科論として発展してくる。郷土の自然及び社会現象を教授の出発点として重視し，その直観教授に郷土科という概念を導入し，地理，博物，歴史などの教科別に行うことなく，総合して1つの独立教科として郷土科を設けようとする提唱はハルニッシュ（Harnisch, C. W.）やフィンガー（Finger, F. A.）に始まる。

　ペスタロッチー主義者であるハルニッシュは，1820年，『ドイツ小学校教育綱領』（Handbuch für das deutsche Volksschulwesen）において，「実科（Realien）という名前のもとに学校に取り入れつつある全く雑多な教材を1つの全体的統一体（ein Ganzes）とする」[1)]と記し，初等教育の教科として取り入れられつつあった博物，理化，地理，歴史などを一括して「世界科」（Weltkunde）とし，分科的ではなく関連的，総合的に取り扱うことを提唱した。また，人間の発達段階を考慮しながら，世界科を児童の直観の世界が拡大していく段階に対応して，郷土科，祖国科，地球科に3分割し，「児童が郷土を深く理解すればするほど，人間を深く理解できる」[2)]として，郷土科がすべての陶冶の基礎として位置づけられた。ハルニッシュにおいて初めて，郷土科は実学主義的陶冶内容全体との関連で構想され，郷土科の内容基準が明示された。

　その後，フィンガーは，1844年に『郷土科教授指針』（Anweisung zum Unterricht in der Heimatkunde）において，「郷土教授は，主として地理教授の予備

たるべきものであるが，また直観を基礎とする独立教科であるべきものとなし，直観に依って郷土地方を知らしめることを目的とした」[3]と述べている。フィンガーの郷土科構想では，教材を第1学年から第4学年までに配当し，郷土的対象を十分に観察させたり，地理的，歴史的，理科的各方面から，これを統一的に考察させたり，記述・描写させるだけでなく，相互に対照比較して，その関係を考究させるように意図されていた[4]。フィンガーは，郷土科を第1・2学年，第3学年，第4学年の3段階に分け，その範囲，内容，方法についてハルニッシュよりも明確に基礎づけている。

　ハルニッシュとフィンガーは，直観に基づいて身近な郷土的環境を研究し，この郷土研究を基礎としてより高度な内容や教科へ進むことを郷土科の課題とした。彼らの郷土科は郷土研究そのものを必ずしも目的とせず，地理学習のための入門的，予備的性格を持っており，地理的郷土科といえる。

　このように，教科論として発展してきた郷土科であるが，1854年10月，プロイセンの国民学校では，「すべての教授は直観に基礎づけられ，直観においてまた思考や会話において行われるべきであるので，単級初等学校では直観，思考と会話における分離された教授はそれに適さない」[5]として，読み方，書き方，算数，唱歌と宗教だけが教科として義務づけられた。他の諸州も同様に，国民学校から独立した学習領域としての直観・郷土科教育は姿を消すことになる。しかし，1872年10月，プロイセンにおいて「一般諸規程」(Die Allgemeinen Bestimmungen) が公布され，国民学校の中・高学年に歴史，地理，博物，物理，及び化学を含む実科（Realien）が新設される。実科は，「児童をその郷土的環境に精通せしめ出来るだけ自然現象を理解」[6]させることを目的としていた。郷土科のための特別の時間配当はなかったが，実科の新設に伴って，郷土科が復活することになる。この郷土科は，高学年における地理，歴史，博物などを学習するために，郷土的直観に基づいて，特に地理の基本概念を発達させるという入門的，予備的性格を持った地理的郷土科であった。

## 2．諸教科統合の理念と合科教授運動

　ハルニッシュとフィンガーの入門的，予備的性格を持った郷土科の他に，19世紀においては諸教科統合の試みが見られる。ヘルバルト学派のチラー（Ziller, T.）やライン（Rein, W.）の中心統合法の主張では，中心教科として情操科が据えられ，その周囲に自然科学，数学，図画，地理などの教科が配されていた[7]。これ以外に，自然科学的総合教育，あるいは総合理科の思想として，ロスメスラー（Rossmässler, E. A.）の博物中心のカリキュラム，「生活共存体」（Lebensgemeinschaft）という概念を導入したユンゲ（Junge, F.）の博物的郷土科，ヘルバルト学派の中心統合法思想の影響を受けたバイエル（Beyer, O. W.）の人間を中心として自然や文化を見るための総合化，ザイフェルト（Seyfert, R.）の労働科（Arbeitskunde）をコアとしての自然科，地理，歴史を含めた総合化などを挙げることができる。これらは，教科中心主義の教育を否定し，個性と自由を重視する統一された全体に注目させていこうとする教育思想である。さらに，20世紀に入ると，子どもの生活領域における自然や社会の事象を彼らの経験を通して総合的に理解させようとする合科教授思想が生まれてきた。

　現代の合科教授運動の直接的契機は，1908年にライプツィヒ学校委員会が労作思想及び総合的教育を基調とする実験学級の設定を決議した頃に見られる。郷土を中心とする今世紀の合科教授は，20世紀のドイツにおけるカリキュラム改革運動を代表するものであり，この運動の先頭に立ったライプツィヒの合科教授プランは，世界における最初の公定革新カリキュラムであるといわれている。1913年にはライプツィヒ教員会教授法部が「ザクセン国民学校のための新教科課程」を発表している[8]。これによると小学校入学時から，遊び，散歩，観察，絵本による観察，スケッチなど，自然発生的な合科教授が開始され，数週間のうちにより関心の高いテーマへと学習が移行するように考えられている。一方，こうした指導と並行して読み方，算数，体育など

の練習教育も設定されている。さらに翌1914年には同教授法部が1・2学年の合科教授を発表するまでに至る。

その後，1920年には，ライプツィヒがあるザクセン州において基礎学校の第1学年から第4学年までの合科教授が初めて正式に認められ，時間割による教科別の教授は廃止されることになる[9]。ライプツィヒの合科教授は，その教材を家・庭・街路のような児童周辺の環境から，次第に拡大された地域に及ぶ範囲へと広げ，教科の枠を廃止して直観教授，事象教授を中心として行うことを意図するものであった。

## 3．基礎学校における郷土科の特設

郷土科の最善の形態に関するさまざまな努力は，第1次世界大戦後に行われた。敗戦によるドイツ帝国の崩壊，生活形態の動揺は，教育に対して新しい基盤を求めた。ここに郷土教育が国民教育の基礎として認識されてきた。

1920年6月には帝国教育会議（Reichsschulkonferenz）が開催され，郷土教育の問題が取り上げられた。この会議では，①郷土学校の陶冶理念を達成するために，すべての教授を郷土科的原則に向け，郷土科の授業に十分な時間を配当すること，②基礎学校は，第2・3学年に郷土科的合科教授を設定し，少なくとも週当たり6時間の郷土科教育を行うこと，③基礎学校に接続するすべての学校は，基礎学校で習得された郷土的陶冶財を拡大し，深化すべきであることなどが決議された[10]。同じ時期に，児童からの教育学，体験・労作学校の教育学に基づく教育改革の努力が浸透し，教育行政面に定着していくことになる。

基礎学校における郷土科の特設は，すでにザクセンでは実施されていたが，プロイセンでは，1921年3月の「基礎学校教育課程編成基準」（Richtlinien zur Aufstellung von Lehrplänen für die Grundschule）において，郷土科は宗教，国語，算数，図画などと並ぶ教科として，表1-1に示したように成立した[11]。

当初はただプロイセンだけで有効であったが，その後それが残りの州の模

表1-1　基礎学校における郷土科（プロイセン・1921年）

1．郷土科は基礎学校に教授対象として導入される。
2．合科教授の大枠のもとに，最初の2学年で郷土科的な直観教授が行われ，教授の中心はさまざまな教授領域，例えば，読む，書く，計算する，歌う，体操する，作業をする，絵を描く，などが有機的に結合される。それゆえ，分科としない。郷土科的な直観教授の教材は，「子どもの身近な経験世界」，例えば，家，屋敷，庭，森，家事，手仕事などから取り出される。
3．本来の郷土科は，第3・4学年において「後に続く地理的，博物的，歴史的教育のための」入門として行われる。これによって，経験領域が次第に拡大され，第4学年の後期には郷土地方についての知識が促進され得る。
4．週当たり第3学年には3時間，第4学年には5時間が配当される。

表1-2　基礎学校における時間割（プロイセン・1921年）

| 教科目＼学年 | 1 | 2 | 3 | 4 |
|---|---|---|---|---|
| 宗　　　教 | | 4 | 4 | 4 |
| 郷土科又は郷土科的直観教授 | 合科教授 | 9 | 10 | 11(10) |
| ド イ ツ 語 | | | | |
| 書　　　方 | | 2 | 2 | 2 |
| 算　　　術 | | 4 | 4 | 4 |
| 図　　　画 | | — | 2(1) | 2 |
| 唱　　　歌 | | 1 | 2(1) | 2 |
| 体　　　操 | | 2 | 2 | 3(2) |
| 裁　　　縫 | | — | (2) | (2) |
| 計 | 18 | 22 | 26 | 28 |

範となった。この「基準」は，「すべての教授は子どもの郷土的環境との関係を注意深く形成し，子どもが就学前に獲得した精神的占有に関連しなければならない」[12] という原則に立って，直観教授に合科教授を認めたのである。表1-2には，1921年のプロイセンの基礎学校における時間割を示す[13]。

この郷土科の試作期の1923年4月21日にベルリンで開かれた郷土科のため

の研究集会で，教育思想家であるシュプランガー（Spranger, E.）が，「郷土科の陶冶価値」（Dea Bildungswert der Heimatkunde）という演題で講演し，ここで彼は郷土科の学問的基礎づけを試み，その後の郷土科教育の概念に大きな影響を及ぼしている。シュプランガーは，郷土を定義して，「郷土は土地との体験し得る，また体験された全体的結合である。その上，郷土は精神的な根源感情である。それゆえ，郷土は決して単なる自然と見なされるべきではない。それは体験的に獲得され，その結果精神化され，そして結局全く人格的に彩られた自然である」[14]といっているように，従来の郷土観は新しい展開を示すようになった。今や郷土は単なる自然的環境ではなく，体験によって生じる精神的存在であることが自覚されるようになったのである。

　こうして初めて正式に成立した郷土科は，理科的，社会科的内容を統合した独立教科であったが，その中心的理念である郷土原理は，第1学年から第4学年までの基礎学校の合科教授を規定する教授原理でもあった。その結果，第1学年は郷土科的直観教授を中心とする合科教授としてカリキュラムが編成され，第2学年には郷土科的直観教授，第3・4学年には郷土科教授，が独立した教科として設置された。これ以後，郷土科はドイツ各地の基礎学校に普及することになる。

## 4．郷土科の体系と理科教育的意義

　郷土科の主要な原理として，①「直観の原理」（Prinzip der Anschauung），②「近きから遠きへ」（Vom Nahen zum Entfernten），③「自己活動の原理」（Prinzip der Selbsttätigkeit），④「すべては子どもから」（Alles vom kind aus），⑤「全体性の原理」（Prinzip der Ganzheit），⑥「性向・情緒陶冶の原理」（Prinzip der Gesinnungs- und Gemütsbildung），⑦「国民的陶冶の原理（Prinzip der volkstümlichen Bildung），を挙げることができる[15]。つまり，郷土科教育とは，郷土科のもとで，直観的に，具体的に，子どもの生活中心的に，自己活動を念頭において，最初の基礎学校の4年間に国民的に遂行される教育に

おいて，子どもたちの最も近い関係から，子どもたちの人間世界と事物の世界を，全体的な観点と情緒陶冶的な方法で解明するということになる。

基礎学校の教科に取り入れられた郷土科は，その当初，①身近な環境の一般的な事柄ときまり，②歴史的な諸事実，③地理的現象，④自然科学的現象（生物，物理），⑤作業上，技術上の事柄，に関する内容を含んだ教科として位置づけられていた[16]。

第1・2学年の郷土科的直観教授は，教授原理的性格を持ち，子どもに近い経験世界，すなわち家，屋敷と庭，校舎と校庭，道路と林，野原，草原と森，家庭生活と学校生活，家，手工業，商売，農業，園芸における労働，などから教材の内容が取り出された。

本来の意味における郷土科は，第3学年から始められた。第3・4学年の郷土科教授では，「1日及び1年における太陽の運行，月の変化の観察から天文学の初歩が，郷土の土地の状況や河川の観察から地理学的基本概念が習得される。郷土地方の地図作製，砂箱における模造によって地図理解のための基礎がつくられる。郷土の動物や植物の観察は，それらの構造や生活及び相互関係の知識に導く。郷土の伝説や伝承を探し，それらを話すことは歴史教育の準備をする」[17]として，後に続く地理的，博物的，歴史的教育のための準備を行うという入門的，予備的性格を持っていた。

以上のように，合科教授思想と密接な関連を持って，1920年代に基礎学校に教科として特設された郷土科は，子どもの生活領域である郷土の自然や人間生活を対象に子どもの主体的な自己活動や直観によって，全体的総合的に理解させることを目標とし，その追求過程の中で具体的事象に対する鋭い観察力，観察によって得られた表象を正確に表現する能力，自然に親しみ自然への興味・関心や共感を高め自然を統一的に見る態度，共同社会的心情，郷土愛などを育成しようとしていた。この段階の子どもの特性である直観を根底とする感覚的な見方，考え方，認識の未分化などを考えた場合に，ドイツにおいては，初等教育段階で理科を独立した教科として教授するのではなく，

他の教科と統合して総合的に教授しようとしていた。そこでは，生活環境を教科としてではなく全体的に把握する年齢段階の子どもたちにとって，生活環境は諸教科に区分されて出会うものではないということが重視されている。それで，事象はまず子どもの環境から取り出される。その実践にあたっては，子どもの心的発達段階を考慮し，第1・2学年では郷土科的直観教授，第3・4学年では郷土科という教科を適用した。この年頃の子どもたちの自然認識は，まず具体的な事象の感性的な認識から入って，漸次抽象化され，法則化されていく。この段階では言語の発達が重要な役割を果たしており，したがって自然の認識は言語の教育と密接な関係を持っていると考えられていた。しかしいずれにしても，郷土科はその中に理科的，社会科的内容を統合しており，実質的に初等段階の第1学年からそれらの領域の学習を実施していることは，理科教育という立場からすれば，遥かに時流を抜く卓見であり，大きな意義を持つものであった。

その後，ナチス支配の時期には，郷土科の本来的動機はゆがめられ，郷土の地理的博物的側面よりも民族的歴史的側面が強調された。第2次世界大戦後，ナチス期ドイツの否定の上に，東・西ドイツが成立することになる。

## 第2節　戦後ドイツにおける郷土科の変遷

### 1．東ドイツにおける郷土科

#### (1) 郷土科の廃止と再導入

第2次世界大戦後，ドイツは連合国軍の占領下に置かれ，アメリカ，イギリス，フランス，ソビエトの4ケ国により分割統治されていたが，ソビエト占領地区を母胎として，1949年10月にドイツ民主共和国（Deutsche Demokratische Republik），いわゆる東ドイツが発足する。教育制度の面から見れば，1959年12月には，「東ドイツの学校制度の社会主義的発展に関する法律」が

制定され,第1学年から第10学年までを義務教育とする10年制一般陶冶総合技術学校（Die zehnklassige allgemeinbildende polytechnische Oberschule）の建設が決定された。その後,1965年以降,東ドイツの教育目的と制度は,「統一的社会主義教育制度に関する法律」に基づいていた。そして,社会主義国としての国家理念のもとに,教育の基本的目的として「全面的・調和的に発達した社会主義的人格の形成」[18] が掲げられていた。

戦後になって復活した郷土科は,1951年に廃止されている。児童の発達段階が考慮され,第4学年においても系統性と科学性の原理が重視され,郷土科に代わり,「生物（博物）」（Biologie（Naturkunde））や「地理」（Erdkunde），「歴史」（Geschichte）が,第4学年から設置された[19]。教科教授は第5学年から始められていたが,その準備的段階として第4学年が位置づけられた。その後,郷土科に対する肯定的な評価が出され,低学年段階のすべての教科で考慮されるべき原理として,郷土科を見直す動きが高まってきていた。その結果,1955年には,郷土科が再び教科として設置された[20][21]。

しかし,1959年の教育課程において,郷土科は早くも教科としては廃止され,教授原理として引き継がれることになった。従来の郷土科概念が批判され,低学年教育全体での新しい郷土科的内容の確定が問題とされていた。新しく明らかにしなければならない概念として,①郷土,②郷土愛,③郷土科,であると指摘されていた[22]。こうして,第1学年から第4学年までの国語（ドイツ語）教育は,郷土科的国語教育（Heimatkundlicher Deutschunterricht）とされ,郷土科の内容を引き継ぐ,科目としての「郷土科的直観」（Heimatkundliche Anschauung）が,その中に統合された。国語教育と新しい科目である郷土科的直観との関連については,「郷土科的国語教育の構想は,母国語教育において特殊な個々の部分を孤立させるのではなく,むしろすべての科目の協力において統一あるテーマを基礎に獲得することへと方向づけられている。この方法において,実生活の知識獲得と母国語に関する研究との相互作用が十分に利用し尽くされる。その際,他方において,言語に熟達する

ことによって，児童は自然と社会の現象や因果関係の中により深く入り込むことができるし，児童にとって郷土科的環境の中での観察や体験は，母国語理解のための手助けとなる」[23]と説明されている。

また，1科目としての郷土科的直観については，「児童は，郷土科的直観の授業の中で，従来以上に，社会実践とのより緊密な関係において，自然と人間の生活に関する基礎的な知識を得るだろう。…観察，探索，授業活動，簡単な実験，社会的に有益な活動といった，多様な学習の実践的形態をとることによって，児童はより包括的に陶冶され，肉体的，精神的な力の啓発のためのより大きな可能性を得るだろう」[24]と述べられている。郷土科的国語教育の中に，郷土科的直観が科目として統合されることで，言語との関連で実生活における自然と社会に関する基礎的な知識の習得が考慮されていた。

## （2）郷土科と学校園科

1965年2月には，「統一的社会主義教育制度に関する法律」が制定され，それに伴い，指導要領も改訂されている。総合技術教育の導入により，1960年代の後半には，郷土科的直観の中に，植物の栽培と野外での農作業等を含む「学校園科」（Schulgartenunterricht）が新たに登場していたが，1967年改訂の教育課程では，郷土科的直観は科目「郷土科」と名称変更され，学校園科は1つの独立した教科となっている[25]。

東ドイツでは，ドイツにおける伝統的な合科教授・郷土科教授の思想を継承・発展させた形で，教科「国語」（Deutsch）の中に，「読み方」（Lesen），「書き方」（Schreiben），「正書法」（Rechtschreiben）などと並んで「郷土科」が設けられ，この郷土科の中で理科的，社会科的領域に関する学習が行われていた（表1-3）[26]。初等国語教育は，郷土科を国語教育における「特別の」科目として統合することにより，社会主義社会の生活と自然に関する知識，社会主義的態度，行動様式とを密接に関連づけていた。

児童の言語の能力と技能は，郷土科の自然・社会領域の事物・現象を通し

表1-3　第1～4学年までの教科「国語」の科目名と週時間数

| 科　目 \ 学　年 | 第1学年 前期 | 第1学年 後期 | 第2学年 | 第3学年 | 第4学年 |
|---|---|---|---|---|---|
| 読 み 方 | 10 | 5 | $3\frac{1}{2}$ | 3 | $3\frac{1}{2}$ |
| 書 き 方 | | | 2 | 1 | (－) |
| 正 書 法 | | 2 | $2\frac{1}{2}$ | 3 | 3 |
| 文　　法 | | | 1 | 2 | $2\frac{1}{2}$ |
| 口頭, 文字による表現 | | 1 | 1 | $1\frac{1}{2}$ | 2 |
| 郷 土 科 | 1 | 2 | 2 | $3\frac{1}{2}$ | 3 |
| 合　　計 | 11 | 10 | 12 | 14 | 14 |

て，①事物の名前を正しくいうこと，②簡単な法則的関連を示すこと，③社会的出来事について意見を述べること，などによって育成されることが期待されていた。言語能力を系統的に発達させるには，特に，それぞれの領域に特有な多くの言葉に関して，子どもの語彙が拡大されることが重要であると考えられていた[27]。

　さらに郷土科では，「社会主義社会における生活，ソビエト連邦やその他の社会主義諸国との協力，労働者の労働，自然に関する系統的で計画的な基礎知識」[28]の習得もまた大きな目標とされ，第5学年から始まる自然・社会科学的諸教科の基礎・準備となるような学習も行われていた。

　その後，1980年代の改訂において郷土科では，学習領域が大きく理科的領域と社会科的領域の2領域に分けられ，各領域における知識の特殊性や系統性の確立が意図された。理科的領域においては，①第1学年において冬と春だけ行われていた学習が，四季を通じた気象現象，植物，動物に関する学習へと変更されている，②他学年においても，季節における気象現象との関連が強化されるなど，取り扱いの重点が明確にされている，③第4学年においては，観察と実験といった教科に特有な学習方法の習得など第5学年以降の

教育への準備が確実にされようとしていることなどが指摘できる。

このように，東ドイツでは，国語教育の中に理科的，社会科的領域の学習を行う郷土科を置き，植物の栽培と野外での農作業等を含んだ実際的な活動を重視する教科である「学校園科」との関連が図られていた。東ドイツの初等教育においては，児童の経験の拡大や知識の獲得と児童の実際的な活動である労働とを有機的に結合しようという考えのもとに，理科的領域が取り扱われていたといえる。そして，理科的領域においては，児童が気象現象や植物，動物に関する知識だけでなく，季節の変化と植物，動物の行動及び人間の活動との関連も認識し，自然を生物界と無生物界の統一として直観的に分かりやすく理解できるようになることがめざされていた[29)30)]。

### (3) 統合前後の東ドイツの初等理科

東欧情勢の変化により，1989年11月9日に「ベルリンの壁」が開放されている。同年12月には，東ドイツの学校週5日制導入の問題により，時間割短縮の提案が出され，郷土科を含めて国語教育の全科目の時間削減案も示されている[31)]。郷土科においては，社会科的領域の中で「就労者の労働」などに関する内容が削除・軽減されている。同月には「学校改革に関するテーゼ」[32)]が出され，翌1990年1月にはそれを受けて3月からの後期時間割に関して指示されている[33)]。

また，2月には自然・環境保護の立場からの学校園科の見直し[34)]，郷土科の捉え方の問題と改訂の必要性[35)]，などについて論じられている。さらに，3月には学校園を緑の教室と見なすことにより，生態学的観点から新しく構成されるべきであるとしている。しかし，労働愛や労働行為に関する教育を今後も学習目標とし，野菜栽培は教育の確かな構成部分であるとしている[36)]。

5月には郷土科教育の構想に関する継続開発の見解が示されている。郷土科を環境教育との関連で捉え，生態学的に強く方向づける郷土科教育についても論じられている[37)]。7月には，郷土科教育の改革に関して，子どもに即

した学問志向の「郷土及び事象科教授」（Heimat-und Sachkundeunterricht）の始まりに向けて，第1～4学年の子どもに新しい社会の枠条件での社会的な行動能力の育成を考慮するべきであるとの指摘もなされている[38]。その際，最初の2カ年は子どもの直接的環境の中で教科を越えた形で統合されるべきであり，第3学年で教科の準備的教育が開始され，第4学年ではさらにそれが強調されるべきであるとしている。また6年制の基礎学校を導入しているベルリン州では，両ベルリンにおける教育改革に関して論議されている[39]。

雑誌『低学年』（Die Unterstufe）の7／8月号には，1990/91学年度のための第3・4学年の科目「郷土科」の大綱方針が示されている[40]。そこでは，徹底した子ども志向や目標，内容，構成面での教育の民主化，などの重要性が指摘されている。そして，これまで定評のあった地理や生物のための準備教育を行うという郷土科の入門的，予備的性格は維持されている。そして9月には「暫定的な学校規定」が5つの州とベルリンの一部に対して出されている[41]。翌1991年の雑誌『低学年』の5月号でも，新しい州における将来の学校制度に関する考えなどが示され，子ども志向の学校としての基礎学校における教育に関して議論されている[42]。

ドイツが統一されて1年後の1991/92学年度からは，郷土科は「郷土科及び事象教授」（Heimatkunde-und Sachunterricht）と名称変更され，5つの州とベルリンの一部に対して共通の教科書[43]が出版されるとともに，各州の特性を考慮した6種の学習帳[44]～[49]も出版されている。第3・4学年における共通の教科書の内容は，①家庭の中で，②自分たちの感覚で環境を発見する，③私の通学路，④地図は方向を確認する際に私たちを助ける，⑤日常の天気，⑥私たちの野原で，の6テーマで構成されている。理科的領域に関する内容は，主に②，⑤，⑥で扱われるが，他領域の学習内容との融合も見られる。

さらに，1992年には基礎学校における原理・教授目標としての環境教育が取り上げられ，新しい州における傾向や必要性などが継続論議されている[50]。また，新しい州の学習・大綱計画において，学校園科はメクレンブルク・フ

ォアポンメルン州，ザクセン州，ザクセン・アンハルト州では教科として提示されている。一方，ブランデンブルク州では事象教授の要素として提示されるなど違いも見られる[51]。しかし，いずれにせよ「学校園科」は基礎学校構想の一部分として置かれ，そこで子どもに自然の体験，描写，解明及び自然理解の可能性を与え，積極的に環境意識の基礎を築こうとしている。

このように，統合以前の東ドイツでは，「ベルリンの壁」開放以来，ドイツ統合へ向けて初等理科教育の改革が行われてきた。郷土科や「学校園科」の新しい方向づけが論じられ，郷土科における不適切な内容の削除・軽減，環境保護の立場からの「学校園科」の見直しなどが実施されていた。さらに，統一後は，郷土科に代わり，子ども志向の「郷土科及び事象教授」が開発されるとともに，環境教育を重視した「学校園科」を教科として，あるいは事象教授の要素として構想している。

統一後のドイツで，旧東ドイツ地域における初等理科教育は西ドイツ化を進めながらも，環境教育という大枠の中で，これまで築いてきた児童の経験の拡大や知識の獲得と児童の実際的活動とを有機的に結合しようという考えは発展的に継承されているといえよう。

## 2．西ドイツにおける郷土科とそれへの事象教授の導入

### (1) 郷土科から事象教授へ

ドイツ連邦共和国（Bundesrepublik Deutschland），いわゆる西ドイツは，1949年5月にアメリカ，イギリス，フランスの占領地区を母胎として発足した。10の州と西ベルリンからなる連邦国家で，教育や文化の領域に関する立法権や行政権等の教育主権は，大幅に各州に委ねられていた。

1960年代末から1970年代半ばにかけて，西ドイツの基礎学校のカリキュラムは大きく変貌することになる。郷土科に対する明確な批判が提出されたのは1960年代後半であり，その先鋒を切ったのは，ミュッケ（Mücke, R.），フィーゲ（Fiege, H.），ヴィッテ（Witte, R.）などであった[52]。

その後，マイヤー（Mayer, M.），シュマデラー（Schmaderer, F. O.），コップ（Kopp, F.），カッツェンベルガー（Katzenberger, L. F.），アーント（Arndt, H. A.）らによって，基礎学校における郷土科の問題が論じられている。例えば，1969年10月の「基礎学校の機能と改革のための会議」（Kongreßes zur Funktion und Reform der Grundschule）においては，従来の郷土科の理論的背景となっていた合科教授の原理や郷土科の課題として掲げられている郷土愛の育成などが批判され，郷土科を廃止し学習内容を現代にふさわしい内容に改めるとともに，新しい事象教授の必要性が提案されていた[53)54)]。

当時，主張されていた論争を検討すると，科学面の内容充実といった自然科学からの要請や従来ややもすると欠如していた子どもの要求などについての心理学的立場からの要請などを，その論拠として挙げることができる。例えば，郷土科の学習内容の分析では，地理的テーマが70％以上，歴史的テーマが約10％，博物的テーマが7％，社会的テーマが約3％，自然科学的・技術的テーマが5％弱となっているが，自然科学的・技術的テーマのほとんどが地理的テーマと関連していた。郷土科は郷土の生活現実を対象にそれを教材として取り上げ，児童に理解させ，郷土愛を育てようとしていたが，科学的系統性が欠如しており，郷土科で扱われる内容領域においては特に自然科学領域が軽視されていたのである[55)]。

今日の社会において，著しい発展を遂げ，生活の中にも数多くの面で入り込み大きな影響を与えている自然科学の成果について，もっと認識を深め，そして，より発達した文化や技術を生み出すためにも，その土台となる自然科学について，初等教育段階から児童の発達段階に合わせて教授しなければならないという視点が強調され指摘されていた。

郷土科によって得られるのは，郷土に関する知識だけであり，基本的な認識・能力・生産的思考に関しては，欠けるものがあったところが大きな問題点であり，それが古びた概念としての郷土科の実態であった。こうして，郷土科に代わる，郷土科の問題点を解決し得る新しい教科が，基礎学校におけ

る教育の改革で取り上げられてきたのである。

　このような動きを受けて，基礎学校の授業では"子どもに合わせて""発達に即して"がこれまであまりに支配的であったのに対し，ノルトライン・ヴェストファーレン州における改革を皮切りに学問的な方向づけがなされてきた。つまり，1970年2月のドイツ教育審議会の「教育制度に関する構造計画」（Strukturplan für das Bildungswesen）においても勧告されたように，自然科学や社会科学の学習が，現代数学や言語学と同様に，初歩的な形式で初等教育の領域に導入されるような，より学問的に方向づけられた学習過程が必要とされ，経験を事実に基づいて解明することが重視されてきた[56]。

　その結果，郷土科は自然科学的な思考一般の導入にまで拡大され，最も単純にして根本的な自然科学的な思考方法，探究方法へと導くことが図られてきた。さらに，子どもの要求についての心理学的研究の成果，子どもの要求それ自体の変化，子どもを取り巻く環境の変化などを踏まえて，子どもの誤った取り扱いをやめ，学習内容の拡大や精確化を図るといった点も改革の新しい要素として認識され，それらが補完されることになり，郷土科の新しい変革が芽生えてきたといえる。

### （2）事象教授の導入

　1970年7月に常設文部大臣会議が決議した「基礎学校における活動に関する勧告」（Empfehlungen zur Arbeit in der Grundschule）は，学校制度の基礎段階においても改革が必要な時期であるとの立場から，改革の方式と方向を示そうとしたものである。そこでは，郷土科・合科教授の廃止及び自然科学や社会科学の教授領域の自立性と学問を志向した事象教授の導入が提案された。同会議によって提案された新しい事象教授の性格づけは，①児童にとって空間的には離れているが，心理的には身近な現実の現象を授業に取り入れること，②工業化社会の経済的，法律的，社会的状況と同様に，技術的及び自然科学的現象に留意すること，③見通すことができない現象や関係を解明した

り，子どもの考え方を批判的に検討したりするために，子どもに即した実験を導入すること，④学校による一方的な情報の媒介に対して，子どもによる積極的な情報の獲得を強調することであった[57]。また，ヘンゼル（Hänsel, D.）は，事象教授の特質として，①基礎学校カリキュラム上独立した授業領域であること，②超教科的な授業領域であること，③さまざまな領域・観点を含む形でそれ自体分節した授業領域であること，④授業組織上統一された授業領域であること，の4点を指摘している[58]。

連邦国家である西ドイツでは，教育に関する権限は各州に大幅に委ねられており，学校制度，教育課程など異なった傾向，多様な動きが認められる。

① ノルトライン・ヴェストファーレン州の場合

ノルトライン・ヴェストファーレン州の「基礎学校のための指針及び教授計画」（Richtlinien und Lehrpläne für die Grundschule）は，事象教授のための新しい学習指導要領の最初のものであり，他の州の模範となったものである。

1969年に導入された学習指導要領（試行版）は，4年間の試行期間を経た後，1973年に最終的な教授計画としてまとめられた。1969年版は7つの学習領域であったのに対し，1973年版では，「社会学習」「地理」「家政」「物理・気象」「化学」「生物」「技術」「性教育」「交通教育」の9領域で構成されている。この分け方は中等学校の諸教科に対応していた。事象教授の一般的目標は，表1-5[59]の通りである。

学習指導要領には，各学習領域における目標，内容だけでなく，授業の展開例がそれぞれ示されている。例えば，物理・気象領域の学習課題は，「自然に関する疑問を物理や気象の問題へと導き，その問題で相互関係や法則性が探究され，認識され，そして事象に適した方法で伝達できるように，児童にその環境を解明させること」[60]である。化学については，「環境を理解する手助けを与え，化学という学問構造の理解を準備させるために，基礎的な化学的見方を育てる学習内容が選択されている」[61]と記されている。その学

**表1-5 ノルトライン・ヴェストファーレン州の事象教授の一般的目標**

① 教師は児童の持っているさまざまな経験を取り上げ，整理することによって，児童の経験を意識的なものへと導き，授業に関して共通の基礎をつくる。
② 児童は，自然や社会の中で起こっている現象や出来事に関して，自己の認識レベルに即したやり方や科学的方法により明確な理解を深める。
③ 事象教授は後の教科教育（Fachunterricht）の基礎をつくるものであり，それの先取りをするものではないが，教科教育のために児童を啓発し，動機づけるという働きもする。

習内容は，①物質とその性質，②混合と分離，③溶解，④粒子概念の発展，⑤物質の変化，といったテーマで構成されている。さらに，生物については，「生きている自然という領域での環境の解明が目的とされる。生物界のさまざまな現象は，学習目標の設定や学習内容の編成の枠組みを与える。それは内容を選択する際の最初の基準として，範例という意味での濃縮や内容の制限を可能にする」[62]と述べられている。①表現型・つくり，②運動，③発生と成長，④物質交代（栄養，消化，呼吸，分泌），⑤生殖，⑥行動，が根本的な現象として，各学年においてさまざまな段階で取り扱われる。

　同州の事象教授は，基本的概念の習得を志向した科学主義的色彩の強い学習内容になっている。つまり，基本的な科学概念，探究活動を重視した科学志向性を強く打ち出したものが意図され，専門科学との関連が強調され，その基礎概念，基本認識及び技能が事象教授の対象になっていたといえる。こうして，事象教授において中等理科の学習内容に直接関連した基礎となる知識，概念，原理，法則が教えられるように改革されたのである。

　その後，1970年代に次々と西ドイツ各州の事象教授は成立したが，それらはノルトライン・ヴェストファーレン州のような学問志向型のものとは異なっていた。西ドイツ各州における事象教授は，その特徴から，一般に①中等教育段階の教科基準に依拠しているもの（学問志向型），②自然科学と社会科学との2つの統合科学領域に区分しているもの（中間志向型），③生活現実を志向しているもの（総合・統合志向型）の3タイプに分類することができる

表1-6　事象教授のタイプ，名称，成立時期

| タイプ | 州 | 名　称 | 成立時期 |
|---|---|---|---|
| 学問志向型 | ノルトライン・ヴェストファーレン | Sachunterricht | 1969 |
| | バイエルン | Sachunterricht | 1971 |
| | ラインラント・プファルツ及びザールラント | Sachunterricht | 1971 |
| | シュレスヴィヒ・ホルシュタイン | Sachunterricht | 1975 |
| 中間志向型 | ヘッセン | Sachunterricht | 1972 |
| | ハンブルク | Sachunterricht | 1973 |
| 総合・統合志向型 | ベルリン | Sachkunde | 1969 |
| | バーデン・ヴュルテンベルク | Sachunterricht | 1973 |
| | ニーダーザクセン | Sachunterricht | 1975 |
| | ブレーメン | Sachunterricht | 1976 |

（表1-6）[63]。

　次に，異なった特色を有する州として，中間志向型のヘッセン州，並びに，総合・統合志向型のバーデン・ヴュルテンベルク州を取り上げ，事象教授がどのように構想され実践されたのか見ていく。

② ヘッセン州の場合

　ヘッセン州の事象教授は，学問志向の必要性を認めながらも，科学的内容への過度の構造化・専門化を懸念し，学問志向を方法志向と見なしたものとなっている。自然や技術及び社会の現実の問題に対する児童の興味・関心を考慮するという意図で，学習領域は，「自然科学的・技術的内容」と「社会科学的内容」との2つに大別されている。自然科学的・技術的領域の目標として，科学的な方法の習得が強調され，観察，比較・類別・測定，採集・整理・分類・系統づけ，解釈・解明，実験・調査・構成，一般化・普遍化，モデル化，計画・企画などが，詳細に説明されている[64]。

　第1学年には教科書がなく，「啓発段階」（Anregungssituation）と呼ばれ，「光と影」「鏡と反射」「木製やプラスチック製の積み木」「植物を育てる」

「カタツムリ」など，17の範例テーマで構成されている。その展開例は学習目標が行動目標形式で箇条書きに示されているだけの非常に簡単なものである。さらに発展例として，25のテーマ名だけが例示されている。第2〜4学年の各学習内容は，かなり詳細に記述されており，学習目標，対象－基本概念，授業の技術的・組織的な指示が記されている。学習単元（Lerneinheit）の配列は，教科的な学習の前提を考慮し，次第に複雑になって行くように構成されている。

同州の事象教授は，学問志向を方法志向と見なして，学習の過程を重視し，学習に対する子どもの主体性を高める行動の様式や能力を発達させる学習の場を保証しようというものである。

③　バーデン・ヴュルテンベルク州の場合

一方，バーデン・ヴュルテンベルク州の事象教授は，学問志向型の事象教授とは幾分異なり，「豊かな興味を引き起こす場面設定によって，子どもたちの行動能力（Handlungsfähigkeit）を啓発する」[65]という総括目標の他に，事象志向，社会志向，コミュニケーション志向，文化志向の4つの一般目標が掲げられている。これら4つの一般目標には，それぞれ個別目標が示されている。例えば，事象志向においては，伝達能力，情報収集及び整理能力，推理能力，機器の操作技能，関係把握能力，などの啓培に関する個別目標が示されている。

また児童の生活現実から出発する事象教授の内容は，行動領域（Handlungsbereich）と経験領域（Erfahrungsbereich）との2つに大別され，構成されている。自然事象に関するテーマは，①空気・音，②水，③熱・光，④遊びと組み立て，⑤磁気，⑥電流，⑦環境，⑧気象，⑨植物，⑩動物，⑪人間，といった11テーマからなる経験領域の内容に対応している[66]。各学年のテーマ領域には，それぞれ目標，内容，及び留意事項が簡単に記述されている。経験領域においては，児童のさまざまな経験が不変的なものに関係づけられ

るような現象とともに取り扱われ，児童の数多くの体験や観察を有意義に関連づけ，それらを解釈し，そして児童が生活現実をより深く探索していくように刺激を与えるよう試みられる。基礎学校特有の方法として，直観の原理，自己活動の原理，全体性の原理などにしたがって構想された教授法や学習法は，これまでどおりその妥当性は保たれている。個別科学の既成の認識や方法が単純に受け入れられるのではなく，子どもや児童が自分で探究し追究していこうとする状況から出発して，発見，基礎づけ，応用の3段階が提案され，重視されている。発見との関連で，問題，質問が浮かび出てきて，暫定的な解決案が推測として表される。基礎づけとの関連で，推測が調査や実験の手続きによって確認されたり，退けられたりする。応用との関連で，獲得された認識から結果が追究される。

同州の事象教授は，中等理科にとってその基礎となり得る物理，化学，生物といった自然科学の専門科学的認識の習得だけをめざしたものではない。子どもたちの行動能力を啓発するという総括目標のもと，それぞれのテーマに関する総合的，統合的な認識をめざしたもので，上述の事象志向，社会志向，コミュニケーション志向，文化志向の目標が組み合わされたり，並置されたりした内容となっている。学問志向という時代的要請も受け入れながらも，基礎学校特有の方法として構想された教授法や学習法も保持されており，これまでの郷土科教授との調和を図った内容となっている。

### 3．事象教授への批判

「学問志向」は，「子ども志向」や「社会志向」といった方向づけとの関連でしばしば議論されている。クレプス（Krebs, R.）も指摘しているように，改革の初期に開発された教授計画の多くは，教科志向のカリキュラムに属しており，そこでは生物，物理，化学といった教科による領域編成がなされていた[67]。このカリキュラムの背景には，基礎学校の事象教授は，前期中等教育段階の教科を手本にして編成されるべきであるという主張があった。この

第1章　初等教育における理科の歴史　23

傾向は，さらに，①今までの中等教育段階にあった多くの内容が，特に困難なくすぐに基礎学校に受け入れられる，②事象教授は，後の教科教授のための予備教育として理解され教科教授のための仲介役となる，の2つに分けられる。

　しかしながら，学問志向への強い方向づけは，事象教授が成立した直後から，一部の州や研究グループによって，行き過ぎた教育改革としてその問題点が指摘されていた。例えば，マーカート（Marquardt, B.）は，これらの教授計画について，「教科教授を早くから初等教育段階へ導入することは，教授計画作成者の関心の中にはないにも関わらず，教科への方向づけとその学問内在的な構造化とが読み取られる。学問志向は，大部分の教授計画において事象教授へと学問的認識を直接的に転換することと同一視されている」[68]と指摘している。また，シュプレッケルゼン（Spreckelsen, K.）らは，物理・化学の学習領域のためのカリキュラムを開発し，そこでは，「粒子構造」「相互作用」「保存」が自然科学的認識の基本概念として，スパイラルカリキュラムの形で構造化されている[69]。このカリキュラムは，この点で一面的には教科志向的であるといえるが，中等教育段階の物理・化学教育の先取りはされておらず，教科志向のカリキュラムとは異なったものになっている。

　一方，テュートケン（Tütken, H.）らを中心とするゲッチンゲンの研究グループは，「観察」「分類」「実験」「仮説設定」などの自然科学の方法を，初歩的な形で教授することに主眼を置いたカリキュラムを開発している[70]。また，ツィマー（Zimmer, J.）らは，事象教授の編成を教科ではなく，子どもが成人した際に重要と考えられる生活状況（Lebenssituation）を考慮した学習分野によるカリキュラムを構想している[71]。

　さらに，バーデン・ヴュルテンベルク州のロイトリンゲン教育大学のギール（Giel, K.）とヒラー（Hiller, G. G.）を中心とするメンバーによって構想された事象教授は，「統合された事象教授（Integrierter Sachunterricht）」とか「多岐展望的教授（Mehrperspektivischer Unterricht）」などと呼ばれている[72]。郷

土科中心の合科教授は現代産業社会においてその機能を停止したという認識とともに，過度の教科主義に陥ることにも警句を発しており，専門科学へと方向づけられた教科志向の事象教授に対する批判的反応として理解されるものである。同研究グループは，基礎学校の教育目的として，児童がこれから巣立つ社会の中での役割への備え以外に，交通，消費，郵便，遊び場の問題などの日常配慮すべき問題を克服できるような行動力の形成を掲げている。

　事象教授の導入によって，時代にかなった内容や学習方法が選択された結果，郷土科における自然科学の軽視や昔ながらの博物的内容中心の教材内容の編成などといった点は改善された。しかし，中等理科の学習に直接関連した内容があまりにもその前面に出すぎたために，必ずしもその改革すべてがうまくいったという訳ではなかったのである。その結果，行き過ぎた改革の反省として揺り戻しが起こり，学問的方向づけの必要性は認めながらも，逆にあれほど徹底的に批判された郷土科教授への再評価が始まっていた。しかし，それはマイヤー（Meier, R.）も指摘[73]するように，単なる過去の郷土科教授への回帰ではなく，教育の革新運動のもたらした優れた教育遺産である学問志向との調和を図った，新しい事象教授の出現へとつながったのである。

　常設文部大臣会議が，1980年6月に可決した報告「基礎学校における事象教授についての傾向と見解」（Tendenzen und Auffassungen zum Sachunterricht in der Grundschule）には，新しい事象教授への方向性が示されているといえよう[74]。それによると，事象教授は，環境における子どもの欲求，経験・体験，個人的・社会的生活の必要及び学問の認識によって規定されること，事象教授の中心的課題は，児童が生活現実を解明するのを助けることにある，と記されている。また，教科への準備という目標の追求は，事象教授を細分化し，子どもに過大な要求を課することにつながるとして，基礎学校における事象教授は，前期中等教育段階のための時期の早められた教科教授とされてはならないことも指摘されている。さらには，事象教授の計画と実施に際しては，その画一化を避けるために，授業の中心的基準として，「児童」「環

境」「学問」「社会」が釣り合いのとれた関係で考慮されようとしている。その際に，伝統的な基礎学校教育からの，特に郷土科からの確かな立場と，新しい事象教授からの経験や認識の利用の必要性などが示されており注目できる。

## 4．事象教授の新展開

事象教授成立後，約10年間の実践期間を経て，つまり1970年代後半から1980年代にかけては，事象教授が各州において次々と改革され始めた時期である。

レンナー（Renner, E.）は，1989年，雑誌『初等段階の事象教授と算数』(Sachunterricht und Mathematik in der Primarstufe) において，ラインラント・プファルツ州の事象教授を例に挙げて，次のように指摘している[75]。

つまり，1984年改訂の事象教授は，1970年以前の郷土科と1970年代の教育革新の影響を強く受けた事象教授との中間付近に位置づけられるということである。この州の場合，1971年に成立した事象教授は，「物理・化学・技術」「生物」「地理」「社会・政治」「経済」「歴史」の6つの学習領域から構成されており，後の教科教授の基礎となるような基本的概念の習得がめざされていた。理科的領域では，中等理科にとってその基礎となり得る科学の基本的概念の習得を志向した科学主義的色彩の強い内容が取り扱われていた。

一方，1984年の事象教授は，従来通り，"Sachunterricht"と呼ばれ，名称こそ変更されていないが，その内容は子どもの生活現実に求められ，自然，社会，郷土の3つの経験領域から構成されており，教科を越えた総合的な授業構成が構想されている。以前は「事象志向」「経験志向」が重視されていたのに対して，この事象教授は「子ども志向」「学問志向」「郷土志向」へと，その力点が移されている。

さらに，州の中には学習内容の変更にとどまらず，教科名の変更さえ行ったところがある。例えば，バイエルン州は1976年に従来の事象教授から新し

く「郷土及び事象科」(Heimat-und Sachkunde) に，シュレスヴィヒ・ホルシュタイン州は1978年に，バーデン・ヴュルテンベルク州も1984年に，事象教授から「郷土及び事象教授」(Heimat-und Sachunterricht) へと名称変更している。

次に，西ドイツ11州のうち，他州の事象教授のモデルとなったノルトライン・ヴェストファーレン州，さらに学習内容の変更だけでなく名称変更まで行ったバイエルン州，バーデン・ヴュルテンベルク州の改革について述べる。

## （1）ノルトライン・ヴェストファーレン州の場合

ノルトライン・ヴェストファーレン州では，1982年から事象教授の改訂に着手し，1985年には改訂版が公刊された。1985年版の事象教授の課題と目標は表1-7の通りである[76]。

**表1-7　ノルトライン・ヴェストファーレン州の事象教授（1985年版）の課題と目標**

- 事象教授の課題は，子どもが生活現実を解明する助けをすることにある。事象教授は，子どもが生活現実の自然的，技術的，社会的現象とその関係に取り組むことができるようにする。
- 事象教授は，子どもが独力で新しい事態を解明するように準備する。そのためには，問題を適切に，責任をもって解決することのできる能力を形成し，方法を意識化しなければならない。

1.1　**事象に即していること（Sachlichkeit）と人間としてともにあること（Mitmenschlichkeit）への教育**

- 事象教授は，子どもが人間，動物，植物，並びに事象，自然現象，事態及び問題に入念に，まじめに，批判的に取り組む能力を与えなければならない。事象教授は子どもの自発的な評価，解釈，意見を受け入れ，さらにこれを検証可能な認識へと導く。
- 事象教授はまた，人間の行為が他の人間，自然的・人工的環境，精神的文化の財及び価値に及ぼす影響を明らかにしなければならない。それによって，事象教授は，人間が協力し連帯する行動，環境に対する責任を意識した行動への能力を形成する経験基盤をつくり出す。

1.2　**基礎的知識や基本的方法の媒介**

- 事象教授は，子どもに，知識を方法的に獲得し，処理し，確保する能力を与える。子どもは，生活現実の自然的，技術的，社会的現象の意味と意義を洞察する問題を設定することを学び，その問題に答える場合に発見，対話，形成，理解，確定と呼ばれる方法を学ぶ。

授業を構成する諸原則として,表1-8に示すように,①活動の方向づけ,②多様化,③学校外の学習の場,④教科横断的活動などが挙げられている[77]。

第1・2学年の学習内容は,①学校と通学路,②家で,通りで,③衣服と身体保護,④材料と道具,⑤自分と他人,⑥時間の区分と時間の流れ,⑦食べる,飲む,⑧植物と動物,⑨労働の場と職業,⑩女子と男子,の10テーマ

**表1-8 授業を構成する諸原則**

○ **活動の方向づけ**
活動の方向づけについては,次のように述べられている。
活動は,子どもの学習にとって基盤である。それゆえ,教師は,子どもが活動によって自ら学べることを決して先に与えてしまわないように努めなければならない。事象教授は本による教育ではない。中心にあるのは,事象それ自体である。活動的に交わることで,概念が獲得され,具体的・一般的関連のための理解が促進され,初めは遊戯的で直観的な活動が意識的活動へと発展させられる。
また,活動の形態として,**別表**に示すように,発見する,対話する,形成する,理解する,確定するの5つが,具体的に挙げられている。

○ **多様化**
子ども1人ひとりの経験・能力を適切に考慮して授業を構成する,いわゆる多様化については,例えば,それぞれの子どもが経験,知識,問題,関心,傾向を持ち込むことを可能にする授業内容の選択やさまざまな方法,要求水準,教材の選択により,すべての子どもに基礎知識,能力,行動を形成するような学習の刺激を与えることが,事象教授において意図されている。事象教授では,プロジェクト,自由活動,週間計画授業によって,子どものさまざまな要求や関心に応えることに加え,さらに,現在の出来事,体験や経験,自発的な問いかけ,郷土空間の地域的特性に取り組む余地を与えようとしている。

○ **学校外の学習の場**
事象教授においては,具体的直観,直接的体験,活動的交わりが,学習過程にとって基本的な意義を持つということから,学校外の学習の場の果たす役割が強調されている。学校外の学習の場では,明瞭な観念と洞察,比較の基準,関連の認識が得られることに加え,発見と探究,他者との触れ合い,共同の行為によって,子どもの関心と好奇心が強められる。

○ **教科横断的活動**
事象教授は,子どもの現実のさまざまな把握の仕方(例えば,言語,形成と遊戯,像とシンボル,尺度,数,形)を利用することによって,生活現実の複合性に対応する意味で,常に教科横断的な授業である。どのような把握の仕方が用いられるかは,その時々の学習状況や問題設定に依存している。教科横断的活動には,プロジェクト的な授業形態が特に適しているとされる。事象教授は,言語や算数の教育と密接に結びついており,例えば言語を使う必要性とその多様な可能性によって,子どもの言語能力が促進される。

**別表　活動の形態**

- **発見的な形態**：好奇心や研究心が促進される。
  遊ぶ，観察する，対象物や地域を探索する，情報源を評価する，問題を見つけて解決する，実験を計画し実行する。
- **対話的な形態**：生命のある自然を慈しむ態度が発達させられる。
  報告する，課題を設定し答えを求める，植物や動物や人間と交わる，
  同時に，感情移入力が促進される，コミュニケーション能力が高められる，責任を担う準備が強化される。
- **形成的な形態**：活動し実践する能力が促進される。
  工作する，作業する，設計する，演じる，表現する，
  同時に，建設的で創造的な能力や言語行動が発達させられる。
- **理解面の形態**：解釈欲求がかなえられる。
  説明する，解釈する，指名する，伝達する，類推する，評価する，判断する，
  同時に，経験を分類し，目的や機能を見つけ出し，理論立てて，関係や相互作用を認識する能力が促進される。
- **確定的な形態**：知識や能力が鍛えられ刻み込まれる。
  記録する，暗記する，特徴づける，繰り返す，
  同時に，習慣，規則，儀式，象徴，型にはまった行動や方略から解放された機能が意識される。

から，また第3・4学年では，①居住環境と郷土，②ノルトライン・ヴェストファーレン―都市と田舎，③自然環境と人工環境，④昔と今，⑤材料と道具，⑥供給と廃棄，⑦誕生と成長，⑧身体と健康，⑨自転車と道路交通，⑩メディアの使用とメディアの働き，⑪空気，水，熱，⑫天候と季節，の12テーマから構成されている[78]。

　1969年版では7領域，1973年版では9領域に及ぶ専門科学領域から内容が構成されていたのに対して，1985年改訂の事象教授は，その内容を大きく変更させている。つまり，これまでは後の教科教授の基礎となる科学の基本的概念の習得をめざしていたのに対して，一変してその学習内容を子どもの現実生活に求め，教科を越えた総合的な授業構成が実現できるように意図されているのである。

　例えば，第1・2学年の「植物と動物」「時間の区分と時間の流れ」，第3・4学年の「自然環境と人工環境」「誕生と成長」などに見られるように，

専門科学的には後退した内容になっている。それよりはむしろ,「子ども」「郷土」「社会」といった視点が事象教授の授業構成要素として十分に考慮されている。理科的領域においては,中等理科の学習内容に直接関係している基礎もあるが,自然に関する学習において子どもが独力で新しい事態を解明したり,批判的に取り組んだりするような能力の育成といった,初等から中等に発展していく1つのステップとして不可欠な要件としての基礎が取り扱われている。

### (2) バイエルン州の場合

バイエルン州では,1976年には事象教授を「郷土及び事象科」に,さらに1982年には第1・2学年の「基礎教授」と第3・4学年の「郷土及び事象科」に変更している。第1・2学年の基礎教授は,国語,算数,郷土及び事象科,リズム運動,芸術の授業時数を17時間にまとめたブロックである[79]。授業の時間や順序は,時間割による教科教授ではなく,子どもの実態や教授学的な構想にしたがって決められる。第3学年からは,徐々に専門的観点を重視した授業が行われる。1982年版の「郷土及び事象科」の課題と目標は,表1-9の通りである[80]。

さらに,この「郷土及び事象科」では,①郷土,つまり生活,人間の労働と信仰,現在と過去の文化,経済,技術と交通,空間的状態と自然に関する簡単な知識と洞察を媒介すること,②共同社会の体験を促進し,社会的徳を

**表1-9 バイエルン州の「郷土及び事象科」(1982年版)の課題と目標**

| |
|---|
| ① 児童の発達は,郷土ないし体験・経験可能な枠内で解明される生活空間の中で行われる。 |
| ② 郷土及び事象科は,生活世界における児童の成長を支援し促進する。 |
| ③ 郷土及び事象科においては,個人的な生活空間としての郷土の価値が尊重される。 |
| ④ 郷土との結びつき(Heimatverbundenheit)は,必然的に仲間や共同生活空間に対する責任を解明する。 |
| ⑤ 授業は,環境における不十分さとの批判的対決への見方を開き,その改善の可能性を示唆する。 |

訓練し，最初の政治的基礎陶冶の意味で，共同社会の課題やその解決方法を認識すること，③児童を，分化的体験，認識，思考，及び自主的で責任のある行動へと導くこと，といった学習目標・内容に限定されている。

従来，「社会・経済」「歴史」「地理」「生物」「物理・化学」といった専門領域から内容が構成されていたのに対して，1982年改訂の「郷土及び事象科」では，①子どもと学校（第1・2学年），子どもと家族（第1・2学年），子どもと共同体（第3・4学年），②子どもと一日（第1・2学年），子どもと時間（第1～4学年），子どもと遊び（第1・2学年），③子どもと郷土史（第1～4学年），④空間指導（第1・2学年），郷土空間の指導（第3・4学年），⑤子どもと経済空間（第1・2学年），商品製造とサービス（第3・4学年），⑥子どもと健康（第1～4学年），⑦子どもと自然（第1～4学年）のように，子どもの環境に関係するテーマによって区分されている[81)82)]。

これは，教材の精選と同時に，あるテーマを徹底的に追究する授業構成をめざしていることを示している。また，第1・2学年に基礎教授が設定され，統合の原理が重視されているが，その中心的な役割を担う教科として「郷土及び事象科」が位置づけられている。その際，①諸教科の統合に意味があり，論理的であること，②諸教科の目標・内容を歪曲しないこと，③児童の過重を避けること，が原則とされている。さらに，「郷土」が非常に重要視されており，授業における郷土の意義として，①郷土は子どもにとって経験の背景であり，直観の基礎であり，すべての学習過程の出発点であること，②郷土そのものが，郷土及び事象科の学習内容であること，③郷土に対する態度や行動が教育のねらいであること，が記されている[83)]。学習・教授方法の面では，問題解決学習，発見学習などの方法とともに，メディアの利用も考慮されている。

このように，専門科学的な事象の分析に基づいて，授業が構成されているように，学問的方向づけの必要性は認めながらも，郷土科への再評価も行われている。すなわち，「郷土」がすべての授業の出発点であり，学習内容そ

のものになっているが，その内的構造・構成が解明され，専門的観点が明確にされ学習目標の重点化が図られているといえる。

### （3）バーデン・ヴュルテンベルク州の場合

　バーデン・ヴュルテンベルク州では，1984年には事象教授から「郷土及び事象教授」へと名称変更された。1984年版の目標は，子どもに生活への関与及び生活関連の分化的理解を徐々に図ることであるとされている。この生活現実を授業の中で解明するために，学習内容は子どもにとって近づきやすく，わかりやすく，意義のある，役立つものでなければならないと考えられている。学習内容は，①人間社会における生活，②生活のしかた，③歴史を含んだまわりの生活，④生物との触れ合い，⑤自然現象の体験，⑥技術との関わり，⑦交通行動，の7つの学習領域から構成されている[84]。これは，子どもの発達段階を考慮して，学年ごとに具体的なテーマで設定されている。これらの単元に取り組む中で，子どもが生活現実を深く体験し，それを明確に把握し，そこからそれを解釈し，行動する人間となるように意図されている。

　この「郷土及び事象教授」は，従来の事象教授の知識，理解といった認知的側面よりは，子どもの体験や感情を重視し，その中から自主的，自律的な行動能力の育成を図り，子どもの全人格を大切にする訓育的側面が重視されている。学習領域においては，事象教授から「郷土及び事象教授」への名称変更でもわかるように，地域の色彩が鮮明になっている。子どもの生活及び経験を学習の中に導入することが強く要請されているが，①子どもの体験・経験世界に結びつき，②多種多様な具体化を拠り所にして，③発見的・自主的学習を可能にし，④学校内外の行動連関を作り上げることが，重要になってくる。したがって，学習内容は，当然他の諸教科との統合から出発する。「郷土及び事象教授」は，単なる1教科ではなく，低学年教育の中核になっているのである。

## (4) 新展開の事象教授における初等理科

「郷土及び事象教授」などへの新展開により，事象教授では，これまで後の教科教授の基礎となる科学の基本的概念の習得がめざされていたのに対して，一変してその学習内容が子どもの現実生活に求められ，教科を越えた，総合的な授業構成が実現できるように意図されてきている。また，「郷土」が授業の出発点であり学習内容そのものになっているが，専門科学的な事象分析に基づいて授業が構成されたり，子どもの体験や感情が重視され子どもの生活や経験が学習の中に強く導入されたりしている。理科的領域においては，中等理科の学習内容に直接関係している基礎もあるが，それよりはむしろ，自然に関する学習，理科の学習において初等から中等に発展していく1つのステップとして不可欠な要件としての基礎が取り扱われているといえよう。専門科学的には後退した内容になっているが，「子ども」「郷土」「社会」といった視点が事象教授における授業構成の要素として十分に考慮されてきている。

一方，事象教授の実践上の問題点として，①作業帳やカードファイルなどの利用により，児童を決まった解決の見本・活動の型へと導いている，②方法に関する意識や明確な概念が積み上げられていない，③中等段階の教育のための準備が低下している，④理科的領域からのテーマが優勢であるのに対し，社会的な内容，公共の内容やそれらに関する批判的な教育がなおざりにされている，⑤中産階級市民の世界像や意識が依然として優勢である，⑥児童の日常における知識を繰り返している，などの指摘も見られる[85]。

しかしながら，新たに展開する「事象教授」「郷土及び事象教授」は，中等理科の学習内容に直接関連した基礎となる知識，概念，原理，法則を教えようとしていた1970年代に開発された「事象教授」を批判克服し，学習内容を子どもの生活現実に求め，子どもの認識過程に即した科学的な総合学習へと発展しているように思われる。90年以上にも及ぶドイツの総合学習において，理科的領域の学習は，途絶えることなく実質的に初等段階の第1学年か

第1章 初等教育における理科の歴史　33

**ニーダーザクセン州のリンデナー・マルクト基礎学校の授業風景**
授業の始めと終わりには子どもたちと2人の教師が円形になって座り，活発な発言が続く。授業の途中から子どもたちは自分のペースで学習活動を続ける。

**ノルトライン・ヴェストファーレン州のルドゲルス基礎学校の授業風景**
卵黄や卵白に触ったり，殻を透かしたり，鶏卵をじっくり観察している。

ブレーメン州のアドミラルストラッセ基礎学校の授業風景
日向と日陰の学習

ブレーメン州のアドミラルストラッセ基礎学校の授業風景
実験キットを使った学習

ら確かな形で実施されている。

**注及び引用・参考文献**

1) Hänsel, D.（1980）. *Didaktik des Sachunterrichts. Sachunterricht als Innovation der Grundschule*, Moritz Diesterweg, S. 15.
2) Fiege, H.（1969）. *Der Heimatkundeunterricht*. 2 Aufl., Julius Klinkhardt, S. 13.
3) 小川正行（1931）．郷土の本質と郷土教育，第8版，東洋図書，21頁．
4) Fiege, H.（1969）. a. a. O., S. 14-15.
5) Ebenda, S. 15.
6) 皇至道（1943）．独逸教育制度史，初版，柳原書店，340頁．
7) 山田栄（1973）．山田栄選集2 近代欧米教育方法小史―世界観的視野からの探究―，初版，協同出版，70-75頁．
8) 梅根悟（1952）．カリキュラム改造―その歴史的展開―，3版，金子書房，216-217頁．
9) 山田栄（1939）．現代教育方法論 直観・労作・郷土・合科・生活，初版，成美堂，186-187頁．
10) Fiege, H.（1969）. a. a. O., S. 18.
11) Katzenberger, L. F.（Hrsg.）（1975）. *Der Sachunterricht der Grundschule in Theorie und Praxis, Teil 1*, Michael Prögel Verlag, S. 16-17.
12) Fiege, H.（1969）. a. a. O., S. 19.
13) 前掲書 9），31頁．
14) Spranger, E.（1949）. *Der Bildungswert der Heimatkunde*. 2 Aufl, Reclam-Verlag, S. 12.
15) Katzenberger, L. F.（Hrsg.）（1975）. a. a. O., S. 17-21.
16) Mücke, R.（1973）. *Der Grundschulunterricht*, Klinkhardt, S. 102.
17) Fiege, H.（1969）. a. a. O., S. 19.
18) Kommission für deutsche Erziehungs- und Schulgeschichte der Deutschen Akademie der Wissenschaften zu Berlin（1969）. *MONUMENTA PAEDAGOGICA*, Band Ⅶ/2, Volk und Wissen Volkseigener Verlag, S. 572.
19) Kommission für deutsche Erziehungs- und Schulgeschichte der Deutschen Akademie der Wissenschaften zu Berlin（1970）. *MONUMENTA PAEDAGOGICA*, Band Ⅵ, Volk und Wissen Volkseigener Verlag, S. 397.

20) Redaktionskollegium (1955). Heimatkunde wird Lehrfach in der Unterstufe, *Die Unterstufe*, Heft 6, S. 20.

21) Pissang, U. (1955). Zur Direktive für den Unterricht in der Unterstufe, *Die Unterstufe*, Heft 9, S. 4-6.

22) Drefenstedt, E. (1959). Heimat – Heimatliebe – Heimatkunde (1.Teil), *Die Unterstufe*, Heft 5, S.6-9.

23) Redaktionskollegium (1960). Probleme der heimatkundlichen Bildung und Erziehung in der Unterstufe, *Die Unterstufe*, Heft 9, S. 3-4.

24) Ebenda, S. 4.

25) Kommission für deutsche Erziehungs- und Schulgeschichte der Deutschen Akademie der Wissenschaften zu Berlin (1969). *MONUMENTA PAEDAGOGICA*, Band VII/2, Volks und Wissen Volkseigener Verlag, S. 572-573.

26) Vogt, H. u. a. (1974). *Primarstufenunterricht in der DDR sowie in der BRD und UdSSR, in Schweden und Polen*, I. Bd., A. Henn Verlag, S. 116.

27) Ebenda, S. 159

28) Ausg. von einem Autorenkollektiv unter der Leitung von Gerhart Neuner (1976). *Allgemeinbildung・Lehrplanwerk・Unterricht*, Volk und Wissen Volkseigener Verlag, S. 316.

29) 宮野純次 (1990). 東ドイツの初等教育における理科的領域の取り扱い―「郷土科」の新旧学習指導要領の比較―, 日本理科教育学会研究紀要, 31(2), 1-8頁.

30) 宮野純次 (1992). 統合以前の東ドイツの初等教育における理科的領域の取り扱い―「学校園科」を中心として―, 日本理科教育学会研究紀要, 33(2), 77-84頁.

31) Ministerium für Bildung (1989). Diskussionsangebot zur Gestaltung des zweiten Schulhalbjahres 1989/90, *Deutsche Lehrerzeitung*, Nr. 50, S. 9-10.

32) Akademie der Pädagigischen Wissenschaften (1989). Thesen zur Schulreform, *Deutsche Lehrerzeitung*, Nr. 51, S.9-10.

33) Ministerium für Bildung (1990). Anweisung zur Stundentafel fur das 2. Halbjahr des Schuljahres 1989/90, *Deutsche Lehrerzeitung*, Nr. 5, S. 4-5.

34) Natur- und Umweltschtz im Schulgartenunterricht (1990). *Deutsche Lehrerzeitung*, Nr. 7, S. 5.

35) Jarausch, H. (1990). Heimatkunde darf nicht zu eng gesehen werden, *Deutsche Lehrerzeitung*, Nr. 9, S.5.

36) Koch, G. (1990). Schulgarten – Klassenraum im Grünen, *Deutsche Lehrerzei-*

*tung*, Nr. 12, S. 6.
37) Heimatkunde – Ökologie, *Die Unterstufe*, Heft 5, 1990.
38) Niederland, B. (1990). Auf dem Weg zu einem Heimat- und Sachkundeunterricht, *Deutsche Lehrerzeitung*, Nr. 27, S. 5.
39) Für Bildungsreform in beiden Teilen Berlins, *Deutsche Lehrerzeitung*, Nr. 31, S. 11-12, 1990.
40) Rahmenrichtlinien und Handreichungen für das neue Schuljahr. Rahmenrichtlinien für die Disziplin Heimatkunde Klassen 3 und 4, *Die Unterstufe*, Heft 7/8, S. 158-159, 1990.
41) Verordnung über Grundsatze und Regelungen für allgemeinbildende Schulen und berufsbildende Schulen – vorläufige Schulordnung – vom 18. September 1990, *Deutsche Lehrerzeitung*, Nr. 39, S. 15-16, 1990.
42) Mehlhorn, H. G. (1991). Vorstellungen über ein künftiges Schulwesen in den neuen Bundesländern, *Die Unterstufe*, Heft 5, S. 134-135.
43) Koch, I. (Hrsg.) (1991). *Entdecken Erleben Handeln. Ein Lehrbuch für den Heimatkunde- und Sachunterricht 3/4*, Volk und Wissen Verlag.
44) Borns, E. u. a. (1991). *Mein Land BRANDENBURG Arbeitsheft für den Heimatkunde- und Sachunterricht 3/4*, Volk und Wissen Verlag.
45) Bandilla, G. u. a. (1991). *Mein Land MECKLENBURG-VORPOMMERN Arbeitsheft für den Heimatkunde- und Sachunterricht 3/4*, Volk und Wissen Verlag.
46) Brenn, K. u. a. (1991). *Mein Land SACHSEN-ANHALT Arbeitsheft für den Heimatkunde- und Sachunterricht 3/4*, Volk und Wissen Verlag.
47) Stuwe, L. u. a. (1991). *Mein Land SACHSEN Arbeitsheft für den Heimatkunde- und Sachunterricht 3/4*, Volk und Wissen Verlag.
48) Brenn, K. u. a. (1991). *Mein Land THURINGEN Arbeitsheft für den Heimatkunde- und Sachunterricht 3/4*, Volk und Wissen Verlag.
49) Brenn, K. u. a. (1991). *Mein Land BERLIN Arbeitsheft für den Heimatkunde- und Sachunterricht 3/4*, Volk und Wissen Verlag.
50) Koch, I. (1992). UMWELTERZIEHUNG Trend oder Notwendigkeit in den neuen Bundeslandern ?, *Grundschulunterricht*, Heft 2, S. 6-8.
51) Wahlmann, U. (1992). Lernort SCHULGARTEN, *Grundschulunterricht*, Heft 2, S. 13-14.
52) Lauterbach, R. und Marquardt, B. (Hrsg.) (1976). *Naturwissenschaftlich orien-*

tierter Sachunterricht im Primarbereich, Belt Verlag, S. 16.
53) Arndt, H. A. (1971). *Naturlehre in der Grundschule, Zur Theorie und Praxis des naturwissenschaftlich-technischen Elementarunterrichts, Band 1: Teorie*, Westermann Taschenbuch, S. 13-15.
54) Kopp, F. (1970). Probleme des Sachunterricht in der Grundschule, *Pädagogische Welt*, 24(7), S. 397.
55) Arndt, H. A. (1971). a. a. O., S. 20.
56) Deutscher Bildungsrat (1973). *Empfehlungen der Bildungskomission, Strukturplan für das Bildungswesen*, Ernst Klett Verlag, S. 133.
57) Kultusministerium Baden-Württemberg (1971). *Kultus und Unterricht, Empfehlungen zur Arbeit in der Grundschule, Beschluß der Ständigen Konferenz der Kultusminister der Länder in der Bundesrepublik Deutschland vom 2. Juli 1970*, Neckar-Verlag, S. 746.
58) Hänsel, D. (1980). a. a. O., S. 5.
59) Die Schule in Nordrhein-Westfalen, Eine Schriftenreihe des Kultusministers (1973). *Richtlinien und Lehrpläne für die Grundschule in Nordrhein-Westfalen*, Heft 42, A. Henn Verlag, S.SU/2.
60) Ebenda, S. SU/5.
61) Ebenda, S. SU/6-7.
62) Ebenda, S.SU/21.
63) Hänsel, D. (1980). a. a. O., S. 4.
64) Der Hessische Kultusminister (1976). *Rahmenrichtlinien, Primarstufe Sachunterricht, naturwissenschaftlich-technischer Aspekt*, S. 10-13.
65) Kultusministerium Baden-Württemberg (1977). *Kultus und Unterricht, Bildungsplan für die Grundschulen, Lehrplanheft 3/1977, 10. Juni 1977, Amtsblatt Lehrplanheft Reihe A Nr. I*, Neckar-Verlag, S. 84.
66) Ebenda, S. 85-86.
67) Krebs, R. (1977). *Sachunterricht, Ansätze und Anregungen*, Klett, S. 190-195.
68) Lauterbach, R. und Marquardt, B. (Hrsg.) (1976). a. a. O., S. 132.
69) Krebs, R. (1977). a. a. O., S. 195-209.
70) Der Hessische Kultusminister (1976). a. a. O., S. 6.
71) Krebs, R. (1977). a. a. O., S. 209-220.
72) Ebenda, S. 220-233.

73) Lauterbach, R. und Marquardt, B. (Hrsg.) (1976). a. a. O., S. 18.
74) Sekretariat der Ständigen Konferenz der Kultusminister der Länder in der BRD (1980). *Tendenz und Auffassungen zum Sachunterricht in der Grundschule*, S. 3-6.
75) Renner, E. (1989). Lehrplangenerationen und Unterrichtswirklichkeit, *Sachunterricht und Mathematik in der Primarstufe*, 17(2), S. 50-58.
76) Die Schule in Nordrhein-Westfalen, Eine Schriftenreihe des Kultusministers (1985). *Richtlinien und Lehrpläne für die Grundschule in Nordrhein-Westfalen*, Heft 2002, Greven Verlag, S. 21-23.
77) Ebenda, S. 23-24.
78) Ebenda, S. 27-30.
79) Mahler, G. und Selzle E. (Hrsg.) (1982). *Lehrplan für die Grundschule im Bayern mit Erläuterungen und Handreichungen Band 1*, Verlag Ludwig Auer Donauwörth, S. 61.
80) Ebenda, S. 294.
81) Ebenda, S. 295.
82) Mahler, G. und Selzle E. (Hrsg.) (1982). *Lehrplan für die Grundschule im Bayern mit Erläuterungen und Handreichungen Band 2*, Verlag Ludwig Auer Donauwörth, S. 285.
83) Ebenda, S. 304-305.
84) 教科書研究センター (1987). 西ドイツにおける事実教授の教科書分析, ぎょうせい, 140-142頁.
85) Duncker, L. und Popp, W. (1996). Der schultheoretische Ort des Sachunterrichts.: In: Duncker/Popp (Hrsg.). *Kind und Sache*, Juventa Verlag, S. 26-27.

# 第2章　初等教育における理科の教育課程

## 第1節　事象教授の教育課程

　ドイツ（ドイツ連邦共和国）は，1990年10月3日の東・西ドイツ統一後，16の州から成り立っている。連邦国家であるドイツでは，伝統的に，教育や文化の領域に関する立法権や行政権等の教育主権は各州に委ねられている。各州間の教育政策の調整を行うための機関としては，常設各州文部大臣会議（Ständige Konferenz der Kultusminister der Länder：略称KMK）が設置されている。

　ドイツの初等学校は基礎学校（Grundschule）と呼ばれ，満6歳に達した子どもが就学する共通の学校である。一般に4年制（現在，ベルリン州とブランデンブルク州のみ6年制）で，カリキュラムは，ドイツ語，算数，事象教授（Sachunterricht）に加えて，音楽，造形美術，工作，体育，宗教などから編成されている。ドイツの初等教育では，教科としての理科はなく，理科的領域と社会科的領域の統合教科である事象教授（週当たり3～4時間）の中で扱われている。この2領域の統合がさらに進んで，現在では多教科間の横の連携強化がめざされている。これが，近年，ドイツのカリキュラム改革の一般的動向として見られる教科横断的・総合的学習である。それは，環境教育や異文化間理解教育等，学際的教育課題への取り組みや，学校教育の伝統的枠組みの弾力化に関連づけられて検討される傾向がある。しかも，初等教育（基礎学校）だけではなく中等教育でも構想され，実践され始めている。

　さらにドイツでは，国際学力調査（TIMSS, PISA）の結果が与えた衝撃を契機に，学力向上施策の一環として，全国的なレベルでの初等・中等教育の教育課程の基準作成が進められている。これは教育スタンダード（Bildungsstandards）と呼ばれるもので，学校と授業の質的改善をめざして，常設各州文部大臣会議（KMK）が作成している[1]。2003年から2004年に公表されている教育スタンダードは，ドイツ語，数学，第1外国語（英語，フランス語），理科（物理，化学，生物）である。

基礎学校を対象として決議された教育スタンダードは，ドイツ語と数学だけである。しかしながら，専門学会である事象教授学会（Gesellachaft für Didaktik des Sachunterrichts, 略称 GDSU）が2002年に公刊した『展望の大綱：事象教授』（Perspektivrahmen Sachunterricht）は，学会版教育スタンダードと位置づけられる。

ここでは，事象教授における初等理科の教育課程として，全国レベルではこの学会版教育スタンダードを，州レベルでは近年のドイツの学校教育改革を先導している州の1つである南ドイツのバーデン・ヴュルテンベルク州，さらにドイツ16州のうち，最も新しく2011年に改訂を行ったハンブルク州の教育スタンダードを取り上げてみる。

## 第2節　事象教授の学会版教育スタンダード

### 1．事象教授のねらいとコンピテンシー

学会版教育スタンダードには，基礎学校の課題として，①自己の環境に習熟すること，②環境を適切に理解し，ともに構成すること，③体系的かつ省察的に学習すること，④後の学習の基礎を形成すること，が挙げられている[2]。

そして事象教授に関しては，次のように記されている[3]。事象教授は，子どもの身の回りの世界に関することを学習対象とし，現実の科学（社会，自然科学）との関連において，子どもが経験できる社会，自然，技術の世界について解明することが中心になる。「社会・文化科学」の展望，「空間」の展望，「自然科学」の展望，「技術」の展望，「歴史」の展望について，目標カ

テゴリーとしてのコンピテンシーが示される。

　コンピテンシーは，学習の規準となる方向性を指し示す一種の到達目標であり，事象や行動に関する知識と協働して，メタ認知的な知識や価値に関連して方向づける知識を包含している。学習者の欲求や興味と後続する諸教科（専門領域）の学習提供・要求水準という両面的な教育要求を展望して規定されている[4]。

　また，2005年に公刊された『KMKの教育スタンダード：構想と展開の解説』には，教育スタンダードについて，次のように記されている[5]。

　教育スタンダードとは，①教科の基本原理を取り上げ，②児童・生徒がその教育過程の一定の段階までに到達しなければならない基本的な知識を含めた教科固有のコンピテンシーを示し，③系統的で結びつく学習をめざし，累積するコンピテンシー獲得の原理に従い，④要求領域の枠内で期待される水準を示し，⑤教科それぞれの中心的な領域に関わり，生徒に彼らの教育活動のための形成の余地を与え，⑥中レベルの要求水準（標準スタンダード）を証明し，⑦課題例によって具体的に説明されているものである。

　このように，教育目標としてのスタンダード，コンピテンシーの習得を要求するスタンダード，そして，学習過程の成果を測るスタンダードは，「結果－指向」（outcome-Orientierung）の意味で教育政策のパラダイム変換を示している。教育スタンダードは，教育課程の国家的な統一基準として機能し，その標準化を推進している。

## 2．学会版教育スタンダードにおける「自然科学」の展望

　学会版教育スタンダードには5つの展望が明示されているが，「自然科学」の展望が初等理科に相当する。「自然科学」の展望に関する学習は，「子どもたちによる自然現象の体験と解釈」と「自然科学の内容と方法の提示」との二極的な牽引関係において成立している[6]。環境に関する気づきや解釈は，自然科学によって構成された認知様式に基づいてもたらされるものであるが，

事象教授の学会版教育スタンダードの表紙

子どもたちは、自然をさまざまな方法で経験し、多様な自然現象を知覚する。初歩的な生物的、化学的、物理的な関連性を解明することで、自然現象が解釈され、責任を自覚した自然との関わりが築かれる。その際、次のことが大切にされている[7]。それは、①人間と自然との関係で生じた諸問題に気づき、確かめ、働きかけること、②生命あるものの特徴を根本的な基準で発見すること、③物質の特性を調べ、物質の変化を学習すること、④自然現象を物理的な規則性の観点から探究すること、⑤自然科学の方法を身につけ、その方法によって知識獲得が確実になることを認識すること、の5つである。

## （1）コンピテンシーの規定

「自然科学」の展望においては、5つのコンピテンシーが規定されている（表2-1）[8]。

例えば、①のコンピテンシーでは、知覚領域全体の統一や部分としての現

表2-1 「自然科学」の展望のコンピテンシー

| |
|---|
| ① 自然現象を事象に即して知覚し、観察し、命名し、記述すること |
| ② 選択された自然現象が、物理・化学・生物の法則性に起因することや生物的な自然と無生物的な自然の現象に区別できること |
| ③ 問いかける態度を築き、問題を確認し、問題解決の方法を使うこと |
| ④ 無生物的な自然の規則性を生物的な自然の生存条件としても理解すること |
| ⑤ 自然と責任のある関わりをするための根拠を理解すること |

象を細分化して知覚すること，現象の特徴を述べること，基本的な物質，植物や動物の特性を発見し学習すること，が挙げられる。

　②のコンピテンシーについては，無生物的な自然の現象を認識し，変化を確認し，これらの変化は物理的な規則性と物質変換に起因すること，生物的な自然の生き物の特徴として，物質代謝，成長，発生，刺激反応，運動，生殖，遺伝について認識し学習すること，食物連鎖，循環，生物圏，生物群集（ビオトープ，群集，生態系，共生）の解釈モデルと相互作用，保存などの思考モデルを身につけること，が挙げられる。

　③のコンピテンシーでは，予想を発展させ，定式化すること，情報を探すこと，実験を計画し，実施し，評価すること，成果を表現すること，さらに自然現象の実験からの認識を応用すること，例えば，実験的な方法で知識が積み上げられることや実態が相互に個人的に確認できることを経験すること，自然への問いかけとして実験を考案し，実行し，評価する経験をすること，が考えられている。

　④のコンピテンシーについては，生物的な自然の過程において無生物的な自然の規則性について認識すること，無生物的な自然の規則性への生物的な自然の依存関係を認識すること，自然の循環についての知識と生物的な自然や人間にとってのその意義，が挙げられる。

　⑤のコンピテンシーは，資源に限りがあることを知ること，資源再生の時代的な需要についての知識，種の多様性の意義や保存することの必要性についての知識，を身につけることである。

## （2）内容と方法

　「自然科学」の展望における内容と方法は，2学年ごとに示されている。

　第1・2学年では，コンピテンシー①の「自然現象を知覚し，観察し，命名し，記述する学習」に重点が置かれている。第1・2学年において，15の内容（表2-2）とコンピテンシーの形成にとって重要な学習で身につける方法

表2-2 「自然科学」の展望における第1・2学年の内容

① 植物や動物の外観と名前, ② 少女と少年の身体, ③ 食事と飲み物, 健康的な栄養, ④ 健康と病気, ⑤ 昼と夜, 太陽の日周運動と季節, ⑥ 太陽, 月と星, ⑦ 石と鉱物, ⑧ 衣服, 繊維製品と洗濯, ⑨ 鉱物の特性, ⑩ 溶解と凝固, ⑪ 熱膨張（温度計）, ⑫ 燃焼過程, ⑬ 気象現象, ⑭ 光, 色と影, ⑮ 風と水の力

表2-3 「自然科学」の展望における第1・2学年の学習で身につける方法

考察, 観察, 記述, 収集と整理, 調査と検証, 比較と測定, 保護と形成, 簡単な実験の計画, 実施, 評価

表2-4 「自然科学」の展望における第3・4学年の内容

① **人間, 動物と植物の発生・生存条件**：人間の体のつくり, 脊椎動物と昆虫；（高等）植物の構造と構成要素；成長, 物質交代, 生存欲求と生殖；生育空間, 生物群集と種の多様性；生態学的な食料の生産と加工
② **物質の特性**：木, ガラス, 金属, プラスチックのような原料の特性；固形物の混合, 水, 油, 酢のようなさまざまな液体の特性（味や粘度など）；液体の混合；水の凝固状態；温度によっては砂糖や塩などの固形物質が水に溶けること
③ **化学的な物質の変化**：ろうそくの燃焼過程；火と火災の防止；空気中での鉄, 銅, 銀のような金属の酸化；酸素と呼吸
④ **物理的な法則性**：音と音の響き；光と影；浮き沈み；大気と気圧；電流とその利用；磁力の影響とコンパス；シーソー, 天秤のようなてこを使う経験；熱と熱による膨張；状態変化（固体−液体−気体）；自然の力；風と水
⑤ **気象と宇宙の関連**：気象現象, 天気図と天気予報；風と雲；地球, 月, 太陽と星；太陽の日周運動, 日時計；季節
⑥ **健康を促進する生活様式**：健康的な食事の基本ルール；運動やスポーツの意味；病気や怪我の予防；休養によるストレスの克服；薬物防止
⑦ **環境形成, 環境保護と環境危機**：種, ビオトープと生育条件に関する知識；生態学的な観点からつくられた学校の敷地や学校環境の設計と維持；植物相と動物相との関わりにおける保護の意味；環境汚染による危機

表2-5 「自然科学」の展望における第3・4学年の学習で身につける方法

考察, 観察, 記述, 結論, 収集と整理, 分類, 調査, 比較, 感覚的知覚（味わう, 匂う, 聴く, 触れる）, 測定, 感覚的な知覚と測定法との比較, 保護と形成, 文章作成, 記録, 予想と説明の言葉での表現, 解釈, 実験の計画, 実施と評価, 言及したことの根拠づけと検証, 説明の表現と評価, 専門的知識のある図表やグラフの作成と活用

（表2-3）が示されている[9]。また，第3・4学年の内容と方法は，コンピテンシー②～⑤に関係しており，7つの内容（表2-4）と学習で身につける方法（表2-5）が明示されている[10]。

「自然科学」の展望は，多様な方法で他の展望と関連づけられている。しかも「自然科学」の展望は，事象教授のテーマの中で化学的，物理的，生物的，生態学的な観点との関連が明らかにされる。授業では，これらの展望はその時のテーマに応じて一緒に関係づけられようとしている。その際，子どもたちは，関係を考えて，知識を網目状に結びつけることになる。

### （3）ネットワークの例示

「自然科学」の展望では，ネットワークの例として，「空気」のテーマが挙げられている[11]。児童が空気のテーマと対峙する時，空気はある場所を占めていること，抵抗の原因であること，重さがあること，温めると膨張することを発見する。これが物理的な観点である。

次に，空気は酸素を含むこと，私たちの呼吸や燃焼・酸化の過程で重要であることを身につける。これが化学的，生物的な観点である。そして，空気の汚染が，環境に危機的な影響をもたらすことを学習する。これが生態学的な観点である。

観察，簡単な実験，測定を通して，空気全体はとてつもない重さを持つこと，地球上のあらゆる対象に大きな圧力をかけていることを，児童は経験する。これが物理的な観点である。

そして，食品を瓶詰めにして保存するために，この気圧を利用していること（家庭科の観点）や気圧の変化が天気に影響していること（気象や技術の観点）も経験する。真空状態のピーナッツ袋を開封した時に起こる騒々しい音など，日常生活の諸現象からの理解が可能になる。

気圧の作用，気圧計の構造の発見やマクデブルク市長オットーの天気予報の史実は，人間がいかに自然の法則性を探究し，新しい知識を構築したかを

表2-6 「自然科学」の展望における評価の観点

① 植物，葉，実を分類できること
② 植物と動物を同定し，名前が言え，その生育条件を記述し，生育空間の特性を認識できること
③ 特定の植物（植物種）と動物（動物種）の典型的な特徴と必須条件が言えること
④ 植物と動物を適切に栽培飼育できること
⑤ 植物と動物の生育段階を年間サイクルで整理できること
⑥ 物質の特性が言え，特徴によって物質を区別し，選択された物質の変化について，その特徴が記述できること
⑦ 化学的な，あるいは物理的な過程の規則性が挙げられること
⑧ 実験で課されていることを（構造物を目の前にして，あるいはイメージして）実験を記述し，説明できること
⑨ （範例や手引書にしたがって）実験を組み立て，開始し，改善できること
⑩ 実験装置を考え出し，（それを言葉や図や物で）描けること
⑪ 問題解決を進め，議論し，確かめ，最善の状態にできること
⑫ 自然科学的に記述できる諸現象や実態について説明できること
⑬ 生態学的な関連を（例を挙げて）説明できること
⑭ 新しい関連で知識を応用し，転移力を発揮できること
⑮ 器具や補助具が適切に扱えること

示すものである。これは，歴史的な観点である。

## （4）評価の観点

　さまざまな包括的な能力と技能に関連してコンピテンシーを理解することにより，教科を狭めたり個々の展望を単に付加的につなぎ合わせたりするのを防いでいる。期待される能力と技能は，領域に応じて定義されている。「自然科学」の展望では，15の評価の観点が示されている（表2-6)[12]。

　以上，「自然科学」の展望において具体的に見てきたように，学会版教育スタンダードには，目標としてのスタンダード，内容や方法などコンピテンシーの習得を要求するスタンダード，さらに，学習過程の成果を測るスタンダード，といった達成すべきコンピテンシーが明示されている。

## 第3節　事象教授の州教育スタンダード

### 1．バーデン・ヴュルテンベルク州の教育スタンダード[13]

　ドイツの学校教育改革を先導している州の1つであるバーデン・ヴュルテンベルク州は，学会版教育スタンダード『展望の大綱：事象教授』（2002年）の2年後，また『KMKの教育スタンダード：構想と展開の解説』（2005年）の1年前の2004年に事象教授の教育課程を改訂している。

　バーデン・ヴュルテンベルク州の事象教授の目標では，実際の生活や社会で必要となる子どもの行動力（Handlungskompetenz）を育成することが掲げられている。そして，行動力を育成するために，子どもが自然や社会の事象と関わる中で，感覚を鋭くし，思考を深め，知識を得，理解を深めることや，学習意欲を高め，学習の態度や姿勢を形づくることが求められている。

　このように，事象教授の目標では，子どもが生きていく上で絶対的に必要なのは行動力であるとし，その育成をめざして，その基礎となるさまざまな認知的能力と非認知的能力の育成が求められている[14]。

　事象教授の内容は3領域9区分から構成されており，理科的領域の内容は⑥と⑦，⑨の一部に含まれてい

バーデン・ヴュルテンベルク州の
教育スタンダードの表紙

表2-7 バーデン・ヴュルテンベルク州の事象教授の内容

「人間の生活」
① 私は誰なのか―私は何ができるのか　② 私―あなた―私たち
③ この世界の子どもたち
「文化現象と環境」
④ 空間と時間を体験し，構成する。　⑤ 郷土の痕跡を探し，発見する。
⑥ 人間，動物と植物
「自然現象と技術」
⑦ 自然は好奇心をそそる。　⑧ 発明家，芸術家，作曲家として発見し，描き，作り，表現する。　⑨ エネルギー，物質，交通手段

る（表2-7)[15]。このうち，⑥は生物に関する内容であり，人間，人間以外の動物，植物という三者の比較を重視して内容が取り扱われている。また，⑦及び⑨の一部は物質，エネルギー，及び地球に関する内容であり，今日の科学技術との関連を重視した内容が取り扱われている。

そして，理科的領域の内容を一覧にすると，表2-8[16]のようになる。これより，事象教授における理科的領域の内容では，次のようなことが重視されているのがわかる。

① 自然の事物・現象を，人間の文化的・社会的活動との関わりの視点から理解すること。例えば，「人間・動物・植物」の区分では，人間の活動と自然の空間・景観の変化との関係や，人間と自然とが調和した空間の在り方について理解することが求められている。

② 自然の事物・現象に問題を見出し，問題解決に必要な科学的能力（思考力と技能）を獲得すること。例えば，「自然は好奇心をそそる」の区分では，自然事象の背後にある規則性を見つけ出すために，問題把握，予想計画，比較分類，関係把握といった思考力を身につけることや，情報を得るために機器を扱う技能，得られた情報をめぐって議論する技能を身につけることが求められている。

③ 自然と人間との共生の視点を踏まえて，自然環境の保護や保全の意識を高め，責任ある行動がとれるようにすること。例えば，「エネルギー・物

表2-8　事象教授における理科的領域の内容

**第2学年終了時にできること**
「**人間・動物・植物**」：じっと目を凝らす。保護する。維持する。表現する。
・人間，動物，植物は生き物であることを知る。生きているものについての概念を広げる。
・自然観察の技能を用いる。動物や植物を見分ける基準を用いる。
・郷土の生き物についての知識を広げ，確実なものにする。生き物を尊重する。
・植物や動物を世話し，それらの手入れや扱い，利用について実際的な知識を得る。
・自然を精確に観察し，動物や植物について感覚的に経験することで，音楽や芸術の知覚，構成力，表現力を伸ばす。
・人間や動物の特異性が表現された楽曲を知る。その特異性を動きや演技の型に発展させる。

「**自然は好奇心をそそる**」：探究する。実験する。記録する。表現する。
・自然現象に目を凝らす。
・自然界の一回性の出来事とその価値について，例を挙げる。
・生物的な自然の現象，無生物的な自然の現象を的確に知覚する。
・自然現象について問いを立てる。
・手引書を使って，あるいはそれを使わずに，簡単な実験を行い，観察し，記録する。
・自然についての経験をお互いに比較し，整理し，規則性を見つけ出す。
・自然とのかかわりの経験を，自分の言葉，芸術，音楽で表現する。

「**エネルギー・物質・交通手段**」：比較する。意識して利用する。
・学校や家庭でエネルギー源を見分け，エネルギーの節約の意義や必要性を知る。
・学校区におけるごみの減量と分別の方法を知る。
・物質の変化と再利用のさまざまな可能性を知る。
・廃棄物を芸術的表現に用いる。

**第4学年終了時にできること**
「**人間・動物・植物**」：じっと目を凝らす。保護をする。維持する。表現する。
・自然観察の技能を用いる。種の多様性についての知識を用いる。整理体系の基準や例示にしたがって比較する。
・人間は自然空間や景観をどのように形づくり，利用し，変えてきたかについて，例を挙げる。
・種の多様性の意義について，例を挙げる。
・注意深く自然を観察し，感覚的に経験することで，芸術や音楽の構成力，表現力をさらに伸ばす。
・聞いたり，一緒に活動したりすることで，人間，動物，植物の特徴が表現された楽曲を知る。その特徴を表す動きや演技の型を見つけ出す。
・自然環境の保護や保全に対する各自の責任を知る。
・自然，社会，経済の調和した空間の構成と変化について，今日かつ将来にわたって追求しなければならないことを知る。

「**自然は好奇心をそそる**」：探究する。実験する。記録する。表現する。
・生物的な自然の現象と無生物的な自然の現象を的確に知覚し，そうした現象についての経験を記録する。

> ・各自の問いを立て，簡単な実験を計画，実施，議論，評価する。これらをより良く行う。
> ・お互いの経験を比較し，整理し，規則性を見つけ出す。他の文脈において規則性を確かめる。
> ・自然現象についての情報を自ら手に入れるために，工学機器・メディア機器を利用する。
> ・自然との関わりの経験を発表し，その経験を芸術や音楽で表現する。
> 「**エネルギー・物質・交通手段**」：比較する。意識して利用する。
> ・エネルギーを獲得するための従来の方法と別の方法の可能性を知る。
> ・天然資源の有限性や再生時間を知る。それらを意識して資源を節約する。
> ・物の改良や再利用のさまざまな可能性を知る。それらを意識して物を節約する。
> ・廃棄物に美的特性を見つけ出し，それを芸術に利用する。
> ・持続可能な開発の特徴的な例について実際的に十分に適切に知る。

質・交通手段」の区分では，持続可能な開発の考え方が取り上げられ，実生活においてエネルギーや物質，天然資源を節約する行動が求められている。

このように，バーデン・ヴュルテンベルク州の事象教授の改革は，その総合化を一層進める方向にある。従来独立していた音楽科と図工科も事象教授に統合されている。その結果，理科的領域の内容においても，理科と音楽や図工を関連づけた表現活動が盛り込まれることとなっている。

## 2．ハンブルク州の教育スタンダード

改訂前のハンブルク州の事象教授（2003年版）は，①目標，②教授構成の原理，③内容；学習分野の概観，④要求と評価規準，で構成されていた[17]。それに対して，2011年改訂の事象教授の教授計画は，①基礎学校における陶冶と訓育，②事象教授におけるコンピテンシーとその習得，③事象教授における要求と内容，④能力の背後の情報と評価の原理，で構成されている[18]。これらの構成の違いからも，2011年に改訂された事象教授は，事象教授学会の『展望の大綱：事象教授』（2002年）やその後に出されたKMKの「教育スタンダード」の影響を受けていることがわかる。ハンブルク州の事象教授

(2011年版) では，第2学年の終わりには観察基準 (Beobachtungskriterien)，第4学年の終わりには標準要求 (Regelanforderungen) としてコンピテンシーが明示されている。コンピテンシー領域 (Kompetenzbereich) としては，「世界への方向づけ」，「認識獲得」，「判断力の形成」という3観点が設定されている。

### (1) コンピテンシー領域「世界への方向づけ」

コンピテンシー領域「世界への方向づけ」は，「共同社会における生活」「時間と歴史」「空間」「自然現象」「技術」の5つに区分されている[19]。

ハンブルク州の教育スタンダード
(2011年版)の表紙

a．「共同社会における生活」(「社会科学」の展望での世界への方向づけ)
  ・親しい，他人の生活条件を認識する。
  ・政治的な秩序と政治的な決定を認識する。
  ・簡単な経済的な関連を認識する。
b．「時間と歴史」(「歴史」の展望での世界への方向づけ)
  ・日常生活における時間の構成を把握する。
  ・人間の生活条件の発展と変化を認識する。
c．「空間」(「地理」の展望での世界への方向づけ)
  ・空間を知覚し描く。
  ・人間と空間の相互関係を認識する。

d．「自然現象」(「自然科学」の展望での世界への方向づけ)
　・自然現象や事象を事実に即して知覚する。
　・物質と生物の変化を認識する。
　・自然科学に関する知識を獲得する。
e．「技術」(「技術」の展望での世界への方向づけ)
　・技術的構成と関連を認識する。
　・技術の発展と労働様式を記述する。
　・日常におけるエネルギーの変換と利用を記述する。
　・情報交換の技術的可能性を記述する。

　これらは学会版教育スタンダードに示された目標カテゴリーとしての5つの展望と一致する。

## （2）　自然現象（「自然科学」の展望での世界への方向づけ）

　改訂前のハンブルク州の事象教授（2003年版）では、「自然」に関する学習目標として、表2-9のように示されていた[20]。

　事象教授の内容は、①一緒に生活する、②私と身体、③身近な環境、④ヨーロッパや世界の生活、⑤時間、変化、歴史との関係、⑥自然、⑦技術化された世界、⑧労働、経済、消費、の8つの学習領域で構成されていた[21]。

**表2-9　ハンブルク州の事象教授（2003年版）の「自然」に関する学習目標**

| |
|---|
| ○ 子どもの経験領域である生物的及び無生物的自然現象から出発し、簡単な生物的、物理的、化学的な関連を認識・理解し、自然現象の法則の基礎を獲得する能力を得ること |
| ○ このような知識が日常の状況を克服するために役立ち重要であることを経験し、危険を認識したり、自分や他人を守ったり、安全を意識して行動したりする能力を発達させること |
| ○ 自然の中での人間の結びつき、天然資源への依存を発見し、自然を支配できる限界についての概念を獲得すること |
| ○ 自然との関係における倫理的な問題と根本的に取り組むこと |
| ○ 生物的及び無生物的自然との責任ある関係へと導き、環境を意識し倫理的に熟慮する態度へと促すこと |

それぞれの学習内容は関連し合うが，学習領域「自然」の内容としては，第1・2学年では，①植物，②動物，③空気，あるいは水，火，④気象，第3・4学年では，①植物，②動物，③空気，水，火，土，④自然現象，が取り扱われていた[22]。

 2011年に改訂された事象教授では，自然現象（「自然科学」の展望での世界への方向づけ）について，第2学年の終わりでの観察基準と第4学年の終わりでの標準要求が挙げられている（表2-10)[23]。

 また，空間（「地理」の展望での世界への方向づけ）では，「人間と空間の相互関係を認識する」において，自然事象との関連が見られる[24]。

○ 第2学年の終わりでの観察基準
  ・子どもは，人間が**自然基盤**（例．農業，水，余暇，運搬）をどのように**利用する**か書けますか？
  ・子どもは，例えば**自然や形づくられた環境における変化**を書けますか？
○ 第4学年の終わりでの標準要求
  ・児童は，さまざまな人間に対して**自然や形づくられた環境や気候の関係**の一定の**特徴**（例．住居，仕事場，余暇，農業）はどんな意義を持つか，記述する。
  ・児童は，自分の周囲の地域における自然や形づくられた環境を観察し記述し，実証的にその原因（地質，建物／交通／工業，政治的決定に関連づけて）に言及する。

 さらに，技術（「技術」の展望での世界への方向づけ）では，「日常におけるエネルギーの変換と利用を記述する」において，自然事象との関連が見られる[25]。

○ 第2学年の終わりでの観察基準
  ・子どもは，例えば**技術的な器具は何のためにエネルギーを必要とする**と言えますか？
  ・子どもは，例えばエネルギーをどのように**節約することができる**かを言

表2-10 自然現象（「自然科学」の展望での世界への方向づけ）

| 第2学年の終わりでの観察基準 | 第4学年の終わりでの標準要求 |
| --- | --- |
| 自然現象や事象を事実に即して知覚する。 | |
| | 児童は， |
| ・子どもは人間，動物や植物の一部を専門的概念で書けますか？ | ・人間の体格や重要な生命機能を記述する（例．消化，血液循環，呼吸，運動）。 |
| | ・選択した異なるビオトープにおいて典型的な植物と動物を命名し分類し，その基本的な状態を記述する。 |
| | ・動植物の生活条件や適応性を記述する（例．土壌，土中，水中における生物の栄養，生殖，発生）。 |
| | ・人間，動物，植物の相互関係とそれらの無生物的な自然（土壌，水，空気）との関係を記述する。 |
| ・子どもは観察した動物の行動を書けますか？ | ・選択した動物の行動様式を記述し比較する。 |
| ・子どもは生物と無生物の例を言えますか？ | ・生物と無生物の特徴を記述し比較する。 |
| ・子どもは常日頃，さまざまな物質（例．プラスチック，木，金属，ウール）とその特性（例．形，固さ，におい，色）を区別できますか？ | ・選択した素材（例．石，金属，木，水，空気，土）とその特性（例．重さ，伝導率，磁力，溶解度，貯水力）を述べ，比較し区別する。 |
| ・子どもは人間，動物，植物に必要なエネルギーの例を言えますか？ | ・エネルギー需要と生物のエネルギー変換の型（食物→消化）の典型的な例を記述する。 |
| 物質と生物の変化を認識する。 | |
| | 児童は， |
| ・子どもは自分自身，動物や植物を知覚し変化を書けますか？ | ・乳児から若年／成人までの発達における身体の変化（例．歯の生え変わり，食物連鎖）を記述する。 |
| ・子どもは無生物的自然における物質の明白な変化（例．氷が融けること，金属が錆びること，ろうそくが燃え尽きること）を書けますか？ | ・選択した動物と植物の成長と発達を記述する。 |
| | ・物質が変化する事象（例．溶解，燃焼）を記述する。 |
| ・子どもは自然における簡単な循環を言えますか？ | ・自然における簡単な循環と相互作用（例．水の循環，食物連鎖）を記述する。 |
| 自然科学に関する知識を獲得する。 | |
| | 児童は， |
| ・子どもは男性研究者と女性研究者のように研究する例を言えますか？ | ・自然科学の研究者の研究方法を挙げる。 |
| ・子どもはいくつかの日常のイメージを基礎に，選択した自然現象を初めて解釈する手がかりを見つけますか？（なぜ事物は落ちてくるのか？） | ・選択した自然現象（例．気象，電気，浮力と沈殿）について自然科学的規則をもとに導き出す。 |
| | ・日常における自然科学的認識の意義を実証的に記述する（例．天気予報）。 |

えますか？
○ 第4学年の終わりでの標準要求
・児童は，実証的に**エネルギー需要**と**技術的な器具のエネルギー変換**の形式（電気→光，熱，運動）を記述する。
・児童は，実証的に**エネルギーの供給源**（例．在来の：ガス，石油，石炭，核エネルギー；代案としての：太陽，風，水）を挙げる。
・児童は，**省エネルギー措置の意義**とそれの**気候保全**との関連を明らかにする。

### （3） コンピテンシー領域「認識獲得」

　コンピテンシー領域「認識獲得」は，「展望が拡がるコンピテンシー」と「展望に関連するコンピテンシー」に分けて明示されている。
　「展望が拡がるコンピテンシー」としては，①観察する，採集する，整理する，測定する，②質問する，情報を得る，評価する，表現する，③意見交換する，が挙げられている[26]。
　「展望に関連するコンピテンシー」は，「共同生活を形成する」「時間と歴史を解明する」「空間を探索する」「自然現象を探究する」「技術を理解する」の5つに区分されている[27]。
　「自然科学」の展望での認識獲得「自然現象を探究する」の内容は，表2-11のようになる[28]。
　また，空間を探索する（「地理」の展望での認識獲得）では，「スケッチ，地図，モデルを利用する」において，自然事象との関連が見られる[29]。
○ 第4学年の終わりでの標準要求
・児童は，**補助手段を使って**（例．コンパス，太陽，ランドマーク）位置を確認する。
　さらに，技術を理解する（「技術」の展望での認識獲得）では，「技術的対象物と活動の経過を探究する」において，自然事象との関連が見られる[30]。

表2-11 自然現象を探究する(「自然科学」の展望での認識獲得)

| 第2学年の終わりでの観察基準 | 第4学年の終わりでの標準要求 |
|---|---|
| 自然科学的な研究方法を確かめる。 | |
| ・子どもは自然や日常の現象や実体について質問しますか？<br>・子どもは試みや自分の実験によって簡単な現象を探究しますか？ | 児童は，<br>・(自分の)探究によって答えることができる自然現象に関する**質問**を発展させる。<br>・自然現象に関する質問に関連して考えや予想を発展させ比較する。<br>・自分の予想の再考や手元にある問題提起の回答に関する簡単な調査(試験)を計画する。<br>・安全を意識して簡単な実験や調査を実施する(例．火や電気に関する確かな取り扱い)。<br>・ますます自主的に手引書にしたがって複雑な実験を実施する。<br>・問題提起に関連づけて自分の調査(試験)のデータ，結果，観察結果を表現する。<br>・結果，観察結果をその問題提起／予想と比較し，他の研究結果とも検討してみる。 |

○ 第2学年の終わりでの観察基準

・子どもは，簡単な**機械の対象物を分解**し，その**機能様式**を探究しますか？

○ 第4学年の終わりでの標準要求

・児童は，技術の対象物に関する機械の機能を**探究し，これらを再認識する**(例．シーソーのてこの原理，扇風機の歯車装置)。

・児童は，昔と今の**製造経過，活動プロセスや行動を比較する**(例．洗濯物を洗う，建築工事)。


(4) コンピテンシー領域「判断力の形成」

　コンピテンシー領域「判断力の形成」は，「共同生活を判断する」「時間と歴史について熟考する」「空間形成について説明する」「自然について責任の

第2章　初等教育における理科の教育課程　59

**表2-12　自然について責任のある行動をする（「自然科学」の展望での判断力の形成）**

| 第2学年の終わりでの観察基準 | 第4学年の終わりでの標準要求 |
|---|---|
| 行動の順番を認識し評価する。 | |
| ・子どもは自分の健康についての行動が有益であるかどうか十分に吟味しますか？<br>・子どもは注意深く動物や植物と交流しますか？ | 児童は，<br>・日常の状況で自分自身に危険があるかどうかを判断し，**安全対策**（例．適切な衣服，電気器具，音量）を挙げる。<br>・**倫理的な行動**（例．種に適した動物の飼育）と持続性（例．資源を大切にする行動）の感覚で自分の**環境**との交流を基礎づけ判断する。 |

ある行動をする」「技術を評価する」の5つに区分されている[31]。

「自然科学」の展望での判断力の形成「自然について責任のある行動をする」の内容は，表2-12のようになる[32]。

また，空間形成について説明する（「地理」の展望での判断力の形成）では，「空間の形成への人間の影響を判断する」において，自然事象との関連が見られる[33]。

○　第2学年の終わりでの観察基準
　　・子どもは，時代に応じた例で身近な環境の**変化**による肯定的及び否定的な**影響**を書けますか？
○　第4学年の終わりでの標準要求
　　・児童は，なぜ人間は空間の維持，保存と変化の責任を持つのかを基礎づける。
　　・児童は，**人間と環境との相互作用**（生態学的，経済的，社会的関連）をある選択された例で評価する。

事象教授のコンピテンシーには，どのようなテーマの関連で児童がコンピテンシーを適切な方法で獲得できるか，重点的なテーマや拘束力を持つ内容も考慮されている[34]。全体の中から選択された内容とテーマが，すべてのコンピテンシーの促進と発達を保障できるように，いくつかの展望が有意義に

網目状に結びつけられている。

　社会に関連した展望も含め，自然科学・技術の展望も，多くの内容が考慮されている。実験や試験などの探究的な学習により，自然科学的・技術的テーマへの興味が喚起され，科学的な理解の開拓へとつながるようにも配慮されている。

　さらに，「持続的な開発のための教育」構想により，健全な気候，正義，文化的な多様性，労働，自然保護，住居と構造，エネルギー，水，大地，異なる世代の共同生活，といったテーマが事象教授においても重視されている。これらのテーマは，社会的，経済的，文化的に，そして生態学的な次元で取り扱われている。

　以上のように，ドイツでは，国家的なレベルでの教育スタンダードの導入が進行し，基礎学校の事象教授においても，学会版教育スタンダードが出され，達成すべきコンピテンシーが明示されている。バーデン・ヴュルテンベ

**基礎学校で使用される実験器具や実験キット**

ルク州の事象教授においては，子どもが自然や社会の事象と実際に関わる中で，問題解決に必要な科学的能力を獲得し，行動力を育てることがめざされている。第２学年と４学年の終了時に求められるコンピテンシーが明示され，総合化が一層進められている。改訂されたハンブルク州の事象教授においても，子どもたちを生活世界へ方向づけるコンピテンシーの獲得がめざされている。学会版教育スタンダードと同様に，領域が５つの展望に分けられ，その展望間の連携も図られている。第２学年の終わりには観察基準，第４学年の終わりには標準要求としてコンピテンシーが明示されている。コンピテンシー領域「世界への方向づけ」「認識獲得」「判断力の形成」の各領域において，自然現象と技術や地理などとの関連が図られている。

　子どもたちの好奇心や疑問を持つ姿勢を促進しながら，今後の学習の基本になる教科の展望，課題設定，認識方法，概念や態度について考慮されている。多様な関連の中で，言語的，数学的なコンピテンシーも重視されている。つまり，テキストを理解し，文章を書き，口頭でプレゼンテーションし，論証する，あるいは実際の状況で測定し，計算し，データを理解し，表現する，などである。さらに，考えさせる話し合い，協働学習とともに，発達に即して，自主的に責任を持って行動することも重視されている。

　こうして，基礎学校における教育の伝統も継承しながら，達成すべきコンピテンシーが明示され，着実な成果が求められている。

　さらに，2013年には，学会版教育スタンダードの改訂版（Vollständig überarbeitete und erweiterte Ausgabe）が出されている[35]。

　2002年版が32ページであったのに対し，2013年版は160ページとなり，図2-1に示すように，５つの展望は「社会科学」「自然科学」「地理」「歴史」「技術」へと軽度に改称されている。展望における包括的な思考・活動・行動方法も明示されている。「自然科学」の展望では，生物的自然と無生物的自然が取り扱われる。「自然科学」の展望に関連する思考・活動・行動方法として，①自然現象を事象（対象）に即して探究する，②自然科学の方法を

| 次元：思考・活動・行動方法 | 事象教授の展望における包括的な思考・活動・行動方法 | | | | | | |
|---|---|---|---|---|---|---|---|
| | 認識する／理解する | 自主的に活動する | 評価する | 話し合う／協力し活動する | 事象に興味を持って出会う | 実行する／行動する | |
| | 例.整理する，比較する | 例.情報を開拓する | 例.評価する，判断する | 例.交流する，論証する | 例.探究の態度を示す | 例.構成する，計画を実現する | |
| 展望に関連した思考・活動・行動方法 | 例.交渉する，判断する，関与する | 社会科学の展望 政治—経済—社会 | | | | | 例.民主主義 | 展望に関連した構想／テーマ領域 |
| | 例.探究する，実験する | 自然科学の展望 生物的自然と無生物的自然 | | | | | 例.生命，エネルギー | |
| | 例.探査して空間の位置を確かめる | 地理の展望 空間—自然の土台—生活状況 | | | | | 例.空間利用 | |
| | 例.時間を確かめ再現する | 歴史の展望 時間—変遷 | | | | | 例.変遷 | |
| | 例.設計する，生産する，技術を利用する | 技術の展望 技術—活動 | | | | | 例.安定性 | |
| | 例.柔軟さ | 例.健康 | 例.持続的な発展 | 例.メディア | | | 次元：構想／テーマ領域 |
| | 展望に結びつくテーマ領域と問題提起 | | | | | | |

図2-1 展望の大綱 事象教授のコンピテンシーモデル

習得し活用する，③自然現象を法則に導き戻す，④自然科学の認識から日常の行動を導き出す，⑤自然科学の学習を評価し省察する，が示されている。そして，「自然科学」の展望に関連するテーマ領域として，①無生物的自然—物質／物体の特性，②無生物的自然—物質変換，③無生物的自然—物理的

事象，④生物的自然—植物，動物とその分類，⑤生物的自然—生物の発生と生存条件，が挙げられている。さらに，2つの事例，第1・2学年「飛ぶ—種子のパイロット／飛行機はどのように操縦しますか？」と第3・4学年「生息空間 池／池の中の動物」が示されることにより，コンピランシー指向の授業の展開が一層可能になっている。

**注及び引用・参考文献**

1 ) Herausgegeben vom Sekretariat der Ständige Konferenz der Kultusminister der Länder in der BRD (2005). *Bildungsstandards der Kultusministerkonferenz, Erläuterungen zur Konzeption und Entwicklung*, Luchterhand, S. 6.
2 ) Gesellschaft für Didaktik des Sachunterrichts (2002). *Perspektivrahmen Sachunterricht*, Julius Klinkhardt, S. 2.
3 ) Ebenda, S. 2-3.
4 ) Ebenda, S. 4.
5 ) Herausgegeben vom Sekretariat der Ständige Konferenz der Kultusminister der Länder in der BRD (2005). a. a. O., S. 6.
6 ) Gesellschaft für Didaktik des Sachunterrichts (2002). a. a. O., S. 7.
7 ) Ebenda, S. 8.
8 ) Ebenda, S. 15-16.
9 ) Ebenda, S. 16-17.
10) Ebenda, S. 17-18.
11) Ebenda, S. 18.
12) Ebenda, S. 25.
13) 藤井浩樹 (2008). ドイツの初等理科教育—事実教授の教育課程・教科書と教員養成—，化学と教育，56(9)，466-469頁.
14) Ministerium für Kultus, Juigend und Sport Baden-Württemberg (2004), *Bildungsplan 2004 Grundschule*, S. 96-97.
15) Ebenda, S. 98.
16) Ebenda, S. 100-108.
17) Freie und Hansestadt Hamburg Behörde für Bildung und Sport (2003). *Rahmenplan Sachunterricht Grundschule*.

18) Freie und Hansestadt Hamburg Behörde für Schule und Berufsbildung (2011). *Bildungsplan Grundschule Sachunterricht.*
19) Ebenda, S. 20-25.
20) Freie und Hansestadt Hamburg Behörde für Bildung und Sport (2003). a. a. O., S. 5.
21) Ebenda, S. 10.
22) Ebenda, S. 18, 26-27.
23) Freie und Hansestadt Hamburg Behörde für Schule und Berufsbildung (2011). a. a. O., S. 23.
24) Ebenda, S. 22.
25) Ebenda, S. 24.
26) Ebenda, S. 25.
27) Ebenda, S. 26-29.
28) Ebenda, S. 28.
29) Ebenda, S. 27.
30) Ebenda, S. 29.
31) Ebenda, S. 30-32.
32) Ebenda, S. 32.
33) Ebenda, S. 31.
34) Ebenda, S. 33.
35) Gesellschaft für Didaktik des Sachunterrichts (2013). *Perspektivrahmen Sachunterricht. Vollständig überarbeitete und erweiterte Ausgabe,* Julius Klinkhardt.

# 第3章　初等教育における理科と環境教育

## 第1節　学校への環境教育の導入

### 1．環境教育の構想

　ドイツにおける環境教育は長い伝統を持っているが，本格的に展開したのは1970年代以降である。連邦政府は1971年に「環境計画」(Umweltprogramm der Bundesregierung) を発表し，個々の市民も環境にやさしい行動を通して環境づくりと保護に関与すべきことや，そのためには環境を意識した行動を一般的な教育目標として学習計画に入れるべきことなど，環境教育の必要性をはじめて明確に打ち出した。

　ドイツの学校では，自然保護や環境に対する学習が古くから行われていた。しかしながら，環境教育が学校教育の内容として正式に導入されたのは，1980年10月17日の文部大臣会議 (KMK) の決議「環境と授業」(Umwelt und Unterricht) による。1970年代が環境教育を学校へ導入するための会議や勧告の時代であるとすれば，1980年代はその実践への移行期であった。

　キール大学自然科学教育研究所 (IPN) の調査や連邦教育科学省 (BMBW) の大臣声明 (1990年) などから，当時の学校における環境教育の実践状況が見えてくる。各州においては，「環境教育の学校・モデル実験」など理論的・実践的な取り組みも開始されていた。しかし，全般的に1980年代における環境教育の取り組みは，初歩的にしか行われず，今日のように積極的な実践が展開されるようになるのは，環境テーマの領域や教授原理を示す各州の環境教育に関する勧告や指針が出された1990年代に入ってからのことである。

1990年代の初めには，「時代にあった一般教育の部分」としての環境教育が求められるようになる。またアジェンダ21の「環境倫理的な要求」としての持続可能な開発は，環境教育への新しい方向づけも促進している。

## 2．諸教科を横断する授業原理

連邦国家ドイツでは，原則的には各州が独自に教育政策を進めているが，教育改革の全体的なガイドラインは，連邦レベルの勧告や決議等で決定される。ドイツの環境教育を方向づけた文部大臣会議の決議「環境と授業」において，環境教育は自然と社会の両方の領域を含み，さまざまな教科の中で実践される「諸教科を横断する授業原理」として公認されたのである[1]。

環境教育の課題として，①環境問題に対する意識を喚起すること，②責任を持って環境と関わる心構えを促すこと，③環境を意識した行動を育てること，④学校修了後も効力を持ち続けるように教育すること，が示されている。

この決議は，環境教育が児童・生徒の行動力をも形成すべきであることを改めて明らかにしていた。また，教員の現職教育においても，環境意識や環境保全の教育を導入する必要性があることも指摘されていた。今から30年以上も前に，環境教育において行動することの重要性と教員の現職教育へ環境教育を導入する必要性を明確にしたことは，環境先進国としてのドイツの礎を築くことになり，その後の実践へと結びついた。

文部大臣会議は，各州における環境教育の推進状況について，1982年と1986年に報告書『学校における環境教育』(Umwelterziehung in der Schule) を出している[2,3]。環境教育に関連した国際的な諸勧告にも呼応して，環境教育に関連した観点が各州の学習指導要領に含まれてきていることが指摘されている。学校の授業を補完するような学外の活動，例えば活動共同体，クラブ，エクスカーション（遠足），森の家滞在などの授業プロジェクトも学外の専門家との協力で進められている。授業形態の弾力化や教員養成での環境教育の導入など，環境教育のための人的・物的な整備が進んでいることが

報告されている。

また，1987年には，基礎学校研究グループによって，『基礎学校の環境教育に関する勧告』(Empfehlungen zur Umwelterziehung in der Grundschule) が公刊され，環境教育の目標・原理，学習形態・内容等が4部構成で提言されている[4]。

環境教育の目標・原理では，①効果的な総合教育によって環境教育を改善する，②事象教授の中心課題を環境教育にする，③基礎学校の共通課題を環境教育にする，④学校園活動の徹底により環境教育を改善する，⑤環境センターの適切な利用により環境教育を改善する，⑥現職教育の徹底により環境教育を改善する，が示されている。内容としては，表3-1に示すように，12のテーマ領域が提示されている。

さらに，同年，連邦教育科学省は，『環境教育活動計画』(Arbeitsprogramm Umweltbildung) を公にしている。その中で，「環境教育のこれからの重要課題は，関係者すべての共同歩調においてのみ達成され得る。誰もが責任者であり当事者である，またそうなり得るという意識を目覚めさせることが大切である」[5]と今後の環境教育を展望している。

環境教育のこれからの課題を達成するためには，個々による部分的な取り組みではなく，関係者が連携・協力しながら，すべての人が責任を持って，当事者として行動することの重要性が指摘されている。

表3-1　環境教育のテーマ領域

| | |
|---|---|
| ① 私たちは自然環境を経験し観察する。 | ⑦ 空気への負担を軽減する。 |
| ② 植物の生活への関連を発展させる。 | ⑧ 天候を経験し知るようになる。 |
| ③ 学校園を整備し世話をする。 | ⑨ 地域を経験し保存する。 |
| ④ 動物の生活への関連を発展させる。 | ⑩ 騒音が病気をつくる。 |
| ⑤ 生活に適した土壌を扱う。 | ⑪ エネルギーと原料を節約する。 |
| ⑥ 水は生命に不可欠である。 | ⑫ 私たちの健康を手に入れる。 |

## 3. 学校における環境教育の実践状況

　学校での環境教育の実践状況を知る手がかりとして，キール大学自然科学教育研究所の調査報告書『ドイツ連邦共和国における環境教育の実践』(Praxis der Umwelterziehung in der Bundesrepublik Deutschland) を見てみよう。

　報告書では，1985年にバーデン・ヴュルテンベルク州を除く10州の普通教育学校における環境教育の状況について調査している[6]。

　この調査研究では，①環境教育が当時極めて初歩的にしか行われていないこと，②環境教育が一般的に少数の教科，第1に生物に結びつけられ，学外の施設との交流もほとんどないこと，③確かに問題志向的であるがほとんど行動志向的ではないこと，④教師は教科横断的な環境教育やプロジェクト志向の環境教育を実施する準備がほとんどできていないこと，⑤教師は自由に活動する場所があっても，十分に活用するすべを知らずほとんど利用されていないこと，などが明らかにされている。

　さらに同研究所は，環境教育の実態調査を継続的に実施し，『ドイツにおける学校の環境教育実践の発展』(Entwicklung der Praxis schulischer Umwelterziehung in Deutschland) を公刊している。この報告書では，1985年と1990年の調査を比較して，自然科学諸科目中心の環境教育からさまざまな教科で行われる環境教育へと変化していること，地球規模の環境問題が重視されるようになっていること，内容やテーマが多様化され広がってきていること，教科横断的なテーマの取り扱いが増加していること，などが報告されている[7]。

　1つの課題に数日間かけて活動的に取り組むプロジェクト活動が授業で実践されるようになり，扱うテーマ数に変化はないものの1テーマ当たりの時間数が倍増するなど，環境教育の質的な改善も見られる。また，この調査報告には，環境教育の基本的な特徴として，①日常経験から学習が始まること，②行動的な学習を重視すること，③総合的な学習を含むこと，④批判的な学

習を企図すること，が指摘されている。

　基礎学校における実践状況に関しては，1991年にノルトライン・ヴェストファーレン州の基礎学校を対象とした調査がある[8]。環境教育は，重点的には事象教授，宗教，言語，芸術教育で行われるが，あらゆる教科や領域で実施されていること，第3・4学年での実施が第1・2学年よりも高い傾向が見られること，などが指摘されている。

　内容としては，複合テーマ「ごみ」(32%)，「環境行動」(20%)，「水」(15%)，「その土地の動植物」(12%) が重点的に取り扱われている。子どもの身近な環境から環境問題を取り上げて，地球規模の環境問題に言及したり，あるいは地球規模の環境問題を地域の環境問題に関連づけたりする実践も見られる。しかし，教師の2割程度が学校園やビオトープを活用しているのに対し，7割以上は利用頻度が少ないという結果も見られる。

　連邦教育科学省は，大臣声明（1990年）において，環境教育が教授計画（日本の学習指導要領に相当）に形式的には導入されているにも関わらず，普通教育学校における教育実践はまだまだ満足のいくものではない，と批判している。普通教育学校における環境教育の実践のために，①教科横断的な授業と生態学的に基礎づけられた教員養成と現職教育を実践するための構想を提出すること，②学習指導要領を補完し，場合によっては新たに解釈する。つまり，特にすべての学校段階のための適切な教材も開発すること，③環境研究の具体的な成果を実際に教員養成に取り入れること，が提案されている[9]。

　これらの点から，学校での実践や教員養成，現職教育においてこれまで充分でなかった点が見えてくる。環境との積極的な触れ合いが重視されながら，学校園やビオトープなどが十分に活用されていない状況が見られるが，このような状況を改善するためにも，教師自身が環境を十分に理解し触れ合う必要性がある。ますます体験に根ざした教員養成や現職教育の充実が望まれている。その際に，生態学的に基礎づけられた教員養成と現職教育の実践が必要とされる。

環境教育の実践状況を改善し，さらに発展させるために，ほとんどすべての州において，「環境教育の学校・モデル実験」が実施されている。具体的な取り組み例を示せば，表3-2の通りである[10]。

　このように，環境センター，野外教育施設などの学外の施設との協力関係において，児童・生徒中心の授業モデルや学際的な活動・プロジェクト授業など，実践的・理論的な取り組みが行われていた。さらに，環境教育を充実させ発展させるための一環として，生徒の環境学習・研究の促進に重点が置かれた環境保全コンクールも実施されていた。

表3-2　各州における「環境教育の学校・モデル実験」

1．OECDプロジェクト「環境と学校のイニシアチブ」
2．「家族―環境―健康―学校における準備教育への貢献」（バーデン・ヴュルテンベルク）
3．「学校生物センターと学校園の結びつきによる大都市における生徒や大人のための生態学的思考の伝達」（バイエルン州ニュルンベルク市）
4．「地方における基礎学校，基幹学校での環境教育」（バイエルン）
5．「学校領域における環境陶冶，環境教育，環境形成」（ベルリン）
6．「中等教育段階Ⅱの職業教育とギムナジウムにおけるカリキュラムへの生態学的問題の組み込みを考慮した実践的研究」（ブレーメン）
7．「現在ある教育施設，特に海外博物館，生態学ステーション及びブレーメン海外研究開発協会（BORDA）間のネットワーク化による環境教育モデルの開発」（ブレーメン）
8．「普通教育学校での教科横断的な環境教育と専門家集団の組み込み」（ブレーメン）
9．「野外教育施設における環境教育」（ハンブルク）
10．「ハンブルク大学教育学部での環境陶冶，環境教育，環境相談」（ハンブルク）
11．「すべての学校形態・段階の生物教育における環境教育への貢献としての校外学習の場のプロジェクト」（ヘッセン）
12．「自然保護団体により運営されている学外の環境センターと学校の協力」（ニーダーザクセン）
13．「幼稚園教育における自然と環境」（ノルトライン・ヴェストファーレン）
14．「ラインラント・プファルツにおける学外の施設との協力関係による学校での実践的環境教育」（ラインラント・プファルツ）
15．「環境教育センターの活用も含めた学校における総合的環境教育」（ザールラント）
16．「学校の日常における健康促進―健康的な生活態度に関する措置（栄養，運動，自然を体験する，環境形成）」（シュレスヴィヒ・ホルシュタイン）

## 第2節　学校における環境教育の展開

### 1．環境教育の類型化

　ドイツの初等教育段階においては事象教授，中等教育段階においては生物や地理のように，自然・環境に関連の深い諸教科が，環境教育のためのいわゆる中核教科へと発展してきている。同時に，さまざまな教科においても環境教育は実施されてきている。これまでの環境教育を振り返り，類型化された研究成果を見てみよう。

　ギムナジウム教師でマールブルク環境教育活動・研究グループの指導者でもあるボルツ（Bölts, H.）は，学校における20年間の環境教育の教授学を，①「自然体験教育学」（Naturerlebnispädagogik），②「エコロジー化」（Ökologisierung），③「政治教育」（politische Bildung），の3つに区分している[11]。自然体験教育学では，環境・自然保護を体験することが理解のプロセスであると捉えられ，直接的な自然との出会いが重視される。エコロジー化は，個人の生活，学校や地域を環境にやさしいものにすることをめざしている。「ローカルに行動し，グローバルに考える」をモットーに，直接経験できる地域の生活世界が重要視される。さらに，環境教育は，現在の出来事や地域環境の中で，現実の問題に目を向け，その生態的に危機的現象を社会全体に関連づける「政治教育」として理解される。未解決の問題を探究して認識を新たにすることが政治的行動へとつながる。

　また，ハノーバー大学のボルショー（Bolscho, D.）らは，自然・環境保護から環境陶冶へと題し，環境教育の歴史的な変遷を示しながら，その展開を，①問題・行為志向の環境教育（problem- und handlungsorientierte Umwelterziehung），②自然に近い教育（naturnahe Erziehung und Bildung），③エコ教育学（Ökopädagogik），の3つに区分している[12]。問題・行為志向の環境教育の目

標は,「生態学的な行動能力」であり,「環境との関わりの解明」「問題解決能力の育成」「政治生活への参加能力の育成」がめざされる。生態学的な学習過程の特徴として,「状況志向」「学際性」「行為志向」「問題志向」が示されている。自然に近い教育では,問題のある環境ではなく,「健全な」自然がその構想の中心に据えられる。「自然と調和した生活」が目標とされ,「自然への情緒的・全体的な接近」「感覚を伴う全体的な自然体験」が強調される。自然愛がその基礎にあり,自然保護のために尽くすことが出発点になる。エコ教育学は,市民運動の伝統のもと,「経済・技術的な自然搾取」とそれを助長する社会構造や人間の思考・行動様式を批判する。環境教育は,確かに「自然を保護し育成し尊重すること」をめざしているが,それが自然自体の保護ではなく,人間生活にとっての機能からの発想であると批判する。

　ポツダム大学のギースト（Giest, H.）らは,環境教育の理論を,①実際的なアプローチ（pragmatischer Ansatz）,②環境倫理的なアプローチ（umweltethischen Ansatz）,③疎外的なアプローチ（Entfremdungsansatz）,の３つに区分している[13]。実際的なアプローチは,「古典的」な環境教育であり,自然的,社会的な環境に立ち向かい,環境問題を解明する立場である。生態学的な行動能力の育成が課題とされる。環境倫理的なアプローチでは,環境教育は自然愛に関する教育として理解される。現在の環境問題の原因は人間が自然から疎遠になった点にあるとし,この疎遠な関係を克服することによって,環境にやさしい行動が達成されるとしている。疎外的なアプローチでは,生態学的危機の原因を,人間の自己,社会,自然からの疎外とみる。自己,社会,自然の統合が確立されるならば,グローバルな生態学的危機を乗り越えることができると指摘している。

　これらの環境教育に関する研究成果から,自然体験,エコロジー（生態学）,政治教育,問題・行為志向,環境倫理などのキーワードが出てくる。力点の違いはあるがこれらは環境教育の包含する方向性でもあり,1990年代に出されたニーダーザクセン州の環境教育のための勧告にも認められる。生態学的

な理解のもとに，身近な自然体験を通して，具体的に問題を解決し，環境に対して責任ある行動をしていくことが重視されている。

## 2．環境を軸にした総合的な学習「グローバルに考え，ローカルに行動する」

### （1）環境教育の原則と総合テーマ

　環境を軸にした総合的な学習として，ニーダーザクセン州では，1993年に普通教育学校における環境教育のための勧告『グローバルに考え，ローカルに行動する』を出している[14]。

　環境教育の基本原則として，①一般教育の一部であること，②学習の革新的な方向づけを要求すること，③主体的な体験へと方向づけること，④政治的な教育であること，⑤協調の倫理を要素とすること，⑥具体的な行動領域の中で実現されること，の6項目が示されている。環境を軸とした総合的な学習として，カリキュラムは構成されている。諸教科を統合する活動の枠組みは，表3-3に示すように13の環境テーマ領域にまとめられている。

　カリキュラムは，大きく3つの観点から構成されている。最初の①〜⑤の環境テーマ領域は，人間と動植物の自然の生活基盤から出発し，その保護と危機がテーマになっている。次の⑥〜⑪の環境テーマ領域は，環境に関連する人間の社会・経済的な活動とその生態的な影響，そこから生じる問題を中心に扱っている。最後の⑫と⑬の環境テーマ領域は，個々人や人間と文明の共生に対する一連の環境危機，そして地球の未来を扱っている。

表3-3　環境テーマ領域（諸教科を統合する活動の枠組み）

| |
|---|
| ① 気候　② 空気　③ 水　④ 土地　⑤ 生物―生態系 |
| ⑥ 生産と商業　⑦ 余暇と消費　⑧ 住宅地と交通　⑨ 科学と技術　⑩ ごみと有害物質　⑪ エネルギーと原料 |
| ⑫ 人間の健康　⑬ 1つの地球の発展と未来 |

## (2) 第1～4学年の指導計画

この学年段階での配慮すべき点として，①子どもたちの安全希求と共同体への願い，②子どもたちの空想の世界への関連づけ（メルヘン，物語，絵），③遊戯的経験や探究の可能性，④動物の飼育や植物の栽培をしたいという子どもたちの願望，⑤体を動かす練習や遊び，美的に表現力豊かな描写の可能性（歌，ダンス，遊戯，お祝いなど），⑥肯定的価値や方向づけへの子どもたち

表3-4 単元と環境テーマ領域，並びに教科の関連

| | | |
|---|---|---|
| 1 | 環境テーマ領域：⑫⑤<br>「私たちの学校，楽しいところ」 | ―教室にあるたくさんのすてきなコーナー<br>―校舎や校庭で植物を育てる友だち<br>―私たちの校庭，その多彩さ<br>関連教科：事象教授，家庭科，工作 |
| 2 | 環境テーマ領域：⑩<br>「大量のごみ―そんなに必要なの？」 | 関連教科：事象教授，美術，算数，国語，工作，宗教，家庭科 |
| 3 | 環境テーマ領域：③<br>「水がなくては困ります」 | 関連教科：事象教授，美術，算数，国語，工作，宗教 |
| 4 | 環境テーマ領域：⑤<br>「生息空間における動物と植物」 | ―ハチやチョウのための花壇<br>　石の下には何が生息しているか？<br>―学校池での観察<br>―動物を愛護する（クモ，幼虫，ヒキガエル，ハリネズミ…）<br>関連教科：事象教授，美術，音楽，工作，国語，家庭科，宗教 |
| 5 | 環境テーマ領域：⑫<br>「健康的に飲食する―大切なこと」 | ―健康的なおやつ<br>―完全な穀粒の生地でパンを焼く<br>―とっても甘い<br>関連教科：事象教授，美術，算数，国語 |
| 6 | 環境テーマ領域：⑬<br>「みんなの地球」 | ―外国の子どもたちはどのように学び，遊んでいるのか<br>―あちこちにある大好物の料理<br>―遊牧の子どもたちはどんな生活をしているのか<br>―飢餓や貧困から逃れる子どもたち<br>関連教科：事象教授，美術，音楽，家庭科，工作，国語，算数，宗教 |

の願望，儀式や神秘的なものへの喜び，が示されている。また，単元と環境テーマ領域との関わり，並びに教科の関連は表3-4のように構想されている。

　この環境教育カリキュラムは，さまざまな教科内容に関連している。各教科固有の内容を前提として，総合的な環境教育のテーマが具体的に設定されている。既存の教科の中から環境教育を中心的に実践する教科とそれを補完する教科とを設けることで，環境教育のための教科を新設することなく，環境問題や環境テーマを体系的に扱うことや継続的な学習を行うことが可能になっている。

### （3）単元での取り組み

　事象教授の教科書を見てみよう[15)16)]。例えば，第2学年では，①ごみはどこへ？，②私たちはごみを防止する，が取り扱われている。

　また，第3学年では，①私たちの飲料水はどこからくるの？，②私たちは何に飲料水を必要とするの？，③使われた水はどこへ？，④私たちは水を使って実験する，が取り扱われている。

　この教科書との関連で，勧告『グローバルに考え，ローカルに行動する』の環境テーマ領域「③水」と「⑩ごみと有害物質」に関連する単元「水がなくては困ります」と単元「大量のごみ―そんなに必要なの？」を例に，具体的な取り組みを見てみる（図3-1, 図3-2）[17)]。

　各単元は，「Ⅰ．環境の知覚と経験」，「Ⅱ．問題解決に必要な生態学的知識」，「Ⅲ．環境責任と環境行動」，の3つの観点で構成されている。

　「Ⅰ．環境の知覚と経験」では，子どもたちが自分自身で環境を知覚し経験しながら，①日常生活，②体験可能性，③連携の可能性，という視点で追究する。身近なことから取り上げ，日常生活という視点で，水の消費や消費された水の行方，包装の種類，ごみの経路，資源の収集など具体的な問題が取り上げられている。そして，さまざまな体験の可能性が例示される。学校内だけでなく，見学や調査など，学外の施設との連携・協力の可能性も示さ

事象教授の教科書（第2学年）「私たちはごみを防止する」

れている。

　次に，「Ⅱ．問題解決に必要な生態学的知識」では，①関連とネットワーク，②歴史性と変化，③主体的な問題解決，④専門的知識，について取り扱われる。環境問題を解決するためには，その前提として生態学的な知識が必要となる。関連とネットワークといった視点で，水の汚染・浄化，ごみの中の有害物質など，さまざまな分野から問題が示される。現状だけを取り上げるのでなく，水消費と汚水処理，ごみ捨て場とごみ集積場など，今と昔の違いが取り上げられる。主体的な問題解決として，排水量の実験，ろ過方法，節水のアイデア収集，環境にやさしい製品の調査やごみを出す量の予測や評価，プラスチック，紙，リンゴなどによる腐敗の実験など，観察や体験を通して具体的に取り組まれる。また，水質，溶媒，水の循環・浄化，資源・有害物質・残余物としてのごみ，ごみ防止・減量，リサイクルなど，に関する専門的な知識も重視されている。

第3章 初等教育における理科と環境教育　77

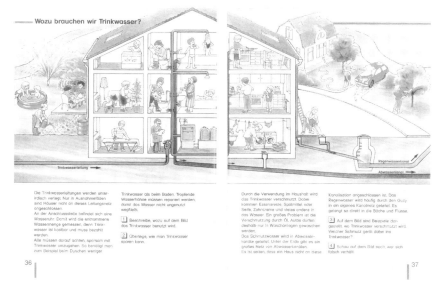

事象教授の教科書（第3学年）「私たちは何に飲料水を必要とするの？」

　最後に，「Ⅲ．環境責任と環境行動」では，①行動の可能性，②未来への展望，③責任の自覚，について取り上げられる。環境に対する責任を自覚し，環境にやさしい行動をすることがめざされる。節水や廃物・再生紙の利用など，環境にやさしく行動する可能性が具体的に示されている。未来への展望として，水不足や水質汚染の問題を取り上げ，役割遊びなどを通してその問題が追究される。責任の自覚としては，節水や水を汚さないためにできること，ごみ防止に関する責任などについて自分自身の問題として考えることが求められている。

　環境教育では，子ども主体の授業形式が実践されようとしている。地域に根ざした環境テーマを取り扱うことで，体験的，作業的な授業が展開され，子どもの調査・探究の能力が育成される。その際に，地域の環境問題を具体的な行動を通して考え，地球規模の環境問題との関わりを意識化することが重視されている。

## Ⅰ．環境の知覚と経験

### 1．日常生活
- 私たちは水をどこで必要としますか？
- 家庭の水消費（バケツで）
- 飲料水はどこから来るの？
- 消費された水はどうなるの？
- 私の生活での水／1日の流れで
- 雪，あられ，露―すべての水―あるいはどんな状態？
- 雨水は学校の敷地でどうなるの？

### 2．体験可能性
- のどの渇き！
- 水との遊び，歌，トリック，実験
- バケツの水は重い！
- 水浴びや水遊びをする
- 小川のせせらぎと海の音：自分の体験から話をし，絵に描く
- 水滴は旅をする―物語と絵本
- 水についての子どもの言葉
- 節水についての役割遊び，指人形遊び
- 水車づくり
- 水の音楽（音・コラージュ）
- 水中の生き物：パントマイム
- 雨の中の散歩

### 3．連携の可能性
- 給水施設，博物館，浄水場の見学と調査
- 昔の水車，給水塔の動き
- 映像保存貸与機関，図書館，フィルム，本
- 保護者の夕べ：「水の節約」
- ガスや水のための連邦同盟と地域の給水事業との連携

## Ⅱ．問題解決に必要な生態学的知識

### 1．関連とネットワーク
- 植物が生育するために必要な水
- 他の国での水とのかかわり
- 「水不足の状態」を何といいますか？
- 干ばつ！
- 多くの人々はきれいな水を自由に使えない（工業地帯，第三世界，戦争）
- 洪水による水の汚染
- なぜ水にはお金がかかりますか？
- トイレはごみバケツではない
- なぜ飲料水はまず浄化されなければならないの？
- 学校でのより少ない汚れ―わずかな水消費
- トイレ洗浄のための飲料水

### 2．歴史性と変化
- 老人たちとの対話：「私たちがまだポンプで水を汲まなければならなかったら，どのくらい消費するかがわかるだろう（水消費の昔と今）」
- 水消費と汚水処理の昔と今
- 庭のポンプ・病気の伝達物質としての水：コレラ，チフス，赤痢
- 昔の水車
- 「小川にはない…，朝つくられる！」
- 昔の洗濯日・今の洗濯機
- 昔の入浴日・今は毎日シャワーを浴びる

### 3．主体的な問題解決
- 排水の実験；洗浄タンクのれんが
- 排水量の実験：フロート弁の重要さ
- 汚水はどのように浄化できるか？ろ過方法，注ぐ，沈殿させる
- 感覚試験と測定：飲料水は有害物質がなく，透明で冷たく無臭でないといけない
- 水はどうして見えなくなるの？蒸発させて濃縮する，蒸留する，溶解される
- 学校にある水場の調査
- 私の1日の流れ：私は水を何に使っているか？
- 水が止められたら，どうするか？
- 節水のアイデア収集

### 4．専門的知識
- リットルでの家庭の水消費
- 1日1人あたりの飲料水；3リットル
- 水質
- 水―すばらしい溶媒
  - 飲料水・雑用水・地下水・汚水
  - 水の循環
  - 水の浄化
  - 節水ボタン

（中央）水がなくては困ります！ 第1～4学年

## Ⅲ．環境責任と環境行動

### 1．行動の可能性
- 歯磨きやシャワーの間に水の栓を閉める
- 節水ボタンの利用
- 行動；同級生や両親に節水の手紙を書く，節水のための絵本をつくる，役割遊びを練習する
- 学校園の雨水おけ

### 2．未来への展望
- 水不足：―アフリカではすべての井戸が干上がる，―地下水面が下がる
- 水のない日，どうするか？
- 水質汚染：私たちはまもなく再び川で水浴びをし，泉の水を飲むことができるか

### 3．責任の自覚
- 節水のために何ができるか？
- 水を汚さないためには何ができるか？
- 水を汚す罰

図3-1 単元「水がなくては困ります！」（第1～4学年）

第3章　初等教育における理科と環境教育　79

## Ⅰ．環境の知覚と経験

### 1．日常生活
- どんな包装があるの？
- ごみの経路
- 灰色や緑色の容器，資源収集，グリューネ・プンクト―問題？
- 自分のごみは家へ
- 消費者としての子ども：小遣いで何を買う；缶コーラあるいは瓶コーラ？
- 1日，1週間，…のごみの量

### 2．体験可能性
- ごみは臭う―コンポストは臭わない
- ごみの歌，ごみの韻
- 自作の楽器を演奏する
- 環境の物語：「私は古い新聞紙です，絵本になりますように」「リターナブル瓶"モリ"の60回の旅」

### 3．連携の可能性
- 学校や市町村でのごみ診断
- リサイクル施設，コンポスト化施設，ごみ集積場の見学
- 環境団体，環境諸機関，地域の環境センターとの協力
- 管理人（購買部）との協力：ごみを少なくする学校の購買部
- 保護者との協力（保護者の夕べ）
- 近隣の学校とのアイデア交換：君たちは自分のごみをどうしますか？

## Ⅱ．問題解決に必要な生態学的知識

### 1．関連とネットワーク
- コマーシャルの影響：「私はつまらないものはいらない」
- トイレはごみを飲み込まない
- 美しく包装する―そのとき何を？
- ごみの中の有害物質：注意，バッテリー？
- ごみによる，ごみの中での生活（第三世界の人々）
- 自然はごみを出さない

### 2．歴史性と変化
- 昔はごみバケツは灰入れバケツと呼ばれていた
- 昔は食品雑貨店，今はスーパーマーケット―私たちはお店屋さんする
- 「私たちは布きれ，鉄，紙，古いものを集める」布きれ収集，中古品商人，リサイクルサービス，環境サービス
- ごみ捨て場からごみ集積場へ（「ごみを捨てを禁止する！」）

### 3．主体的な問題解決
- 調査：環境にやさしい製品はどこにある？どんなごみはまだ使える？
- 評価と予測：1日／1週間に私たちの学校にどれだけのごみが出る？
- プラスチック，紙，リンゴの食べ残しによる腐敗の実験
- ごみ防止アイデアの収集
- ごみのない生活―進展する？
- 私の日課：私はごみをどんなときに出す？

### 4．専門的知識
- 家庭ごみの構成要素：資源としてのごみ，有害物質としてのごみ，残余物としてのごみ
- ごみ防止，ごみの減量，リサイクル（原料の保護，エネルギーや水の節約）
- リサイクル目印：グリューネ・プンクト，バッテリーのリサイクル；環境目印：青い天使

**大量のごみ―そんなに必要なの？**
第1～4学年

### 1．行動の可能性
- 紙や工作物との経済的な関係
- 学級の紙箱
- 包装の少ない朝食（包みのあるパン入れ，飲料瓶）
- プラスチックカップでないヨーグルト
- 学校の敷地でのコンポスト―学級の虫箱
- 廃物，再生紙で装飾し，工作する，ごみのない贈物包装
- 工作のりの手作り
- 環境にやさしい学校袋
- バッテリーなら蓄電池
- ビニール袋の代わりに買い物かご
- ごみのない学校祭

### 2．未来への展望
- 役割遊び：「ごみ怪物との戦い」
- 助けて，私たちはごみの中で窒息する
- ごみのない私たちの地球

### 3．責任の自覚
- 私はつまらないものを買わない（おしゃぶり，刺しゅう，においつき消しゴム）
- 私は自分のごみへの安易さや習慣に対してどのように戦うか？
- 他に何かごみはありますか？
- 学級で―休憩ホールで―台所で：ごみを防いで私はいいものを見つける！
- 情報板でのごみ防止に関する10の規則

## Ⅲ．環境責任と環境行動

図3-2　単元「大量のごみ―そんなに必要なの？」（第1～4学年）

## 第3節　環境教育における自然体験学習

### 1．自然体験の意義

　子ども・若者期における環境知識や環境行動への自然体験の影響に関する調査（Mayer, J./Bögeholz, S.）によれば，自然体験と環境にやさしい行動との間には肯定的な関連が証明されている[18]。また，直接的な自然体験の基本的意義や子どもたちの心的発達に対するさまざまな機能に関して，自然体験には少なくとも幼年時代に2つの局面があることも指摘されている（Gebhard, U.）。自然体験は，一方では，情緒的発達を促進し，他方では自然や環境を保全することへの準備を促す。子どもたちの自然への関係が深まれば深まるほど，自然破壊について知覚することができ，自分が評価できることに対しては，保全していくことへとつながる。同時代の人々への教育における自然体験の役割に関しては，生物教育学者は早くから取り組み，「自然体験」を教授学的な構想にまで展開させている。自然体験は，「…行動と精神状態を同時に要求し」（Janssen, W.），「野外で自然現象との本物の出会いのチャンスとして定義」（Trommer, G.）される。自然現象への直接的な入り口のための鍵は，自然体験の過程においてまず一度感覚的に知覚することである。

　自然体験は，選択的な構想としてではなく，広範に「自然を解明すること」を配慮する補完的な構想として理解されている。また，ジョセフ・コーネル（Cornell, J. B.）が，実践的経験に基づいて展開しているネイチャーゲーム（Naturerlebnisspiele）は，自然に個々に近づきながら解明し，さまざまな体験レベルを敏感にし，自然との交流を訓練するために役立つ道具と捉えられている。それぞれのネイチャーゲームはさまざまな意図のもとに追究されるが，例えば，自然との物的，心的な調和を経験するゲーム，第一に瞑想的な気分を生んだり，あるいは関連性や生態学的原理を認識したりすることを

目標とするゲーム，さらに単に楽しむだけのものや積極的に思い出をつくるようなゲームも大切なものと見なされる。

学校園（Schulgarten）での活動についても同様に考えられている。子どもたちに自由にそして十分な空間を与える場合に，自然の要素との実り豊かな出会いが起こり，初歩的な自然体験が行われ，責任のある態度を発達させる。経験・体験・行動空間としての学校園は，異なったレベルで自然環境または社会環境との子どもたちの関係に積極的に影響を及ぼし，自然現象の初歩的な経験の不足を補うものと位置づけられている。

## 2．環境教育における自然体験学習の実践

ドイツの初等教育における環境教育の実践に関しては，次のような3つの主要な方針，①伝統的な環境保護教育，②生態学的な原理ないしシステムとの関わり，③自然体験志向の萌芽，を確認することができる[19]。一方，教員養成，現職教育，継続教育においては，今までの経験を踏まえて，この3つの方法，「生態学的な初等教育」「環境モニタリング」「自然体験」を，例えば，生活空間構想（水，町，森など）といったテーマで捉え，授業単元の中で統合するような工夫も見られる。

大学における教員養成課程の例を具体的に挙げてみよう。例えば，ノルトライン・ヴェストファーレン州のミュンスター大学では，教職課程「事象教授－自然科学／技術」において，生態学的，環境教育学的に方向づけたプロジェクトを開発している[20]。そこでは今までの経験やさまざまな環境教育の試みを，理論や実践において統合し，すでにある履修規定や教授要領の枠内で実現するよう構想されている。

このプロジェクト「生態学を具体的に－地域の環境教育」では，一緒に行動して環境体験，環境理解，環境責任を促進することが重視されている。大学教員と学生，及び教員，学生と地域の関心のある市民との協同モデルとして計画されている。まず，大学を開放し，地域の学校，保護者，市民と協力

ハンブルク州のショトミュラーストラッセ基礎学校の
ビオトープと観察小屋

ブレーメン州のバウムシューレンベーク基礎学校の
ビオトープと鶏小屋

したり，教員養成や準備勤務期間，現職教育をネットワーク化したりすることが試みられている。初等・中等段階の教員養成課程の連携を図るといった構想が，学際的に制度を越えて追究されている。

大学での教育提案，学習規程に即した公式の提案として，統合セミナーが構想され，「教材（溶媒）としての水」「土壌は生きている」「成長，土壌と気候」「穀物からパンへ」「供給・ごみ処理」「染色用植物」「ジャガイモからポテトチップスへ」などの教科横断的な内容，あるいは教育上の重点領域が示されている。さらには，生態学を重視して，さまざまな「専門家」参加による教授学的な作業場での短期プロジェクトの実施や自然に近い（学校）校庭の形成などが挙げられる。

プロジェクト段階Ⅰ（開発段階）では，①自由な校庭への改造，②校庭の活用に関する特別の授業の開発と試み，③地域の現職教育のための生態学的，環境教育的な提案の開発と実施，④大学の開放，⑤環境教育に関する具体的な授業の開発と試み，⑥大学での教員養成における生態学的―環境教育的提案を統合する構想の開発，⑦いろいろな教員養成段階の統合，が重点的な内容とされている。そして，プロジェクトを具体的に実践するためには，充分な広さの活動フィールドが必要とされる。その活動フィールドは，①生態学的，環境教育的観点での感覚ガーデン，②活動・経験のための領域，③ビオトープに関する多様な構造的経験フィールド，の3要素を含んだ構想である。このように，教員養成の段階においても生態学的な視点を十分に取り入れた体験的な環境教育が構想され，実践されてきている。

さらに，学校において持続的な環境教育を実行するための出発点として，①環境教育は，環境問題に専門的知識を持って取り組むために生態学的に基礎づけられた基盤を伝えなければならないし，環境の現実の状況分析を可能にし，環境の理想的な状況のためのプロジェクトを促進する。これらの要求水準は，すべての学校形態や学校段階に対して有効であり，その際，原則的に異なった見通しが考慮され，さまざまな内容の観点がテーマとして扱われ

なければならない，②持続的な環境教育のための教授学的な指導原理は，認識，振り返り，参加，予想である。それらは，状況，問題，行動志向のような古典的環境教育の教授学的指導方針の意味を含む，といった指摘も見られる[21]。

ドイツにおいて持続可能な開発のための教育（Bildung für nachhaltige Entwicklung, BNE, 以下は英語表記のESDと記す）は，連邦レベルでは「連邦諸州教育計画委員会」（BLK）によって推進されている[22]。BLKは1998年にESDの枠組みを決議し，1999年から2004年までの5年間，ESD推進のための学校教育プロジェクト（BLKプログラム-21）を全国的に展開している。

一方，連邦議会も2000年5月にESDの推進決議を採択し，①連邦が権限を持つあらゆる教育を持続可能な開発の理念のもとで行い，ドイツにおけるアジェンダ21の中の1つの要素として位置づける，②州や自治体その他の社会団体とともに持続的な取り組みを行う体制をつくる，ことを求めている。2004年にはドイツ教育学会（DGfE）のESD委員会が，「持続可能な開発のための教員養成に関する覚書（BfnE）」と「ESD研究プログラム」を公表している。

BLK-21は2005年から，日本が提唱し国連で決議された「持続可能な開発のための教育の10年」に対応して，「Transfer-21」と呼ばれる新しい局面に移行している。連邦教育科学省は，ESDの指針を「ESD」，「ESDの能力」，「ESD学校の学校の質」，「ESDの学校プログラム」の4分冊セットで公刊している。

このように地球的規模での環境問題は，人類の生存と繁栄にとって緊急かつ重要な課題であり，多くの人々の関心事となっている。学校教育においても，21世紀に生きる子どもたちに，環境や環境問題について正しく認識させ，具体的な行動力へとつなげていくことは極めて重要である。

自然界のプロセスや生態系における相互の知識は，数ヶ月単位で行われる「教科横断的な授業」の時間に主に学習する。複数の教科の共通テーマとし

て環境を扱い，さまざまな視点から光を当てる。一方，短期間で学年・学校を挙げて1つのテーマに取り組む「プロジェクト」もあり，1週間単位のプロジェクトウィークなどもしばしば行われる。児童・生徒に自然を身近にするため，ドイツでは多くの学校が環境に配慮した校庭づくりをし，そこに生物が生息するビオトープを作っている。

連邦教育科学省の取り組みに加え，連邦環境省（BMU）は，2009年には小学生向けに環境教育教材「水は生き物」（Wasser ist Leben）[23]，「環境と健康」（Umwelt und Gesundheit）[24] を発表している。「水は生き物」では，水に関する多様なテーマを取り上げ，水の消費量の計算方法や水循環の機能，汚染された水を浄化することの難しさ，河川の動植物への影響などさまざまな視点から学ぶ。「環境と健康」では，環境保護と健康保護のさまざまな関わりについて，年齢に即して教材としてまとめられている。室内の空気，騒音，水，地球温暖化，化学物質などのテーマについて，実験やゲーム，観察といった形で，子どもたちの学習を導く。具体的には，臭覚の働きや，教室できれいな空気を保つ方法，騒音の聴覚への影響，夏の太陽光から守る方法，携帯電話の利用時の注意といったことを学ぶことができる。

地球上の多様な生物がお互いに緊密に関係しあって安定したエコシステムを作り上げていることについて体験を通して科学的に理解する。こうした自然観察や体験学習から，生物多様性を維持しながら，持続可能な社会を作り出すための環境教育を実践していくことが大切であろう。

ドイツにおいては，初等教育の段階から，環境を知覚・経験し，生態学的な知識に基づいて主体的に問題解決しながら責任を持って行動することが，子どもたちに求められている。また，自然体験，生態学的な環境理解，環境責任や環境行動へと方向づけた教員の養成と再教育をめざした改革も現在推進されている。体験的な学習を通して科学的な見方や考え方などを子どもたちに育てるためには，指導者自身も自然と触れ合い，感動する心や柔らかな感性，自然生態系の働きについて科学的に見る眼を培っていく必要がある。

環境教育教材「水は生き物」
(Wasser ist Leben) の表紙

環境教育教材「環境と健康」
(Umwelt und Gesundheit) の表紙

　現代の子どもたちは，自然と接する機会が少ないために，自然に感動したり，生命を大切にしたりする心や，同時に実体験に基づいた科学的なものの見方や考え方が育ちにくいといわれている。そこで子どもたちには，①自然から直接学ぶ体験を通して自然のすばらしさや生命の不思議さを感じる感性を育てること，②その体験から自然の持つ持続可能性のしくみを理解すること，③自然観察や調査活動などを通して科学的な見方や考え方を習得すること，④持続的な社会の構築をめざした行動を身につけること，が求められよう。環境との持続的共存をめざして，人間活動の在り方を考え実践する環境教育が重要になっている。

　今後，日本の環境教育においても，子どもの頃から自然に触れるチャンスを増やし，自然のしくみについての生態学的な理解の上に立って行動する，具体的な取り組みがますます望まれよう。

## 注及び引用・参考文献

1 ) Kultusministerkonferenz (Hrsg.) (1980). *Umwelt und Unterricht — Beschluß der Kultusministerkonferenz vom 17.10.1980*.
2 ) Klenk, G. (1987). *Umwelterziehung in den allgemeinbildenden Schulen*, Haag und Hwerchen, S. 59f.
3 ) Bundesminister für Bildung und Wissenschaft (Hrsg.) (1991). *Zurkunftsaufgabe Umweltbildung. Stand und Perspektiven der Umweltbildung in der BRD*, S. 25f.
4 ) Schwarz, H. (Hrsg.) (1987). *Empfehlungen zur Umwelterziehung in der Grundschule*, Arbeitskreis Grundschule e.V.
5 ) Bundesminister für Bildung und Wissenschaft (Hrsg.) (1989). *Zurkunftsaufgabe Umweltbildung. Stand und Perspektiven der Umweltbildung in der BRD*, S. 4.
6 ) Eulefeld, G., Bolscho, D., Rost, J. und Seybold, H. (1988). *Praxis der Umwelterziehung in der BRD*, Kiel: IPN 115.
7 ) Eulefeld, G., Bolscho, D., Rode, H., Rost, J. und Seybold, H. (1993). *Entwicklung der Praxis schulischer Umwelterziehung in Deutschland. Ergebnisse empirischer Studien*, Kiel: IPN 138.
8 ) Stipproweit, A. (1992). Situationsbild. Umwelterziehung in der Grundschule, *Grundschule*, 24(3), S. 20-23.
9 ) Bundesminister für Bildung und Wissenschaft (Hrsg.) (1991). a. a. O., S. 40.
10) Ebenda, S. 46-51.
11) Bölts, H. (1995). *Umwelterziehung. Grundlagen, Kritik und Modelle für die Praxis*, Darmstadt, S. 17f.
12) Bolscho, D. und Seybold, H. (1996). *Umweltbildung und ökologisches Lernen. Ein Studien-und Praxisbuch*, Cornelsen, S. 79-90.
13) Giest, H. und Klewitz, E. (1997). Erschließung der Umwelt. In. Lompscher, J., Schulz, G., Ries, G. und Nickel, H. (Hrsg.) (1997). *Leben, Lernen und Lehren in der Grundschule*, Luchterhand, S. 248-250.
14) Niedersächsisches Kultusministerium (1993). *Global denken — lokal handeln. Empfehlungen zur Umweltbildung in allgemeinbildenden Schulen Teil I*, Hahn-Druckerei.
15) Pommerening, R. und Ritter, J. (Hrsg.) (1996). *PUSTEBLUME Das Sachbuch 2 Schuljahr*, Schroedel Verlag.

16) Pommerening, R. und Ritter, J. (Hrsg.) (1996). *PUSTEBLUME Das Sachbuch 3 Schuljahr*, Schroedel Verlag.
17) Niedersächsisches Kultusministerium (1993). a. a. O.
18) Mayer, J. und Bögeholz, S. (1996). *Motivationale Effekte primärer Naturfahrung im Kindes- und Jugendalter*. Arbeitsgruppe für Empirisch-Pädagogische Forschung (AEPF-) Tagung.
19) Haan, G. de (1998). Umweltbildung in der universitären Lehrerausbildung. Schwerpunkt: Sachunterricht/Primarstufe. In Haan, G. De und Kuckartz, U. (Hrsg.). *Umweltbildung und Umweltbewustsein*, Leske +Budrich, S.184-185.
20) Ebenda, S. 185-191.
21) Hartinger, A. und Fölling-Albers, M. (Hrsg.) (2004). *Lehrerkompetenzen für den Sachunterricht*, Julius Klinkhardt.
22) Bundesministerium für Bildung und Forschung (BMBF) (Hrsg.) (2012). *Bildungsforschung Band 39 Bildung für nachhaltige Entwicklung — Beiträge der Bildungsforschung*.
23) Bundesministerium für Umwelt, Naturschutz und Reaktorsicherheit (BMU) (Hrsg.) (2009). *WASSER IST LEBEN Materialien für Bildung und Information*, Conrad.
24) Bundesministerium für Umwelt, Naturschutz und Reaktorsicherheit (BMU) (Hrsg.) (2010). *UMWELT UND GESUNDHEIT Materialien für Bildung und Information*, Bonifatius.

# 第4章　初等教育における理科と就学前の自然学習

## 第1節　ドイツの教育改革―7つの「行動領域」―

　ドイツでは，TIMSSやPISAなどの国際学力調査の結果が与えた衝撃を契機に教育改革が進められ，学力向上施策の一環として，国家的なレベルでの初等・中等教育の教育課程の基準が作成されている[1]。

　すでに見てきたように，初等教育を対象として決議された教育スタンダード（Bildungsstandards）は，ドイツ語と数学だけであるが，専門学会である事象教授学会（GDSU）が2002年に公刊した『展望の大綱：事象教授』（Perspektivrahmen Sachunterricht）は，学会版教育スタンダードと位置づけられる[2]。

　一方，就学前教育においては，連邦政府によって「保育施設における幼児教育のための各州共通の枠組み」（2004）というガイドラインが提示されている[3]。各州においては，「教育計画」（Bildungsplan）という形で，保育施設における教育要領が作成されている。

　基礎領域である幼稚園における自然に関する学習について，各州の取り組みを明らかにする。さらに，ドイツ16州のうち，最も新しく，2012年に改訂を行ったハンブルク州の基礎領域における自然に関する学習に着目し，学びの連続性の観点から，2011年に改訂された初等教育の教科「事象教授」（Sachunterricht）との関連にも言及する。

　連邦制をとり16州から構成されるドイツでは，各州に教育主権がある。州ごとに文部省が設けられているが，教育改革の全体的なガイドラインは連邦レベルの勧告や決議等で示される。常設各州文部大臣会議（KMK）によって，

表4-1　7つの「行動領域」

| |
|---|
| ① 就学前領域における言語コンピテンシーの改善策 |
| ② 就学前領域と基礎学校のよりよい接続策 |
| ③ 基礎学校教育の改善策，読解力及び数学的・自然科学的関連の基礎的理解の全般的改善策 |
| ④ 教育的に不利益な条件を負う子ども，特に移民的背景を持つ子どもや青少年への効果的な促進策 |
| ⑤ 拘束力のあるスタンダードと結果指向の評価に基づく，授業と学校の徹底した継続的発展と質の確保策 |
| ⑥ 系統的な学校発展の要素として，特に診断的，方法的コンピテンシーに関する教員の専門性の改善策 |
| ⑦ 特に，教育不足の生徒や特別な才能を持つ生徒のための教育・促進可能性をめざした，学校内外での全日制教育の拡充策 |

共通事項や政府のガイドラインが決定されていくシステムである。

　PISA2000の結果を受けて，この会議において議論がなされ，2001年12月に7つの「行動領域」(Handlungsfelder) が設定されている（表4-1)[4]。優先的に取り組まれるべき教育改革の課題である。

　この7つの行動領域において，就学前教育や基礎学校に関連した課題が大きく取り上げられている。幼児教育における知的教育の重点化が図られようとしている。

## 第2節　基礎領域における自然に関する学習

### 1．幼稚園のための教育計画

　幼稚園のための教育計画は，2003年から2006年の間に，16州すべてにおいて開発されている[5)～20)]。各州の教育問題における伝統的な自由裁量権により，それらは個別に計画されている。表4-2[21)]に示すように，教育計画名は州により異なり，勧告，協定，計画など拘束力の程度も異なっている。教育計画を発行する省も州により異なり，紙面の幅も約20頁～500頁弱と大きい。

第4章 初等教育における理科と就学前の自然学習　91

表4-2　連邦諸州における教育計画の概観

| 州 | 教育計画名 | 頁数 | 出版年 | 編者 |
| --- | --- | --- | --- | --- |
| バーデン・ヴュルテンベルク（BW） | 指導計画 | 128 | 2006 | 文部・青少年・スポーツ省 |
| バイエルン（BY） | 陶冶・訓育計画 | 488 | 2006 | 労働・社会・家庭・女性省 |
| ベルリン（BE） | 教育プログラム | 130 | 2004 | 教育・青少年・スポーツ州行政機関 |
| ブランデンブルク（BB） | 基礎教育の原理 | 25 | 2004 | 教育・青少年・スポーツ省 |
| ブレーメン（HB） | 基礎領域の陶冶と訓育の大綱計画 | 41 | 2004 | 労働・女性・健康・青少年・社会のための州政府大臣 |
| ハンブルク（HH） | 教育勧告 | 81 | 2005 | 社会・家庭官庁 |
| ヘッセン（HE） | 陶冶・訓育計画 | 134 | 2005 | 社会省 |
| メクレンブルク・フォアポンメルン（MV） | 大綱計画 | 92 | 2004 | 社会省 |
| ニーダーザクセン（NI） | 指導計画 | 59 | 2005 | 文部省 |
| ノルトライン・ヴェストファーレン（NW） | 教育協定 | 22 | 2003 | 学校・青少年・子ども省 |
| ラインラント・プファルツ（RP） | 陶冶・訓育勧告 | 71 | 2004 | 教育・女性・青少年省 |
| ザールラント（SL） | 教育プログラム | 18 | 2006 | 教育・文部・科学省 |
| ザクセン（SA） | 教育計画 | 117 | 2006 | 社会州省 |
| ザクセン・アンハルト（ST） | プログラムとしての教育 | 101 | 2004 | 健康・社会省 |
| シュレスヴィヒ・ホルシュタイン（SH） | 教育使命の指針 | 31 | 2004 | 教育・科学・研究・文部省 |
| チューリンゲン（TH） | 教育計画 | 132 | 2006 | 文部省 |

ガイドラインである「保育施設における幼児教育のための各州共通の枠組み」(2004) は，「各州文部大臣会議／青少年相会議」(KMK/JMK) により決定されているが，自然に関する学習の観点として2つの教育領域が示され，

「自然科学」と「自然」に分けられている。

「自然科学」に関しては、この年齢の子どもたちは、生物的、無生物的な自然における自然科学的現象、実験や観察に大きな興味を持っていることから、子どもの好奇心や自然を発見しようとする欲求が活かされるべきであると明示されている[22]。

さらに、「自然」に関しては、次のように記述されている。発達に即した環境教育は、健康や価値態度に関する自然との関わりから余暇・消費行動まで、多くの生活領域に基づく。その際に、持続的な開発のための教育の意味で、生態学、経済、社会の相互作用といった健全な環境を提供することが中心観点になる。子どもたちが、自然やさまざまな文化的な環境と関わることを可能にし、多様に構成される可能性が開始されようとしている[23]。

しかし、各州文部大臣会議／青少年相会議により決定されている自然に関する学習の2つの教育領域「自然科学」と「自然」は、表4-3[24]に示すよう

表4-3 各州の教育計画における自然に関する学習の教育領域

| 州 | 教育領域／発展分野 | |
| --- | --- | --- |
| 各州文部大臣会議／青少年相会議 | 自然科学 | 自然 |
| ニーダーザクセン，ノルトライン・ヴェストファーレン，メクレンブルク・フォアポンメルン | 自然 | |
| ブレーメン | 自然－環境 | |
| シュレスヴィヒ・ホルシュタイン，ブランデンブルク | 自然科学 | |
| ヘッセン，バイエルン | 自然諸科学 | 環境 |
| ラインラント・プファルツ | 自然科学 | 自然体験－生態学 |
| ハンブルク，ベルリン，ザールラント，ザクセン・アンハルト | 自然科学的基礎体験 | |
| ザクセン，チューリンゲン | 自然科学的教育 | |
| バーデン・ヴュルテンベルク | 身体，感覚，言葉，思考，感情と共感，知覚・価値と宗教 | |

に，各州の教育計画においては必ずしも引き継がれていない。いくつかの州には教育領域「自然」だけがあり，また他の州には教育領域「自然科学」だけがあるなど，教育領域の関係や境界に統一性が見られない。

## 2．教育計画における自然に関する学習

各州の教育計画における自然に関する学習について，表4-4[25]に示すような8つの観点，「自然体験」「自然の世話」「自然の探究」「自然認識」「自然哲学について」「自然との情緒的関わり」「自然への責任」「自然を使った造形」にしたがって，その取り組みについて見ていく（表4-5)[26]。

このように，すべての州の教育計画に，「自然体験」と「自然の探究」は含まれている。また，「自然の世話」についても，ほとんどの教育計画で取り上げられ，幼稚園において動物や植物を世話することの大切さが強調されている。「自然への責任」は2つの州で取り上げられていないだけで，自然保護プロジェクトの実施や資源の控えめな利用，環境の観点から生態学的なつながり，さらには持続的な開発のための教育につながるような内容が挙げられている。

自然に関する学習は，各州共通の枠組みをガイドラインとして，幼稚園の教育計画においても大切にされるようになってきている。しかし，「自然体験」や「自然の探究」のように，すべての州の教育計画に含まれる内容もあるが，自然に関する学習の教育領域の関係や境界に統一性が見られないとともに，扱われる内容の重点の置き方も異なっている。さらに，チューリンゲン州の教育計画[27]を除き，各州の教育計画には次に続く初等教育の教科「事象教授」における自然に関する学習への接続に関する指示も明確には見られない。レーベ（Röbe, E.)[28]も指摘するように，基礎領域の教育計画と事象教授とのカリキュラムの連携は，まだ十分とはいえない状況にあった。幼稚園のための各州の教育計画は，2006年以降も継続的に改訂されている。

表4-4　教育計画における自然に関する学習

| | ①自然体験 | ②自然の世話 | ③自然の探究 | ④自然認識 | ⑤自然哲学について | ⑥自然との情緒的関わり | ⑦自然への責任 | ⑧自然を使った造形 |
|---|---|---|---|---|---|---|---|---|
| 各州文部大臣会議／青少年相会議 | ○ | − | ○ | − | − | − | ○ | ○ |
| ブランデンブルク | ○ | ○ | ○ | ○ | − | − | ○ | − |
| ベルリン | ○ | ○ | ○ | ○ | − | ○ | ○ | ○ |
| バイエルン | ○ | ○ | ○ | ○ | ○ | ○ | ○ | ○ |
| バーデン・ヴュルテンベルク | ○ | ○ | ○ | ○ | ○ | ○ | ○ | ○ |
| ブレーメン | ○ | ○ | ○ | ○ | − | ○ | ○ | ○ |
| ヘッセン | ○ | ○ | ○ | ○ | − | ○ | ○ | − |
| ハンブルク | ○ | ○ | ○ | ○ | ○ | ○ | ○ | ○ |
| メクレンブルク・フォアポンメルン | ○ | ○ | ○ | ○ | ○ | − | ○ | ○ |
| ニーダーザクセン | ○ | ○ | ○ | ○ | − | ○ | ○ | ○ |
| ノルトライン・ヴェストファーレン | ○ | ○ | ○ | − | ○ | ○ | − | ○ |
| ラインラント・プファルツ | ○ | ○ | ○ | ○ | ○ | ○ | ○ | − |
| ザクセン | ○ | − | ○ | ○ | ○ | − | ○ | ○ |
| シュレスヴィヒ・ホルシュタイン | ○ | ○ | ○ | ○ | − | ○ | ○ | ○ |
| ザールラント | ○ | ○ | ○ | ○ | − | ○ | ○ | ○ |
| ザクセン・アンハルト | ○ | ○ | ○ | − | ○ | ○ | − | ○ |
| チューリンゲン | ○ | ○ | ○ | ○ | ○ | − | ○ | ○ |

第4章　初等教育における理科と就学前の自然学習　95

表4-5　観点別に見る自然に関する学習

① 自然体験
・「自然体験」は，すべての教育計画において取り上げられる中核になっている。
・そのため「自然体験」は，自然科学的な関連の理解，関心の形成，疑問を持つことの基礎と見なされている。
・子どもたちが自然の中に滞在することによって，共通の「自然体験」に関する多様で調和のとれた機会が可能になるように，計画の中で強調されている。
・その際，「自然体験」は，無生物的な自然よりも生物的な自然と明らかに強く関連づけられている。

② 自然の世話
・「自然の世話」もほとんどの教育計画で取り上げられている。
・動物や植物の世話をする多様な機会が幼稚園で確保されるように強調されている。
・短期，あるいは長期の世話が引き継がれるように，世話は幼稚園の内外で行われようとしている。
・世話することによって，例えば，観察や記録といった主要な生物の学習様式が促進されようとしている。

③ 自然の探究
・実験は幼稚園で行うべきであるということは，すべての計画で一致している。
・自然科学の法則への最初の理解や興味は，実験によって生まれるべきであると明示されている。
・子どもたちに，仮説を立て結論を導き出すという課題を，実験によって追求させようとしている。
・実験室や研究室の設備は，頻繁に使用されている。

④ 自然認識
・基礎領域の課題として，子どもたちが動・植物界の種の多様性を知るようになり，名前を挙げて区別できるように，計画の中で的確に述べられている。
・環境の基本的な物理的，化学的な性質を経験し，部分的に名称も言うことができるように考慮されている。

⑤ 自然哲学について
・いくつかの州では，子どもたちが，自然，例えば，動物や植物，あるいは自然現象について熟考するように取り上げられている。
・子どもたちの自然に対する哲学的で存在に関わる疑問が，取り上げられている。例えば，ノルトライン・ヴェストファーレン州の教育計画では，自然はどのように発生しますか？生物と無生物の違いは何ですか？といった疑問が考慮されている。

⑥ 自然との情緒的関わり
・いくつかの州では，教育計画において「自然との情緒的関わり」が取り上げられている。
・子どもたちに自然の美しさを知覚させ，経験させようとしている。
・子どもたちに自然や動物への情緒的な関係を築かせようとしている。
・自然に対する感覚を自覚させようとしている。例えば，ニーダーザクセン州では，基礎領域における環境教育は，自然への愛や感嘆の基礎を築き，そこから愛護することへと導くと表現されている。

⑦ 自然への責任
- 「自然への責任」では，教育計画が4グループに区分される。
- 2つの州はこの観点を挙げていない（ノルトライン・ヴェストファーレン州，ザクセン・アンハルト州）。
- 他の州は，個々の観点に言及し，例えば自然保護プロジェクトの実施や資源の控えめな利用を喚起している。
- 第3のグループは，環境の観点を広範囲に取り上げ，生態学の関連での認識や基礎的な理解の獲得を強調している（ベルリン州，ハンブルク州，ザールラント州）。例えば，自然に対し責任を自覚させ，健康的な環境及び生態学的循環を学習させようとしている。
- いくつかの州（バイエルン州，ヘッセン州，シュレスヴィヒ・ホルシュタイン州）は，持続的な開発のための教育（ESD）の立場を強く構築し，各州文部大臣会議／青少年相会議の枠組みに転換している。

⑧ 自然を使った造形
- 自然に関連する教育領域では，この観点は部分的で，美術に関する領域にも部分的に見られる。
- いくつかの州の計画では，自然を使った創造的な造形への指示は見られない。
- 自然の素材を使った造形，あるいは実験的な造形と呼ばれている。
- これらの素材を使った構成や造形の際に，子どもたちは自然現象の性質について知るようになる。

## 第3節　学びの連続性

　基礎領域のための教育計画は，ハンブルク州では教育勧告（Bildungsempfehlungen）と名づけられている[29]。2005年版では，教育領域「自然科学的・技術的基礎体験」の中に，自然に関する学習が含まれていたが，2012年版では教育領域「自然－環境－技術」へと変化している。

　2005年版の教育領域「自然科学的・技術的基礎体験」には，子どもはすべての感覚を使って自然を解明し，最初の自然科学的な経験とさらに先へ導く問題提起をすることや，観察，記録，比較，評価によって生物的，無生物的な自然を知覚すること，などが記されている[30]。

　一方，2012年版の教育領域「自然－環境－技術」には，子どもたちは旺盛な好奇心とすべての感覚を使って，自然やその環境を探求することや観察，

**基礎学校への入学と歓迎会**

試験，検査，記述，比較，評価によって，世界がどのように機能しているのかについて，ますます概念（イメージ）を獲得することなどが記されている[31]。

そして，2005年版，2012年版ともに，生命のある世界の包含—植物や動物との交流—は，教育活動の伝統的な構成要素であるとも記されている[32)33)]。

さらに，2012年版では，「旺盛な好奇心」や「試験，検査」などが加筆されているだけでなく，基礎領域の理科的な教育に関する挑戦として，以下のような内容も明記されている[34]。

・子どもたちの問いを生活世界や日常と結びつけること
・将来の有能な知識やコンピテンシーは，将来について決定するような根本問題を取り扱う際に獲得されること
・持続的な開発の問題やテーマは，同時に，生活テーマ—例えば，栄養，健康，水，土，エネルギー，世界における共同生活のような—でもあること

このように，2012年版では持続的な開発の問題やテーマに関して，子ども

たちの身近な世界に結びつけて取り組ませるように改善されている。

　2005年版，2012年版ともに，目標としては，「自己コンピテンシー」「社会コンピテンシー」「事象コンピテンシー」「学習方法コンピテンシー」の4つの枠組みが示され，具体化されている。

　2012年版では，この4つの枠組みすべてにおいて，以下の①～④に示すように，2005年版の具体的な内容に加筆（加筆部分は太字）されている。

① 自己コンピテンシー

　自己コンピテンシーについては，以下のように示されている[35)36)]。
・質問して，物事の真因を究めようとする。
・疑問を持ち，粘り強く物事を探求する。
・事象からそれず，失敗にあきらめない。
・自分で何か確信を持つ，あるいは生み出す。
・動物や植物を世話する喜びを持つ。
・多様な経験の源泉としての環境を体験し，楽しむ。
・**生命の基礎としての自然を認識し，保全することを学ぶ。**
・環境において探求の理念を発達させる。

② 社会コンピテンシー

　社会コンピテンシーについては，以下のように示されている[37)38)]。
・他の人と一緒に探求についての提案や処理を発展させる。
・その際に，他の課題も取り上げて自分で提案する。
・共通の事象に関する活動を協力し分業する。
・他の関連を明確にできる。
・他の生物や植物をきちんと世話する。
・自然環境に対する責任を受け継ぎ，**責任を持って自然を利用するとともに，その保存にも貢献する。**

・他の人の期待や欲求に気づき，人の身になって考えられ，そのことに理解を示す。
・都市の一区域や都市への興味の違いを他の人と探求し，知覚する。

③ **事象コンピテンシー**
　事象コンピテンシーについては，以下のように示されている[39)40)]。
・**動物の鳴き声を聴いてまねたり，動きをまねたりする。**
・自然現象を知り，**理解し**，記述する。
・基本要素を区別する。：土，水，火，空気
・**異なった要素の確かな違いを知覚する。**
・生命に対する基本要素の意義を知る。
・環境汚染・破壊の原因と結果を知る。
・**資源利用と資源保護の関連の考察**
・水の異なる凝集状態を知る。：液体，固体，気体
・現象を認識し，名前を言う，例えば，重力，磁力，反射。
・植物や動物に関する知識とその**生育空間**
・**異なる植物を識別し，すべての感覚を使って花や実を学習する。**
・惑星系における最初の関連を認識する。：太陽，月，地球，星
・季節の変化と気象現象を知る。
・昼と夜の変化を理解する。；昼行性や夜行性の生物を知る。
・道具，機械，乗り物，建築物などとその**取り扱い**に関する知識
・技術を扱う際のありうる危険を見積もる。
・物や現象を細かく知覚する，その際に，例えば自然の中の匂い／物音／色彩を識別するすべての感覚を投入する。
・物体の性質，動植物の環境の中での類似点や相違点，物理的化学的現象，技術的事象に関する概念を形成し，利用する。
・この概念にしたがって物を分類し，体系化する（例．野生・有用動物，ま

たは野生・有用植物にしたがって動物や植物を分類する)。
- 技能は物，動物や植物を扱うことで発達する。
- カセットレコーダー，電話，簡単なコンピュータプログラムのような技術的な器具の自主的な操作
- 自然と技術を比較する，類似を認識する。；ゴボウ―マジックテープ，トンボ―ヘリコプター，目―カメラ，カタツムリの殻―家
- 環境調査の際に推論することを学ぶ。
- 媒体との関係で事実と潜在力の違いに関する基本的な理解を発達させる。

④ 学習方法コンピテンシー

学習方法コンピテンシーについては，以下のように示されている[41)42)]。
- **さまざまな視点から物事を考察し，すべての感覚を使って把握し，事象や変化を観察するようになる。**
- **四季のさまざまな現象を意識的に体験する。**
- **観察，予想，実験，検査，自分の説明の表現**
- 簡単な原因・影響の関連を図る，経験と概念を分類し，事物と現象の間の関連をつける。
- テーマについて経験し，何かを学ぶさまざまな可能性を有効にするために，基礎知識を発達させる。
- 学習の際に，質問し，探求し，熟考することを助ける知識
- 自分の能力を広げるべきである。
- 探求における自分の認識を他の人と一緒に拡張し，あるいは修正しなければならないことを基礎知識をもとに発達させる。
- 関連を認識する：探求の際に自分の貢献はどのように影響しますか？
- 他の人と一緒に解決が簡単に見つけられるような知識
- 他の人と一緒に描き，あるいは表現する経験は自分の認識を確かにし，深めるための基本的な理解を発達させる。

・獲得した知識は応用したり，あるいははめ込んだり転用したりできる。
・**生命の基礎としての自然に関する基本的な理解と自然を守るために私たちが責任感を持って扱うこと**

　このように，2012年版の「自己コンピテンシー」では，自然を認識し保全すること，「社会コンピテンシー」でも責任を持った自然の活用とともに，自然保全への貢献が，新たに加えられている。「事象コンピテンシー」では，身体を使った表現や感覚を伴った理解とともに資源利用や資源保護の面での考察も求められている。「学習方法コンピテンシー」でも，観察，予想，実験，検査，表現など，感覚を使って体験しながら，自然を理解し責任感を持って保全するように改善されている。

　ドイツの基礎領域における自然に関する学習は，2005年版，2012年版ともに「自己コンピテンシー」「社会コンピテンシー」「事象コンピテンシー」「学習方法コンピテンシー」の４つの枠組みの中で具体化され，子どもの感覚や直接的な体験を通して知覚し理解することを重視している。さらに，2012年版では持続的な開発の問題やテーマに関して，子どもたちの身近な世界に結びつけて取り組ませるように改善されている。学びの連続性の観点から，初等教育の事象教授での学びにつながる構成へとより改善されてきている。

　初等教育の事象教授では，第２章で見たように，2003年版にはなかったコンピテンシー概念が2011年版には導入されている。第２学年の終わりでの観察基準と第４学年の終わりでの標準要求において，自然現象や事象を事実に即して知覚し，物質と生物の変化を認識し，自然科学に関する知識を獲得するように，学年進行に伴い各コンピテンシーが深められ，拡張されるよう構成されている。その際に，実験や試験などの探究的な学習とともに自然に対する責任のある行動も求められている。

　さらに，コンピテンシー領域「世界への方向づけ」「認識獲得」「判断力の形成」のそれぞれにおいて，自然現象と空間や技術との関連が図られている。

例えば，自然の利用と環境の変化，省エネルギー，人間と環境との相互作用の評価などに密接な関連が見られる。これは，基礎領域の教育領域が「自然科学的・技術的基礎体験」から「自然―環境―技術」に変更されていることとも呼応している。持続的な開発に関わる問題においても，学びの連続性が考慮されている。

　PISA2000以後，ドイツの就学前教育における知的教育への指向性は強まっている。ハンブルク州における自然に関する学習も，基礎領域でのコンピテンシーの明確化により，初等教育の事象教授における学習内容との関連がより図られてきている。

### 注及び引用・参考文献

1) Herausgegeben vom Sekretariat der Ständige Konferenz der Kultusminister der Länder in der BRD (2005). *Bildungastandards der Kultusministerkonferenz, Erläuterungen zur Konzeption und Entwicklung*, Luchterhand.
2) Gesellschaft für Didaktik des Sachunterrichts (2002). *Perspektivrahmen Sachunterricht*, Julius Klinkhardt.
3) KMK/JMK (2004). *Gemeinsamer Rahmen der Länder für die frühe Bildung in Kinder-tageseinrichtungen.*
4) *KMK-Pressemitteilung, 296.* Plenarsitzung der Kultusministerkonferenz am 05./06. Dezember 2001 in Bonn.
5) Baden-Württemberg. Ministerium für Kultus, Jugend und Sport (2006). *Orientierungsplan für Bildung und Erziehung*, Beltz.
6) Bayerisches Staatsministerium für Arbeit und Sozialordnung, Familie und Frauen, Staatsinstitut für Frühpädagogik München (2006). *Der Bayerische Bildungs- und Erziehungsplan für Kinder in Tageseinrichtungen bis zur Einschulung*, Beltz.
7) Senatsverwaltung für Bildung, Jugend und Sport (2004). *Das Berliner Bildungsprogramm für die Bildung, Erziehung und Betreuung von Kinder in Tageseinrichtungen bis zu ihrem Schuleintritt.*
8) Minister für Bildung, Jugend und Sport des Landes Brandenburg (2004). *Grundsätze elementarer Bildung in Einrichtungen der Kindertagesbetreuung im*

第4章 初等教育における理科と就学前の自然学習　103

*Land Brandenburg.*
9 ) Freie Hansestadt Bremen. Der Senator für Arbeit, Frauen, Gesundheit, Jugend und Soziales (2004). *Rahmenplan für Bildung und Erziehung im Elementarbereich*, Scharnhorst & Reincke.
10) Freie und Hansestadt Hamburg. Behörde für Soziales und Familie (2005). *Hamburger Bildungsempfehlungen für die Bildung und Erziehung von Kindern in Tageseinrichtungen. Entwurf, Stand: 10.08.2005*, Internationale Akademie.
11) Hessisches Sozialministerium, Hessisches Kultusministerium (2005). *Bildung von Anfang an Bildungs- und Erziehungsplan für Kinder von 0 bis 10 Jahren in Hessen. Entwurf*, Online-Fassung.
12) Sozialministerium Mecklenburg-Vorpommern (2004). *Rahmenplan für die zielgerichtete Vorbereitung von Kindern in Kindertageseinrichtungen auf die Schule.*
13) Niedersächsisches Kultusministerium (2005). *Orientierungsplan für Bildung und Erziehung im Elementarbereich niedersächsischer Tageseinrichtungen für Kinder*, gutenberg beuys feindruckerei.
14) Ministerium für Schule, Jugend und Kinder des Landes Nordrhein-Westfalen (2003). *Bildungsvereinbarung NRW- Fundament stärken und erfolgreich starten.*
15) Rheinland-Pfalz. Ministerium für Bildung Frauwen und Jugend (2004). *Bildungs- und Erziehungsempfehlungen in Kindertagesstätten in Rheinland-Pfalz.*
16) Saarland. Ministerium für Bildung, Kultur und Wissenschaft (2006). *Bildungsprogramm für Saarländische Kindergärten.*
17) Sächsisches Staatsministerium für Soziales (2006). *Der Sächsische Bildungsplan — ein Leitfaden für pädagogische Fachkräfte in Kinderkrippen und Kindergärten.*
18) Ministerium für Gesundheit und Soziales des Landes Sachsen-Anhalt (2004). *Bildungsprogramm für Kindertageseinrichtungen in Sachsen-Anhalt.*
19) Ministerium für Bildung, Wissenschaft, Forschung und Kultur des Landes Schleswig-Holstein (2004). *Leitlinien zum Bildungsauftrag von Kindertageseinrichtungen.*
20) Thüringer Kultusministerium (2006). *Thüringer Bildungsplan für Kinder bis 10 Jahre.*
21) Blaseio, B. (2009). Natur in den Bildungsplänen des Elementarbereichs. In Lauterbach, R., Giest, H. und Marquardt-Mau, B. (Hrsg.). *Lernen und Kindliche Entwicklung. Elementarbildung und Sachunterricht*, Julius Klinkhardt, S. 86.

22) KMK/JMK (2004). a. a. O., S. 4.
23) Ebenda, S. 5.
24) Blaseio, B. (2009). a. a. O., S. 87.
25) Ebenda, S. 88.
26) Ebenda, S. 89-91.
27) Thüringer Kultusministerium (2006). a. a. O., S. 64-76.
28) Röbe, E. (2007). Anschlussfähigkeit wagen. Bildungspläne in Kindergarten und Schule, *Die Grundschulezeitschrift*, H. 209, S. 12-15.
29) Freie und Hansestadt Hamburg. Behörde für Soziales und Familie (2005). a. a. O.
30) Ebenda, S. 78.
31) Freie und Hansestadt Hamburg. Behörde für Arbeit, Soziales, Familie und Integration (2012). *Hamburger Bildungsempfehlungen für die Bildung und Erziehung von Kindern in Tageseinrichtungen*, Compact Media, S. 92.
32) Freie und Hansestadt Hamburg. Behörde für Soziales und Familie (2005). a. a. O., S. 78.
33) Freie und Hansestadt Hamburg. Behörde für Arbeit, Soziales, Familie und Integration (2012). a. a. O., S. 92.
34) Ebenda, S. 93.
35) Freie und Hansestadt Hamburg. Behörde für Soziales und Familie (2005). a. a. O., S. 82.
36) Freie und Hansestadt Hamburg. Behörde für Arbeit, Soziales, Familie und Integration (2012). a. a. O., S. 95.
37) Freie und Hansestadt Hamburg. Behörde für Soziales und Familie (2005). a. a. O., S. 82.
38) Freie und Hansestadt Hamburg. Behörde für Arbeit, Soziales, Familie und Integration (2012). a. a. O., S. 95.
39) Freie und Hansestadt Hamburg. Behörde für Soziales und Familie (2005). a. a. O., S. 82-83.
40) Freie und Hansestadt Hamburg. Behörde für Arbeit, Soziales, Familie und Integration (2012). a. a. O., S. 95-96.
41) Freie und Hansestadt Hamburg. Behörde für Soziales und Familie (2005). a. a. O., S. 83.

42) Freie und Hansestadt Hamburg. Behörde für Arbeit, Soziales, Familie und Integration (2012). a. a. O., S. 96.

# 第5章 中等教育における理科の教育課程

## 第1節 前期中等教育における理科の教育課程

### 1．学校制度と教育課程

#### （1）学校制度

　ドイツの学校教育はわが国と異なり，初等教育4年，中等教育9年（前期6年，後期3年）の計13年である。就学義務は初等教育からの12年間，全日制就学義務は9年間である。ただし，これらの年限は一部の州では異なり，初等教育が6年，あるいは全日制就学義務が10年間といった場合も見られる。

　このうち，前期中等教育は，伝統的に基幹学校（Hauptschule），実科学校（Realschule），及びギムナジウム（Gymnasium）と呼ばれる学校種に分岐している。前二者は，卒業後に職業教育・訓練に進む者が通うのに対し，後者は，大学進学希望者が通う。したがって，子どもはおよそ10歳の時点で，自らの能力，適性に応じて，性格のかなり異なる学校にそれぞれ分かれることとなる。一方，こうした早期の選抜ないし選別に反対する立場から，1970年代以降新設された，総合制学校（Gesamtschule）と呼ばれる多様な生徒が一同に通う学校もある。

　ところで，学校種の教育水準や教育環境を比較した場合，ギムナジウムは基幹学校や実科学校よりも良好で，学校種間の格差は大きい。このことは，OECDによる調査の結果からもうかがえる[1]。そこで最近では，基幹学校，実科学校，総合制学校を中等学校（Sekundarschule）と呼ばれる新しい学校種に統合する動きも見られる[2]。この動きは，中途退学者の抑制，大学入学

資格の取得者数の拡大，成績と社会的出自との相関関係の解消を意図している。

次に，後期中等教育は普通教育と職業教育に分かれ，普通教育はギムナジウムの上級段階が担う。この段階では，生徒の能力，適性，進路等に応じた教科目の大幅な選択履修が行われている。生徒は，大学での専門教育の準備をし，この段階の終了後，アビトゥーア試験（Abiturprüfung,大学入学資格を取得するための最終試験）を受験する。

なお，ギムナジウムの修業年限を9年から8年に短縮し，他のEU諸国と同様に，12年間の学校教育を行っている場合も見られる。この改革の背景には，労働市場における国際競争力の確保には1年間の短縮が必要という意見がある。

北ドイツ，シュレスヴィヒ市のギムナジウム

### （2）教育課程

ドイツでは，伝統的に教育に関する権能のほとんどは州（16州）が持ち，国は高等教育計画などの一部の権能を持つに過ぎない。したがって，州ごとに文部省があり，それぞれに教育課程の基準を作成している。そして，この基準はわが国の学習指導要領と同様に，法的拘束力を伴うものである。

しかし，2000年頃からの教育改革では，国の強いイニシアチブのもと，常設各州文部大臣会議（Ständige Konferenz der Kultusminister der Länder,各州の教育施策を調整する機関）が全国レベルの教育課程の基準を作成してきた。これは，「教育スタンダード（Bildungsstandards）」と呼ばれるもので，法的拘

束力は伴わないものの，各州の教育課程の基準に一定の方向性を与えることを意図したものであった。ドイツでは1990年代末から，国際的な学力調査（TIMSS, PISA）での成績不振により，学力低下の問題が大々的に取り上げられてきたが，教育スタンダードの新設は，この問題への主要な対応策の1つとして推進されてきた。そして，そのねらいは，特定学年において児童・生徒が到達すべき学力水準を明確に示すことであった。

現在，運用されている教育スタンダードは，ドイツ語，数学，第1外国語（英語，フランス語），理科（物理，化学，生物）である。ドイツ語，数学，第1外国語については2003年に発表され，ドイツ語と数学は初等教育修了時（通年で第4学年終了時）と前期中等教育修了時（第10学年，基幹学校では第9学年），第1外国語は前期中等教育修了時（第10学年，基幹学校では第9学年）の学力水準が示されている。また，理科については2004年に発表され，前期中等教育修了時（第10学年）の学力水準が示されている。

一方，後期中等教育では，従来からアビトゥーア試験の基準である「アビトゥーア試験における統一的試験要求（Einheitliche Prüfungsanforderungen in der Abiturprüfung）」が全国レベルでの教育課程の基準として適用されてきた。この試験の基準は，2002年から2004年にかけて，すべての教科で改訂されている（理科は2004年）。ただし最近では，アビトゥーア試験の基準とは別に，後期中等教育の教育スタンダードを作成するという新しい動きが見られる。

常設各州文部大臣会議による教育スタンダード（物理）の表紙

ドイツ語，数学，第1外国語については，2012年に発表されている。また，理科については，現在，開発中である。

## 2．前期中等教育における理科の教育課程

ここでは，前期中等教育における理科の教育課程として，全国レベルでは常設各州文部大臣会議による教育スタンダードを，州レベルではこのスタンダードの作成に先行する形で作成された，南ドイツのバーデン・ヴュルテンベルク州の教育スタンダードを取り上げてみる。

### （1）常設各州文部大臣会議の教育スタンダード

ドイツでは，理科は物理，化学，生物の3科目からなり，地学は独立した科目として存在しない。地学の内容は，元来，物理，化学，生物と地理に分散して扱われているからである。そのようなことから，理科の教育スタンダードも，物理，化学，生物の3つからなる[3]。正式名称は，例えば物理であれば，「中等修了資格に関わる教科『物理』の教育スタンダード（Bildungsstandards im Fach Physik für den Mittleren Schulabschluss)」である。内容は，教育への物理（化学，生物）の寄与，コンピテンシー領域，コンピテンシー領域のスタンダード，及び課題例から構成されている。なお，コンピテンシーとは，ドイツ語ではコンペテンツ（Kompetenz）であり，広義の能力を意味している。

まず，コンピテンシー領域について見てみると，それは4つの領域に分けられており，いずれの科目においてもほぼ共通した内容が挙げられている（表5-1）。このうち，「専門知識」は教科内容，「認識獲得」「コミュニケーション」「評価」は活動方法に関わる。従来の各州の教育課程の基準と比べると，「コミュニケーション」と「評価」が独立した領域となっており，それらの重視がうかがえる。そして，「専門知識」では，各科目の基本概念が挙げられている。物理では，物質，相互作用，システム，エネルギー，化学で

表5-1　教育スタンダードにおける理科のコンピテンシー領域

専門知識（Fachwissen）
　自然事象に見られる事実，原理，法則性，概念を知ること。科学の基本概念を整理すること。
認識獲得（Erkenntnisgewinnung）
　物理と化学では，実験による研究方法やそれ以外の研究方法を活用すること，モデルを活用すること。生物では，これらに加えて，特に観察，比較を活用すること。
コミュニケーション（Kommunikation）
　自然事象に関する情報を獲得し，整理し，交換すること。
評価（Bewertung）
　生活，社会，技術などとの関わりにおいて，自然科学の意義や価値を評価すること。

は，物質と粒子の関係，構造と性質の関係，化学反応，物質の変化におけるエネルギー的考察，生物では，システム，構造と機能，発生である。

　次に，コンピテンシー領域のスタンダードについては，4つの領域ごとに詳細な内容が示されている（巻末に付録として掲載）。その一端として，物理の「コミュニケーション」と「評価」を取り上げてみる（表5-2）。「コミュニケーション」では，情報を物理事象や物理学に関連づけて解明し，他者と情報を交換すること，「評価」では，社会の文脈をはじめとするさまざまな文脈において，物理の事態を認識し，評価することが求められているのがわかる。

　そして，課題例では学習課題の範例が示されている。その数は，物理では「熱気球」など12，化学では「水質」など8，生物では「密閉された水槽」など15である。その1つとして，化学の範例を取り上げてみる（表5-3）。範例では，教材となる資料，学習課題としての課題設定，及び生徒の解答の期待水準が示されている。また，期待水準では，関係するコンピテンシー領域（「専門知識」「認識獲得」「コミュニケーション」「評価」）と要求領域（3段階の難易度）が示されている。そして，範例に沿った授業を行うことで，生徒の学習到達度を診断（Diagnose）することが求められている。

　以上のように，教育スタンダードは特定学年までに獲得すべきコンピテンシーを明らかにすることによって，児童・生徒の学習到達度や学習成果を捉

表5-2　コンピテンシー領域のスタンダード（物理の「コミュニケーション」の領域と「評価」の領域）

> コミュニケーション（Kommunikation）
> 情報を事象や専門に関連づけて解明し，交換する。
> K1　専門用語や専門固有の描写を適切に利用することで，物理学的認識とその適用について意見を交わす。
> K2　日常用語による現象の記述と専門用語によるそれとを区別する。
> K3　さまざまな情報源を用いて調査する。
> K4　簡単な技術的器具の構造とその作動方式を記述する。
> K5　活動の成果を記録する。
> K6　受け取る人に応じて，活動の成果を提示する。
> K7　物理学の視点から活動成果や事態について議論する。
>
> 評価（Bewertung）
> さまざまな文脈において物理の事態を認識し，評価する。
> B1　専門内外の文脈における物理学の視程の範囲と限界を，簡単な事例によって示す。
> B2　物理学的，経済的，社会的，及び生態学的視点を考慮して，代替の技術的解決策を比較し，評価する。
> B3　実験や日常や現代の技術における危険性や安全措置を評価するために，物理学の知識を活用する。
> B4　歴史的・社会的関係において物理学的認識の影響を挙げる。

えることを意図するものであった。従来の教育課程の基準であるレーアプラン（Lehrplan, 教授計画）は，教師が子どもにインプットする学習到達度の水準を示してきたのに対して，新しい教育課程の基準であるスタンダードは，子どもがアウトプットする水準を示している[4]。こうした着眼点の移行こそが，スタンダード導入の最も重要な点であるといってよい。

　さてここで，これまで再三登場したコンピテンシー（ドイツ語ではコンペテンツ，広義の能力）について触れておこう。スタンダードの作成当時，コンピテンシーをめぐる議論は盛んであった。主要な論者の1人であった心理学者のヴァイネルト（Weinert, F. E.）は，コンピテンシーという言葉が示す内容として，狭義の能力，知識，理解，技能，さらにこれらに加えて，行動，経験，動機づけを挙げている[5]。また，スタンダード作成の政府専門家委員会の座長であった教育学者のクリーメ（Klieme, E.）は，コンピテンシーとは，

## 表5-3 化学の教育スタンダードにおける課題例

### 水質

**教材**

"Esberg ビール"の醸造所は，19世紀半ば以来，Esberg 市東部にある。2001年に株式会社への変更に伴い，かつての家族経営は経営上の大きな飛躍を遂げた。その結果，醸造所の新家屋のために立地場所を探す必要があった。

醸造所を決める基準は，わずかに硬い水（<7°dH）を自由に使えることである。加えて，醸造用の水に含まれるイオンが一定の濃度を超えないことである（カドミウムイオン $5\mu g/L$，鉛イオン $40\mu g/L$，硝酸イオン 50mg/L）。このことに関連し，Esberg 近郊の6つの候補地が検討された。それらは，図中の①～⑥である。いずれの立地場所においても，醸造の過程において水を浄化する必要があった。特に懸濁物質の除去と味に影響を与える鉄イオンの除去が不可欠であった。

**Esberg**
Dard 川沿いの郡庁所在地，人口 123,500 人，"Esberg 州"の文化・経済の中心

**名所**
マルティノ教会（16世紀），中州城（11世紀），悲嘆の洞窟，Esberg 礼拝堂（8世紀）

**近郊の保養地**
Weren の森自然保護区（大型猟獣の保護公園）

**工業**
19世紀以来，採掘・加工（Stanbach の一部），紙の生産，紡績工業，ビール醸造（Esberg ビール）

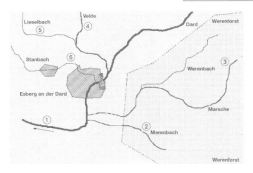

| 水の分析の概要 | 立地場所 | | | | | |
|---|---|---|---|---|---|---|
| | 1 | 2 | 3 | 4 | 5 | 6 |
| $Pb^{2+}$（$\mu g/L$） | 54 | 0.6 | 0.5 | 0.5 | 0.7 | 673 |
| $Cd^{2+}$（$\mu g/L$） | 6.38 | 0.53 | 0.47 | 0.37 | 0.29 | 12 |
| $NO_3^-$（$\mu g/L$） | $18\cdot 10^3$ | $14\cdot 10^3$ | $2\cdot 10^3$ | $76\cdot 10^3$ | $4.5\cdot 10^3$ | $50\cdot 10^3$ |
| 水の硬度 °dH | 5 | 21 | 6 | 5 | 3 | 23 |

**課題設定**

1. 試掘による水の硬度の算定結果をもとに，適した水がある立地場所を選びなさい。
2. 水の分析の値をもとに，醸造所の場所をどこにすべきか決定し，その理由を挙げなさい。
3. 立地場所の選択に意味を持つ経済やエコロジーの視点について説明しなさい。
4. 醸造用に採取された水について，それに含まれる懸濁物質の除去方法を挙げなさい。
5. 不快感を与える鉄イオンを除去するための原理について記述しなさい。
6. 飲料水の浄化における懸濁物質の除去技術の変化について調べなさい。そして，砂利池の作用について記述しなさい。

**期待水準**

| 課題 | 生徒に期待される成果 | 要求領域 | スタンダード ||||
|---|---|---|---|---|---|---|
| | | | F | E | K | B |
| 1 | 醸造用の水について，その硬度の限界に基づいた場所の選択<br>①，③，④，及び⑤の立地場所を選択する。 | Ⅰ | 1.1<br>2.3 | | 1<br>2 | 3 |
| 2 | 表の値の詳しい分析<br>③，⑥の立地場所を選択し，重金属イオンと硝酸イオンの濃度から選択の理由を挙げる。 | Ⅱ | 1.1<br>2.3 | 6 | 1<br>2 | 3 |
| 3 | 経済とエコロジーの視点からの比較に関する見方<br>水の浄化，地域の適性，交通網への接続，自然保護区，給水施設における水の運搬費用，汚水の状態，及び専門家集団等の可能性。 | Ⅱ/Ⅲ | | 8 | 8 | 2<br>3 |
| 4 | 除去法<br>ろ過，沈殿，吸着による懸濁物質の除去。 | Ⅰ | 1.1 | | | |
| 5 | 鉄分の除去の原理<br>溶解した鉄イオンを，化学反応によって，溶解しにくい鉄の化合物に変え，除去する。 | Ⅱ | 1.1<br>2.2<br>3.2 | | 4 | |
| 6 | 砂利池の作用<br>さまざまな粒度の砂からなる砂利池は細孔を形成し，懸濁物質を除去するフィルターの役目を果たす。洗浄することで，砂利は再生される。 | Ⅱ | 1.1 | | 1<br>2<br>4<br>5 | 1<br>2 |

（筆者注）F：専門知識，E：認識獲得，K：コミュニケーション，B：評価。
要求領域，並びにスタンダードの欄の数字については，巻末の付録を参照のこと。

獲得した能力を活用できること，既有の知識をもとに新たな知識を創造できること，専門領域の関係性を理解できること，適切な行動を理解できること，行動に自らの能力を自由に使うことができること，経験を通して得たことと既有のコンピテンシーとの関係づけができること，適切な行動へと自ら動機づけができることであると述べている[6]。このように当時の議論では，コンピテンシーは知識の獲得と創造，専門内容の理解，そして問題解決の行動のための能力，技能，動機づけを含む，という捉えが一般的であった。

そして，理科では，教育スタンダードの内容に表れているように，コンピテンシーは知識の獲得と創造，専門内容の理解，科学的な

バーデン・ヴュルテンベルク州
フライブルクの大聖堂

考え方や活動方法の習得にとどまらず，社会の文脈などから自然の事態を評価・判断し，行動する能力やコミュニケーションの能力を含むものとして捉えられてきた[7]。結局，コンピテンシーはその語義である「一緒に（Kom），探し求める（petenz）」ために必要となる多様な能力を意味している。現代社会の複雑な課題に対応し，その解決の道を一緒に探し求めるために必要な実践的能力を指しているのである。

## （2）バーデン・ヴュルテンベルク州の教育スタンダード

ドイツ南西部に位置するバーデン・ヴュルテンベルク州は，2003年12月に新しい教育課程の基準である教育スタンダードを発表した。これは全国レベルでの教育スタンダードの作成に先行するものであった。ここではギムナジウムを例に，同州の理科の教育スタンダードを見てみよう[8]。

① 理科の科目形態と授業時数

　前期中等教育のギムナジウムの教育課程は，必修教科と若干の選択教科から編成されている。必修教科は，ドイツ語，数学，外国語（第1と第2，第1は英語あるいはフランス語），理科（物理，化学，生物），歴史，地理・経済・社会科，芸術，体育，宗教である。選択教科は，外国語（第3），理科，音楽，美術，体育である。このうち理科では，第5・6学年においては物理と化学は分科しておらず，「自然現象」という名称の科目で統合されている。また，選択教科の理科は「自然科学と技術」という名称の科目で，自然科学の技術的応用に関わる内容が扱われている。

　理科の授業時数は，第5～10学年の合計で週25時間，総授業時数の12.1%を占めている。この時数は，ドイツ語や数学の時数，あるいは歴史と地理・経済・社会科を合計した時数と同等である（外国語は第1と第2で計40時間もある）。さらに，選択教科として理科を追加した場合，週29時間となる。理科諸科目の授業時数は学校ごとに異なるが，一般に全体のおよそ半分が生物，残りの半分が物理と化学（科目「自然現象」を含む）に配当される。

② 理科の目標

　理科の目標では，自然科学固有の見方や考え方を養うこと，それに必要な知識・理解，能力，態度を育成することが挙げられている。そして，これらを達成することで，究極的には，社会における責任ある意識や行動力を身につけさせていくことが求められている。

　また，こうした目標設定の基盤となる理科の意義が示されており，理科は生活に必要な実用的知識を与えるだけでなく，我々を取り巻く世界像の理解に決定的な影響を与え，価値や規範の基礎を形成すること，したがって人格形成に深く関与することが述べられている。そして，これらのことを根拠にして，理科は一般教育にとって不可欠であることが述べられている。

　このように，理科の目標では，科学的な見方や考え方の育成にとどまらず，

それを社会における責任ある意識や行動につなぐことが求められていること，また，理科の意義が大上段に振りかざされ，人格形成や一般教育の立場から理科の必要性が明言されていることが特徴的である。

次に，化学の目標を見てみると，理科の目標に則って，物質の世界を精確に解釈することによる論理的な思考力，エコロジーに配慮した意識や行動力，持続可能な開発に関わる知識を身につけることなどが挙げられており，これらが特徴的である。

③　理科の内容

理科の内容として，化学の内容を取り上げてみる（表5-4）。これらは，第10学年終了時の学力水準として記されている。そして，第7〜10学年までの4年間（8年制ギムナジウムでは，第8〜10学年までの3年間）で，これらすべての内容が扱われる。特徴としては，①化学平衡，電気化学，高分子化合物を除く，化学の広い領域を扱っていること，②化学の学問体系（物質の特徴，粒子，反応，分類）と生活関連（環境と社会）の両方に配慮していること，③活動方法において実験や製作の内容を示していることなどを挙げることができる。そして，全国レベルの教育スタンダードとの関係を指摘するなら，「物質とその特徴」「物質とその粒子」「化学反応」「分類の原理」の内容は，スタンダードの専門知識のコンピテンシー領域に，「活動方法」の内容は，認識獲得とコミュニケーションのコンピテンシー領域に，そして「環境と社会」の内容は，評価のコンピテンシー領域におおむね含まれる。

次に，内容と授業時数との関係を見てみると，授業時数の全体の2/3は教育課程の基準に示された内容に，残りの1/3は教師によって自主的に編成された内容に充てることが求められている。これは，教育課程の基準の運用において，学校や教師の裁量を拡大しようとする方針によるものである。この方針の背景には，学力向上の実現には，学校の自律化が不可欠という基本的な考え方がある。

表5-4　前期中等教育段階のギムナジウムにおける「化学」の内容

**1．物質とその特徴**
○物質の主な特徴を挙げる（空気，窒素，酸素，二酸化炭素，水，水素，塩素，鉄，銅，銀，マグネシウム，ナトリウム，塩化ナトリウム，水酸化ナトリウム，酸化マグネシウム）（三態，融点，沸点，変形，電気伝導度，密度，溶解度）。○重要な物質や粒子を確かめる（酸素，二酸化炭素，水，水素，酸性・アルカリ性・中性溶液，アルケン，塩化物イオン）。○アルカリ性・酸性溶液を挙げる（水酸化ナトリウム水溶液，アンモニア水，塩酸，炭酸，さらにいくつかの酸）。○有機物の主な特徴を挙げる（アルカン，アルケン1つ，アルカノール，アルカナール1つ，アセトン，アルカン酸，グルコース，エステル）。○同系列の物質の変化とその特徴を挙げる（アルカノール）。

**2．物質とその粒子**
○三態，拡散，溶解を説明するために，粒子モデルを用いる。○いくつかの物質の構造を示し，粒子を分類する（原子，分子，イオン）。○化学式から得られる情報を説明する（組成式，分子式，構造式）。○原子の核・外殻モデル，原子の外殻のエネルギーの相違を示す（陽子，電子，中性子）（イオン化エネルギー）。○正・負に帯電したイオンについて，その生成を説明する（電子の移動，希ガスの規則）。○イオン結合とその塩の主な特徴を説明する。○希ガスの規則を用いて，共有結合による分子の結合を説明する（共有電子対，非共有電子対）。○適当な分子を手がかりに分子の立体構造を説明する。○共有結合による極性・無極性を区別する（電気陰性度）。○分子構造と双極子の特徴との関係を示すような製作をする。○酸性・アルカリ性溶液の主な粒子を挙げる（オキソニウムイオン，ヒドロキソニウムイオン）。○水の特異性を説明する（水分子の立体構造，水素結合）。○分子間の相互作用を説明する（ファンデルワールスの作用，双極子の作用，水素結合）。

**3．化学反応**
○物質の組み替えを言葉と反応式で述べる。○物質とエネルギーの視点から化学反応を説明する（吸熱反応，発熱反応，活性化エネルギー，触媒）。○量に関する法則を用いる（質量保存の法則，定比例の法則）。○酸素，水素，及び電子の移動としての酸化還元反応を説明する。○酸と水との反応を陽子の移動として説明する（塩化水素の反応）。○いくつかの有機反応を挙げる（脱水素，縮合反応としてのエステルの生成）。○高分子の合成の仕方を説明する。

**4．分類の原理**
○物質を区分するために，意味のある分類図をつくる（物質，純物質，元素，化合物，金属，非金属，混合物，溶液，エマルジョン，サスペンション）。○pH値を用いて水溶液を酸性・アルカリ性・中性に分類する。○原子の構造と周期律における位置との関係を説明する（原子番号，陽子の数，電子の数，質量数，価電子，典型元素，周期）。○結合の種類によって化合物を分類する（共有結合，イオン結合）。○電子や陽子の移動と授受の原理を用いる（金属と非金属の反応，塩の溶液の加水分解，塩化水素と水との反応）。○官能基を手がかりにして，炭素の化合物を分類する（炭素の二重結合，炭化水素，アルデヒド，ケトン，カルボン酸，エステル）。

## 5．活動方法

○実験機器を安全かつ適切に用いる。○防火のための措置を計画・実施・説明する。○安全に配慮して簡単な実験を実施・記述・評価する。○物質の特徴を実験で確かめる（融点，沸点，色，臭い，密度，電気伝導度，溶解度）。○化学実験において科学的方法を用いる（問題，仮説，解決方法の計画，予想，観察，解釈，全体評価，確証，誤りの証明）。○簡単な定量的実験を行う（質量比に関する実験）。○酸塩基滴定の実験を行う。○有機化合物を用いた簡単な実験を行う（アルコールの酸化，エステル化）。○化学のデータに関するさまざまな情報を利用する。○重要な大きさについて説明する（粒子の数，物質量，モル数，モル濃度）。○大きさやまとまりに注意して計算する。○モデルを用いて分子構造を示す（分子模型，カロテンの模型）。○パソコンによる調査，分子モデルの製作，及び実験の評価を取り入れる。

## 6．環境と社会

○日常の現象について化学の専門用語を用いる。○酸性・アルカリ性・中性溶液の生物にとっての意義を話し合う。○エネルギー源としての水素の意義を説明する。○物質の再利用を例示する。○重要な天然物とその意義を挙げる（ナトリウム化合物，カリウム化合物，アンモニウム化合物，塩化物塩，硫酸塩，リン酸塩，硝酸塩）。○エネルギー源としての炭素の役割を評価する。○日常や技術における有機物の利用を述べる（メタン，エタン，エタノール，アセトン，酢酸）。○化学の視点から自然界における炭素循環を示す（炭酸塩，二酸化炭素・糖の循環）。再生原料の役割を説明する。○大気，水，大地に悪影響を与える物質を評価し，その対応について示す。○中毒をもたらすアルコールの危険性を説明する。○今日の社会において議論の対象となっている物質を例に，持続可能な開発にとっての化学研究や化学工業の意義を示す。○研究者の業績と人間性について書き記す（ベルセリウス，キュリー，リービッヒ，ポーリング，ウェーラー）。

# 第2節　後期中等教育における理科の教育課程

## 1．教科目の選択履修

　ドイツの後期中等教育は普通教育と職業教育に分かれ，普通教育はギムナジウムの上級段階が担う。この段階は，9年制のギムナジウムでは通年で第11～13学年，8年制のギムナジウムでは通年で第11・12学年に相当する。

　この段階では，生徒の興味・関心，能力，適性，進路等に応じた教科目の大幅な選択履修が行われている[9)10)]。生徒は，最後の2学年（9年制のギムナジウムでは第12・13学年，8年制のそれでは第11・12学年）において，高度な専門

ベルリンのギムナジウム　授業の実施教室を示す電光掲示板
上級段階では，選択履修する授業に応じて，生徒は教室を移動する。

的内容からなる教科目（達成コース科目）と基礎的内容からなる教科目（基礎コース科目）を選択履修する。達成コース科目は週4～6時間で，これを2年間通して2科目選択履修する。基礎コース科目は週2～3時間で，これを学年ごとに5～6科目選択履修する。また，例えば，理数系科目ばかりを選択するといった偏りを避けるため，言語・文学・芸術分野（ドイツ語，外国語，美術，音楽など），社会科学分野（歴史，地理，社会，政治，経済，哲学など），数学・自然科学・技術分野（数学，物理，化学，生物，技術，情報など）の各分野の履修時間数が定められている。その時間数（2学年の週時間数の合計）は，順に28，16，22となっている。したがって，この段階では，2科目を重点的に学ぶことで大学での専門教育の準備が図られるとともに，それ以外の教科目を幅広く学ぶことで一般教育の基礎づくりがなされている。

　理科諸科目の選択履修については，9年制あるいは8年制のギムナジウムを問わず，最後の2学年において，いわゆる文系生徒は物理，化学，生物のうちの1科目を基礎コース科目として，理系生徒はこれらのうちの1科目を達成コース科目，残りの1ないし2科目を基礎コース科目として選択履修し

ている。達成コース科目の2科目とも理科を選択することは，幅広い一般教育の基礎づくりの趣旨に反することとなるので認められていない。また，9年制のギムナジウムでは，第11学年において，ほとんどの生徒が理科の2科目を選択履修している。

## 2．後期中等教育における理科の教育課程

第1節と同様に，バーデン・ヴュルテンベルク州のギムナジウムの教育課程の基準を取り上げる。これは，2003年12月に全国的な教育改革を先取りする形で発表されたもので，学力向上を目標に特定学年で到達すべき学力水準を示している。以下，ギムナジウムの上級段階（8年制，第11・12学年）における化学を例に，その特徴を見てみよう[11]。

### （1）化学の目標

後期中等教育で開設される化学の目標は，前期中等教育のそれと初めから区別されておらず，共通で一貫したものとなっている。また，後期中等教育で開設される化学は，基礎コース科目（週2時間）と達成コース科目（週4時間）の2種類からなるが，これらの科目の目標も初めから区別されていない。理科及び化学の目標に見られる特徴は，第1節を参照されたい。

### （2）化学の内容

化学の内容は，表5-5に示した通りである。これらは，第12学年終了時に到達すべき学力水準として記されている。第11・12学年の2年間で，これらすべての内容が扱われる。これより，次のような特徴を挙げることができる。
① 第11・12学年では，基礎コース科目は化学平衡，電気化学，高分子化合物の領域を，達成コース科目はこれらに加えて，化学エネルギーと芳香族化合物の領域を扱っている。また，前者の共通の3領域において，達成コース科目では，下線部で示したような基礎コース科目では扱われない高度

表5-5 ギムナジウムの上級段階における「化学」の内容（下線は筆者による）

**基礎コース科目（週2時間）**
**1．生物の分子**
○天然物の3つのグループである炭水化物，タンパク質，核酸について，その分子構造を知る（ポリマー，モノマー）。○炭水化物，タンパク質，核酸の生物における機能を記す（エネルギー伝達，構成物質，情報伝達）。○実験室において簡単な方法で炭水化物とタンパク質を検出する（炎による分析，GODテスト，毛髪を用いた分析，ビュレット反応，ニンヒドリン反応）。○炭水化物あるいはタンパク質を特徴づける（分子構造とその特徴，存在度とその意義）。○炭水化物あるいはタンパク質において，モノマーが結びついたものを生成する。

**2．合成高分子化合物**
○合成高分子化合物を類型で分ける（例：反応機構，熱に対する特徴，分子構造，熱可塑性，熱硬化性，伸縮性）。○「生物の分子」で扱った縮合重合や加水分解の原理を合成高分子化合物に転用する。○モノマーとポリマーの構造や特徴についての知識がさまざまな材料の製造に利用されていることを示す。○適当な例を挙げて重合の原理を利用する。○付加重合と縮合重合による合成の実験を行う。○合成高分子化合物の大量利用の長所と短所を説明する。○合成高分子化合物の廃棄物の利用ついて，さまざまな可能性を記し，評価する（材料のリサイクル，原料のリサイクル，エネルギーの利用，持続可能性）。

**3．化学平衡**
○化学平衡が生じる条件について例を挙げて説明する（エステルの平衡，アンモニアの平衡）。○均一系の平衡において質量作用の法則を利用する。○さまざまな平衡反応においてルシャトリエの原理を転用する。○アンモニア合成の社会的意義を説明する。○アンモニアの合成において平衡に影響する要因を挙げ，技術上の問題で解決できることを説明する。○ハーバーとボッシュの業績を示す。○ブレンステッドにしたがって酸と塩基を定義する。○酸と塩基の反応を行い，水溶液中のさまざまな酸と塩基の平衡が関わる反応平衡を挙げる。○水の自己プロトリシスを通してpH値を説明する。

**4．電気エネルギーと化学**
○酸化還元反応における反応平衡を式を用いて述べ，電子の授受（酸化と還元）の概念を反応に当てはめる。○強制的な酸化還元反応としての電気分解を説明する。○化学エネルギーを電気エネルギーに変換する酸化還元反応を記す。○将来のエネルギー供給における燃料電池の意義を評価する。

**達成コース科目（週4時間）**
（筆者注）下線部は，基礎コース科目では扱われない内容である。
**1．化学エネルゲティーク**
○<u>開放系，閉鎖系，孤立系を定義する</u>。○物質とエネルギーの視点（発熱，吸熱，燃焼熱，生成熱）から化学反応を説明する。○熱量測定を計画，実行，評価する（反応エンタルピー）。○化学反応におけるエネルギー保存の法則を利用し，生成エンタルピーから反応エンタルピーを計算する。○<u>物質の推定される量としてのエントロピーを記す。</u><u>○化学反応におけるエントロピーの変化を見積もる。○ギブズ・ヘルムホルツの式を適当な例に利用する（自由な反応エンタルピー）。○エネルギーの考え方の限界について例を挙げて示す（準安定状態，完全に進行しない反応）。</u>

## 2．化学平衡
○可逆反応と化学平衡の生起について記す（エステル化，エステルの加水分解）。○化学平衡の生起についてモデル実験を行う。○化学平衡の生起に関わる触媒の役割を説明する。○平衡への影響に関してルシャトリエの原理を利用する（濃度，圧力，温度の変化）。○均一系の平衡反応を定量的に記述するために，質量作用の法則を利用する。○ハーバーとボッシュの業績を示す。○アンモニアの合成において平衡に影響する要因を挙げ，技術上の問題で解決できることを説明する。○アンモニア合成の社会的意義を説明する。

## 3．酸塩基平衡
○酸・塩基の水との反応において平衡の学説を利用する。○ブレンステッドの理論を手がかりに酸塩基反応を記す。○酸塩基反応における供与体と受容体と原理を転用する。○$pK_S$値あるいは$pK_B$値を手がかりに酸・塩基を分類する。○水の自己プロトリシスを説明し，pH値を定義する。○1価の強酸溶液・水酸化物溶液のpH値を計算する。○弱酸・弱塩基溶液のpH値を近似で計算する。○酸塩基理論を指示薬に適用する。○緩衝溶液とその意義について例を挙げて説明する。○濃度決定に関わる酸塩基滴定を計画し，実験を行う。

## 4．天然物
○生物にとって重要な巨大分子のモノマーを挙げ，フィッシャーの投影を用いてその構造を述べる（D-グルコース，D-フルクトース，L-$\alpha$-アミノ酸）。○単糖，二糖，多糖の生産，利用，特徴を記す（グルコース，フルクトース，マルトース，セロビオース，サッカロース，デンプン，アミロース，セルロース）。○分子の空間的構造におけるキラリティーを知る（不斉炭素原子）。○フィッシャーとハースにしたがって単糖と二糖を投影式で示す（D-異性体，$\alpha$と$\beta$の形）。○グリコシド結合を説明する。○事前に与えられたアミノ酸を用いてペプチドの一次構造を示す。○タンパク質の二次・三次・四次構造を説明する。○変性とその意義を説明する。○分子の空間的構造から生物にとって重要な物質の機能を理由づける（デンプン，セルロース，酵素，DNA）。○再生物質の利用について例を挙げる（エコ収支）。○縮合反応の原理を利用し，簡単なプロセスの反復から結果として生じる多様性を理由づける。○糖やタンパク質を検出する反応について実験する（GODテスト，毛髪を用いた分析，ビウレット反応，ニンヒドリン反応）。○モデルを手がかりにDNAの構造を説明し，示す（水素結合によるリン酸エステル，デオキシリボース，塩基の結合）。○DNAの存在とその意義を説明する。

## 5．芳香族
○ベンゼンの特徴，生産，利用を記す。○ベンゼンなどを例にして，化学物質が関わる健康上の問題を述べる。○健康に対する危険物質について専門的基礎を持って議論する（MAK，TRK）。○従来用いられていた結合モデルの限界を挙げる。ベンゼンの持つ予想外の特徴をその特殊な分子構造から説明する（非局在化エネルギー，メソメリー，ケクレ）。○自然界，日常，技術において重要な芳香族とその意義や利用を記す。また，系統立った名称や構造類型を挙げる（フェノール，トルオール，ベンゼン酸，スチレン，フェニルアラニン）。

## 6．合成高分子化合物
○日常や技術における合成高分子化合物の意義を例示する。○合成高分子化合物の特徴と分子構造との関係を説明する（熱可塑性，熱硬化性，伸縮性，シュタウディンガーの

巨大分子についての理論）。○合成高分子化合物の合成の原理（重合，縮合重合，付加重合）を説明し，適当な例において知識を利用する（モノマーとポリマー，ポリエチレン，ポリ塩化ビニル，ポリスチレン，ポリアミド，ポリエステル，ポリウレタン）。○モノマーとポリマーの構造や特徴についての知識が，さまざまな材料の製造に利用されていることを示す。○ポリマーを合成する（熱可塑性のもの，熱硬化性のもの）。○構造や反応平衡と関連づけて，重合反応の部分的な進行を示す（ラジカル重合，開始反応，連鎖成長，停止反応）。○合成高分子化合物の廃棄物の利用について，その解決方策を示す（材料のリサイクル，原料のリサイクル，エネルギーの利用，持続可能性）。○合成高分子化合物の利用において持続可能性の視点を盛り込む（PETボトル，自動車部品）。

## 7．電気化学
○電子の移動と関連づけて，反応における授受の原理を利用する（酸化，還元，酸化還元のペアを挙げる）。○酸化数を手がかりに酸化還元反応を確認する。○ガルバニ電池の構造を記す。○電気分解の本質的なプロセスについて，ガルバニ電池を挙げて記す。○標準水素電極の構造と機能を説明する。○電気化学の反応を予想することに関わる標準酸化還元電位の表を利用する。○電気化学の電力源（燃料電池）と従来の電力源を現状及び将来的展開において比較する。○エネルギーの電気化学的な貯蔵について，その可能性を記す。○ガルバニ電池におけるイオンの濃度と測定可能な電位差との関係を説明する。○電気化学の実験を行い，評価する。

な内容を扱っている。

② 化学と生物学が関わる生化学の領域を重視し，生命現象を化学の観点から扱っている。例えば，生物をつくる炭水化物，タンパク質，脂質，核酸などの物質を取り上げ，それらの特徴や生物体における機能を化学的構造・性質の観点から扱っている。

③ 前期中等教育と同様に，化学の学問体系と生活関連の両方に配慮している。そして生活関連では，化学物質の利用とそれが関わる社会的問題や健康上の問題，化学における工業技術の発展とその社会的意義について扱っている。

次に，我が国の現行の高等学校理科における「化学基礎」及び「化学」と比較すると，達成コース科目の化学とその前段階である前期中等教育の化学とを合わせた内容は，我が国の内容をほぼ網羅しており，さらに，化学エネルギー論におけるエンタルピーやエントロピーの概念，投影式を用いた生物高分子の立体配置，ケクレ構造におけるメソメリーの理論（共鳴理論としては

扱っていない），ラジカル重合における開始・成長・停止反応など，我が国では示されていない高度な内容を数多く含んでいる。一方，我が国では示されている金属（特に遷移金属），セラミックス，染料，洗剤の内容は，この州の教育課程の基準では明示されていない。しかし，第1節で述べたように，授業時数全体の1/3は教師が自主的に内容を編成することとなっているので，明示されていない内容も実際には扱われているようである。

## 第3節　総合理科の教育課程の開発

周知のように，理科カリキュラムの形態には，物理，化学，生物等の教育内容をそれぞれ単独で教える分科理科と，それらの内容を統合あるいは総合して教える総合理科が存在する。前者は，基本的には自然科学の学問体系に基づいて組織されるのに対し，後者は，子どもの興味・関心や経験，あるいは社会の要請に基づいて組織される。そして，これらの基盤に対する受けとめ方の違いから，初等教育の段階では分科理科と総合理科のいずれかが採用されるのに対し，中等教育の段階では分科理科が採用される場合が多い。このことは，ドイツもまた例外ではない。しかし，その一方で，総合理科の考え方はそれぞれの時代の理科教育を発展させてきた。その事実は，古くは19世紀後半のユンゲ（Junge, F.）やバイエル

ユンゲの「生活共存体としての村の池」　現在の姿

(Beyer, O. W.) の理科教授思想，20世紀初頭の合科教授論，1970年代の総合理科カリキュラムに見ることができる[12)13)14)]。そして最近では，1990年代，総合化の動きはいくつかの理科カリキュラムの開発，特に前期中等教育を対象としたその開発につながっている。ここでは，当時進められた開発のプロジェクトを紹介しながら，それが提起した理科教育における課題について触れてみたい。このことは，理科諸科目の分科と総合の問題を考える上での参考になるであろう。

## 1．総合理科を求める動き

ドイツの中等教育では，元来，学問の論理体系を重視する考え方や，学習者による知識のミニマム・エッセンシャルズの確保を重要とする考え方が根強く存在している。その結果，理科教育では，必然的に分科理科の形態が堅持されることとなっている。しかしながら，1990年代には，分科理科の問題点や限界が再三にわたって指摘され，総合理科を求める意見が主張されるようになった。それらの主張は，次のような立場によるものであった[15)16)]。

① 顕在化する理科嫌い，理科離れの問題の原因の1つは，分科理科の形態において科学の知識体系の習得が強調され，教育内容が生徒の要求や日常生活と乖離していることが挙げられる。これからの理科教育では，日々の生活で子どもが接し，興味・関心を持っているものを取り上げ，意欲的に学習に取り組ませる必要があるが，そのためには総合理科の方が効果的である。

② これからの社会においては，子ども1人ひとりの思考力・判断力だけではなく，社会の一員としての思考力・判断力の育成が不可欠であり，そのためにはさまざまなことを総合的に把握し，考えていく力をはぐくむことが一層重要になる。

③ 近年ますます重要性を増している環境教育，情報教育，健康教育，性教育，平和教育などの複合的な教育課題に対応していくには，理科諸科目は

統合という形をとる方が適当である。

　以上のように，総合理科が注目された背景には，深刻化する理科教育の問題や将来的課題への対応といった社会の要請があった。しかし，それだけにとどまらず，総合理科の土台にあるカリキュラム観が当時見直されていたことも，その注目の背景にあった。つまり，カリキュラムとは，子どもの興味・関心や経験，自己活動，問題解決を重視して，それらを通して子どもの成長を促していく学習系列であるという見方―それは児童中心主義に立つ―が見直され，総合理科の導入の契機となっていたのであった。

## 2．開発された総合理科カリキュラム

### (1) PING

　PING（Praxis Integrierter Naturwissenschaftlicher Grundbildung，総合理科基礎教育の実践)[17]は，キール大学自然科学教育研究所（IPN, Institut für die Pädagogik der Naturwissenschaften，ドイツの理科教育の研究拠点の1つ）のブンダー（Bunder, W.）が中心となって開発したカリキュラムである。1993年の秋から，同研究所のある北ドイツのシュレスヴィヒ・ホルシュタイン州を中心に約200校で実践され，さらに他の州の学校にも普及していった。

### ① 総合化の教育原理と目的

　PINGの目的は，生徒を民主主義社会の発展に調和した行動へと導くことである。そのために，過去と現在における人間

キール大学自然科学教育研究所（IPN）（1994年当時）

PINGの単元「私と水」の
ワークシートの表紙

と自然との関係を理解し，社会との関連においてその関係を評価する中で，人間と自然との望ましい関係の構築に参加できる，社会の一員としての判断力や行動力を育成することをめざしている。つまりPINGは，社会の発展に求められる生徒のさまざまな能力や態度の育成をねらいとして，自然との関わりを持つ人間の文化的活動を中心に理科内容を総合化しようとするカリキュラムであった。

② 単元構成

PINGは，子どもが持つ人間と自然との関係についての認識に注目し，自然観，物質観，生命観，人間観，社会観，世界観を発展させていくような内容構成となっている。そして，その発展を3つの学年段階に分け，内容の選択基準に沿って単元を設定している（表5-6）。各段階の単元名が「私」「私たち」「人間」と変わっていくところに，子どもの経験や認識の広がりを内容構成の基軸に据えていることがうかがえる。

③ 単元の例

一例として，第5・6学年の単元「私と水」を取り上げ，その目標と内容を見てみよう（表5-7）。この単元の学習は，まず水への興味・関心を促すことから始められ，それを持続させながら水の特性についての知識の習得と観察・実験の練習，人間活動と水との関係についての理解へと進められ，最終的に水の利用のあり方についての判断を求めるものとなっている。水につい

表5-6　PINGの内容構成

第5・6学年
自然の中で体験し，体験したことを描き出す段階。
内容の選択基準：生徒がこれまで身近に接しているもの。
単元：「私と水」「私と空気」「私と土」「私と太陽」「私と植物」「私と動物」「私と人間」「私と機械」

第7・8学年
自然に接する中で，自然について調べて解釈する段階。
内容の選択基準：問題解決のために生徒同士のコミュニケーションを促すもの。
単元：「私たちは適応する」「私たちは家を建てて住む」「私たちは栄養を取る」「私たちは伝え合う」「私たちは健康を保つ」「私たちは活動する」「私たちは道具を作る」「私たちは服を着て装う」

第9・10学年
自然と社会との関係を理解し，その発展に参加できるようにする段階。
内容の選択基準：生徒1人ひとりの科学的判断を求めるもの。
単元：「人間は新しいエネルギーを利用する」「人間は新しい物質を創る」「人間は新しい生物を創る」

表5-7　PINGの単元「私と水」の目標と内容

私にとっての水
目標：水に対する興味・関心を促す。
内容：1日に飲む水の量，1日に使う水の量，水の音，水力。

水の性質
目標：水についての専門的知識を獲得する。実験・観察の技能を習得する。
内容：湿度，蒸気圧，水の状態変化，沸点と融点，表面張力，密度，浮力，水圧，毛管現象，水中での光の屈折，溶解と溶液。

水の循環
目標：水の循環の重要性と水の循環に対する人間の影響を把握する。
内容：蒸散，発汗，食品中の水，水質汚濁，浄水場の仕組みと役割，水域調査。

水質
目標：人間の活動に対する合理的・批判的な判断力を育成する。
内容：水の臭いと味，水質検査，硬水と軟水，石鹸の役割，上水道。

水文化
目標：水の利用を国際的的視野から捉える。
内容：他国の人々や昔の人々の水の使用。

私は何をすべきか
目標：水の利用の将来について考える態度を育成する。
内容：水を利用する上で注意すること。

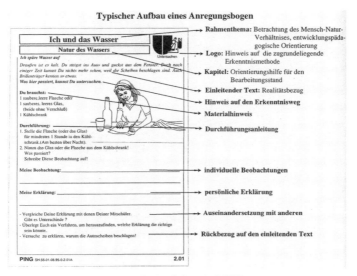

PINGのワークシートの解説

PINGの単元「私と水」におけるテーマの広がり

てさまざまな観点から学習することで，子どもが自ら考え判断する能力や態度を育成しようとしているのがわかる。

## (2) FUN

FUN (Fächerübergreifender Unterricht Naturwissenschaft, 教科枠を越えた理科教育)[18]は，ドイツ西部のノルトライン・ヴェストファーレン州の学校教育・継続教育研究所が開発した総合理科カリキュラムである。第5～8学年(11才～14才)の生徒を対象として，1989年から同州の学校で実施されてきた。これはオープン・カリキュラムとなっており，カリキュラムの内容は指針が示されるのみで，授業実践を通して具体的内容が決められる。教師と生徒が一緒に作り上げていくカリキュラムといえる。

### ① 総合化の教育原理と目的

FUNは，子どもを取り巻く生活環境に注目し，日々の生活で接する事象を多方面から学習する中で，子どもが環境に気づき，環境を理解することを目的としている。そして，学習の過程において，子どもがさまざまな経験をすることに大きな価値を置いている。つまりFUNは，生活環境において子どもにとって意味のある経験を幅広く積ませることを重視した，生活経験主義的な総合理科カリキュラムであるといえる。

### ② 単元構成

FUNは，次の単元から構成されている。「水」，「火」，「感覚器」，「植物」，「動物」，「天気と気候」，「エネルギーと環境」，「日常感覚」，「健康と病気の間に立つ人間」，「顕微鏡と望遠鏡」。各単元の実施学年は決められておらず，第5～8学年の間で自由に配列することが可能となっている。

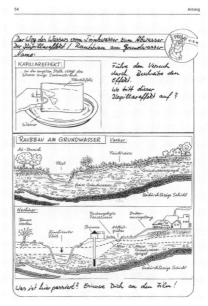

FUN の単元「健康と病気の間に立つ人間」の　　　FUN の単元「水」のワークシート
　　　　　ワークシートの表紙　　　　　　　　　　　　「地下水の乱掘」

③　単元の例

　一例として，ここでも「水」の単元を取り上げてみよう。カリキュラムの指針によれば，この単元では，生活環境の視点から飲料水・地下水，私たちの栄養と健康，動物と水との関わり，水の循環，酸性雨，肥料・農薬と農業，林業と水，漁業と水，環境保護についての内容を扱うことが求められている。教師はこの指針に沿って，子どもの興味・関心，地域性や時代性などを考慮し，具体的な内容を自ら編成することとなっている。

　表5-8は，授業展開の例である。授業の目標において，問題解決の思考を促そうとしていること，内容構成において，生活環境における水の役割を総合的に学習させようとしていること，方法において，観察・実験，ものづくり，学校外施設の見学などの活動を数多く盛り込んでいることがわかる。ま

表5-8 FUNの単元「水」の授業展開

1. テーマについて学習することを決める  2. 水の特徴  3. 密度の実験
4. 密度の計算  5. 溶媒としての水：ものが溶けるということ
6. 水面：表面張力  7. 水の循環：生物圏における水  8. 地下水
9. 飲料水を得る
10. ライン川の油汚染：新聞の記事を用いて
11. 製紙工場の見学：紙のリサイクルにおける水の利用
12. リサイクルによって紙を作る  13. 水域とその住民
14. 河川改修の結果：デュッセルドルフ南公園の事例  15. 水質：主な生物
16. 学校の池を調べる：主な生物と水質
17. デュッセルドルフを調べる：主な生物と水質
18. 水について調べたことをカードにして比較する  19. 海や湖沼における食物連鎖
20. 水域の自浄作用  21. 水質汚染の原因  22. 汚水の浄化
23. 汚水の浄化をモデル化する  24. 溶存酸素と温度との関係
25. 汚水処理施設の見学  26. ビデオをみる：水への負担

た，単なる体験主義，活動主義に陥ることのないよう，科学の知識の習得にも配慮していることがうかがえる。

このように当時開発されたカリキュラムは，教科主義から児童中心主義への転換をねらいとして，教育内容の総合化を図るという点で共通していた。しかし，その一方で，総合化の教育原理や内容選択の基準は異なり，それぞれ特徴的なものであった。

### (3) 総合理科カリキュラムの問題点

PINGやFUNに対しては，これまでの実践からいくつかの問題点が指摘されてきた。それは，①総合化の教育原理や内容選択の基準に妥当性はあるのか，②物理学，化学，生物学などの専門的知識はどの程度保障されるのか，③効果的な実践を図る上で教師の資質は十分に備わっているのか，ということであった。これらの問題点は，1970年代に開発された総合理科カリキュラムに対して指摘された問題点と類似しており，総合理科に必然的に伴う問題点といえる。確かに，①については，子どもや社会をどう捉えるかという立場の違いから，原理や基準についての一致した見解は未だ得られていない。

これは，ドイツの教育学者デルボラフ（Delbolav, J.）が指摘するように，カリキュラムの構造化を図る上で，子どもの興味や興味の背後にある能力構造を捉えることや，社会的要請を重要度に応じて整序することは困難である[19]，ということに起因するのであろう。一方，②と③については，現実的な対応がなされてきた。PING や FUN など，当時開発されたカリキュラムでは，その内容に必要な専門的知識を十分に盛り込む工夫が見られたし，また，開発の段階から教師教育を視野に入れ，教師の資質向上のためのセミナーを継続的に行うなど，問題点への積極的な対応がなされてきた。このようにして問題点に対処し，カリキュラムの普及が推進されてきたのである。

教科主義に基づく分科理科の形態が堅持されているドイツにおいて，総合理科への転換は極めて難しいようである。しかしそれにもかかわらず，総合理科の提起する課題，すなわち社会における子どもの成長を重視する立場から理科カリキュラムはいかに編成されるべきか，という課題の重要性は絶えず意識され，その対応に向けた着実な努力がなされてきている。我々はこうしたところにドイツの人々の理科教育に対する姿勢を見ることができる。

**注及び引用・参考文献**

1）OECD・OECD 教育研究革新センター（2003）．図表でみる教育，明石書店，90-95頁．
2）文部科学省（2011）．諸外国の教育動向 2010年度版，明石書店，162-164頁．
3）Sekretariat der Ständige Konferenz der Kultusminister der Länder in der Bundesrepublik Deutschland（2005）．*Bildungsstandards im Fach Physik für den Mittleren Schulabschluss*, Luchterhand．

　Sekretariat der Ständige Konferenz der Kultusminister der Länder in der Bundesrepublik Deutschland（2005）．*Bildungsstandards im Fach Chemie für den Mittleren Schulabschluss*, Luchterhand．

　Sekretariat der Ständige Konferenz der Kultusminister der Länder in der Bundesrepublik Deutschland（2005）．*Bildungsstandards im Fach Biologie für den Mittleren Schulabschluss*, Luchterhand．

4) Leibniz-Institut für die Pädagogik der Naturwissenschaften (2003). Bildungsstandards, *IPN Blätter*, 20. Jahrg 1/03, S. 1 und S. 3.
5) Weinert, F. E. (2001). Vergleichende Leistungsmessung in Schulen -eine umstrittene Selbstverständlichkeit, In Weinert, F. E. (Hrsg.), *Leistungsmessungen in Schulen*, Beltz, S. 28.
6) Klieme, E. u. a. (2003). *Zur Entwicklung nationaler Bildungsstandards*, BMBF Reihe Bildungsreform, S. 61.
7) 例えば，以下の文献に見られる理科教育に関する論考。Tenorth, H.-E. (Hrsg.) (2004). *Kerncurriculum Oberstufe II*, Beltz.
　また，コンピテンシー指向の科学カリキュラムの特質については，以下の文献に詳述されている。遠藤優介（2014）．ドイツにおけるコンピテンシー指向の科学カリキュラム編成の特質―化学のコンピテンシー領域を中心として―，理科教育学研究，55(2)，169-179頁．
8) Ministerium für Kultus, Jugend und Sport Baden-Württemberg (2003). *Bildungsplan 2004. Allgemein bildendes Gymnasium*.
9) 藤井浩樹（1995）．ボン協定における自然科学諸科目の選択制，寺川智祐編著，理科教育 そのダイナミクス，大学教育出版，343-352頁．
10) Sekretariat der Ständigen Konferenz der Kultusminister der Länder in der BRD (2000). *Vereinbarung zur Gestaltung der gymnasialen Oberstufe in der Sekundarstufe II*.
11) Ministerium für Kultus, Jugend und Sport Baden-Württemberg (2003). a. a. O.
12) 梅根悟（1948）．初等理科教授の革新，誠文堂新光社．
13) 藤田静作（1981）．西ドイツにおける理科教育改革運動の進展と課題，吉本市編著，現代理科教育の課題と展望，東洋館出版社，63-76頁．
14) 大高泉（1980）．物理教育における内容領域の拡大とその展開―IPNカリキュラム物理の単元：「原子力発電所におけるエネルギー供給」を例にして―，日本理科教育学会研究紀要，21(1)，9-17頁．
15) Stäudel, L. und Kremer, A. (1993). Sieben Thesen und drei Forderungen zur Veränderung des naturwissenschaftlichen Unterrichts in der Sekundarstufe I, *chimica didactica*, Jr. 19, S. 151-159.
16) Lauterbach, R. (1992). Physikalische Bildung kennt keine Fächergrenzen－fächerübergreifender Unterricht als Prinzip und Aufgabe, *Naturwissenschaften im Unterricht Physik*, Nr. 15, S. 164-169.

17) Projektkerngruppe PING (1996). *Was ist PING? Informationen zu Status-Konzeption-Entwicklung.*

   Projektkerngruppe PING (1995). *Themenmappe für die Jahrgangsstufe 5/6 Ich und Wasser.*

18) Landesinstitut für Schule und Weiterbildung (1995). *FUN "Umwelt erkunden - Umweltverstehen" Baustein Wasser*, 6. Auflage.

19) ヨーゼフ・デルボラフ著（小笠原道雄・今井重孝訳）(1987). 教育学思考のパラダイム転換, 玉川大学出版部, 135-137頁.

# 第6章　中等教育における理科の教科書と授業

## 第1節　理科の教科書

### 1．教科書に関する制度

　ドイツではわが国と同様に，教科書の検定・認可の制度があり，各州の文部省がこれを行っている。検定基準は，教科書の内容が基本法（わが国の憲法に相当）及びその他の現行法に抵触していないかどうか，教育課程の基準に対応しているかどうか，教育学，心理学，教授学上の見解を考慮しているかどうか，価格や装丁が妥当かどうかなどである[1]。この基準を満たせば，たとえ教育課程の基準の改訂前に発行された教科書であっても認可される。このことが示すように，教科書検定における教育課程の基準と教科書との対応は，わが国ほど厳密ではない。

　教科書の採択は，学校ごとに行う。ドイツでは，学校における最高の意思決定機関として，教員，親，生徒によって構成される「学校会議」と呼ばれる組織がある。教科書の採択は，一般に，この会議の決定にしたがって行われる。教科書の供給は，州による無償貸与である。教科書の使用年数には規程がある（3〜5年間の場合が多い）。そして，教科書の編集・発行は，民間の出版社が行う。教育課程の基準が州ごとに異なるため，出版社はドイツ全州を対象とした教科書とともに，単独の州や複数の州を対象とした教科書を作っている。理科では，大手の出版社として，Cornelsen, Ernst Klett, Schroedel の各社を挙げることができる。

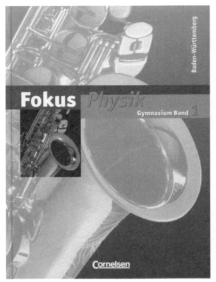
前期中等教育における
物理の教科書の表紙

後期中等教育における
生物の教科書の表紙

## 2．中等教育における理科の教科書

　ここでは，ドイツで現在使用されている化学の教科書を取り上げ，その特徴を明らかにする。そして，日本の教科書と比較してみる。

### (1) 前期中等教育における化学の教科書
① Cornelsen 社『フォーカス化学』[2)]
　この教科書は，2007年に発行された比較的新しい教科書である。総ページ数は496ページで，かなりの分量である。章立ては，表6-1のようになる。表中の（　）内はページである。
　各章においては「方法（Methode）」と題するコーナーがあり，実験を中心

表6-1　前期中等教育の教科書『フォーカス化学』の内容

化学とは何か？（7-18），物質とその特徴（19-38），混合物（39-54），金属（55-70），化学反応（71-88），空気（89-102），化合（103-126），水・水素（127-150），定量的考察（151-160），酸化還元反応（161-176），アルカリ金属とアルカリ土類金属（177-190），ハロゲンと希ガス（191-210），原子の構造と元素の周期律（211-224），化学結合（225-250），酸とアルカリ溶液（251-274），中和（275-290），塩（291-320），炭化水素の化学（321-354），燃料（355-378），アルコールからエステルへ（379-415）
化学を体験する―実践指向のテーマ（416），食物と栄養（417-438），洗剤と洗浄剤（439-452），プラスチックと繊維（453-462）
付録（463-488）

に化学における探究の方法，手順についての解説に多くの紙面を割いている。また，「自分で研究する（Selbst untersucht）」というコーナーも見られ，化学の簡易な実験を多数紹介している。さらに，「化学の世界（Welt der Chemie）」というコーナーでは，生徒の日々の生活や社会に関連する化学の最新の話題を取り上げている。前章で述べたように，教育スタンダードと呼ばれる新しい教育課程の基準では，実験を通して他者とコミュニケーションをすることや，化学の関わる生活や社会の問題について評価・判断することが重視されているが，教科書の紙面はこれらのことを忠実に反映したものとなっている。そして，各章の内容を丁寧に見ていくと，次のような特徴を持つことがわかる。

① 身の回りの化学現象を数多く取り上げ，現象の提示，現象に見られる事実の把握，事実の解釈と説明という流れで，可能な限り紙面を構成していること。つまり，専門的知識の単なる羅列ではなく，生徒の自然認識の過程を配慮した構成となっている。例えば，「水・水素」の章の「水の特徴」についての内容では，洗濯機のドラムや放熱コイルに石灰が付着している写真を提示し，現象の理由を考えさせ，そして水に含まれる物質（カルシウムやマグネシウムの化合物）や水の硬度について説明するという構成になっている。

② 化学の歴史は化学概念の形成の歴史という立場から，化学史上のできご

2 Kalkablagerungen an Trommel und Heizschlange einer Waschmaschine

| Härtebereiche des Wassers | | |
|---|---|---|
| Härtebereich | Wasser-härte in °d | $\beta$ (Calciumoxid) in mg/l |
| 1 (weich) | < 7 | < 70 |
| 2 (mittelhart) | 7–14 | 70–140 |
| 3 (hart) | 14–21 | 140–210 |
| 4 (sehr hart) | >21 | >210 |

**教科書『フォーカス化学』**
洗濯機のドラムや放熱コイルに石灰が付着している写真と水の硬度の表

とを数多く取り上げ、生徒の興味・関心を喚起していること。例えば、登場する科学者・技術者に注目すると、その数はかなり多い（表6-2）。こうした人物の功績によって化学概念が形成されてきたことが紹介されている。

③ 化学と環境や技術との関係についての内容を数多く取り上げ、現代社会の実際的問題を化学の視点から考察できるようにしていること。例えば、「燃料」の章の「木材－将来のエネルギー源？」の内容では、バイオマス

**表6-2　教科書『フォーカス化学』における化学史に関わる内容（教科書での登場順）**

| | |
|---|---|
| クロマトグラフィー（ルンゲ） | 元素の周期律（シャンクルトワ，ニューランド，デーベライナー，マイヤー，メンデレーエフ，ヴィンクラー） |
| 金属の構造（デモクリトス，トムソン） | |
| 元素と記号（アリストテレス，ラボアジェ，ベルセリウス） | 分子の構造（ポーリング，ボーア，シュレディンガー） |
| 原子モデル（ドルトン，トムソン，ラザフォード） | 硫酸（リービッヒ） |
| 化学反応と時間（オストワルド，ミッタシュ） | 酸・塩基反応（ブレンステッド） |
| | 肥料（リービッヒ） |
| 大気圧（ゲーリケ） | 化学反応における体積比（アボガドロ） |
| 分子（ベルセリウス） | 有機物（ベルセリウス，ヴェーラー） |
| 化学反応と質量（ロモノーソフ，ラボアジェ） | アルカリのハロゲン化物（バイルシュタイン） |
| ナトリウムの単離（デーヴィ） | 環状の炭化水素（ケクレ） |
| マグネシウムの単離（リービッヒ，ブンゼン） | アルデヒド（リービッヒ） |
| 物質の検出（ブンゼン） | 食酢（パスツール） |
| 写真（ダゲール） | ダイナマイト（ノーベル） |
| 希ガスの発見（キャベンディッシュ，レイリー，ラムゼー，リンデ，ドルン） | アスピリン（ホフマン） |
| | ビートから砂糖を（マルクグラーフ） |
| 原子の構造（ボーア，ゾンマーフェルド），原子の内部（トムソン，ビーニッヒ，ローラー） | 巨大分子（シュタウディンガー） |

（木質ペレット）によるエネルギーを取り上げ，その燃焼効率や二酸化炭素排出量における利点を示すだけでなく，バイオマスに含まれる有機物の検出等の実験も示して，その利活用のあり方を考察できるようにしている。

次に，わが国の化学教科書と比較すると，扱われる化学知識の量はかなり多い。また，カラー写真や参考となる最新の科学記事が数多く盛り込まれている。さらに，練習問題が各内容のまとめとして取り上げられている。わが国の教科書に，資料集と問題集をある程度加えたものと捉えてよい。

② Klett社『基本化学Ⅰ』[3]

この教科書は，初版が1995年と古いが，改訂を重ねて現在も使用されている定評のある教科書の1つである。総ページ数は368ページで，章立ては

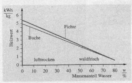

**教科書『フォーカス化学』**
木質ペレットによるエネルギーについての解説

表6-3のようになる。表中の（　）内はページ，【　】内は「プロジェクト（Projekt）」と呼ばれる実習の内容である。

ここで注目されるのは，プロジェクトがほとんどの章で取り上げられていることである。プロジェクトとは，問題解決型・課題追求型の活動で，我が国の理科における探究活動・課題研究と類似したものである。生徒の主体的

第6章　中等教育における理科の教科書と授業　143

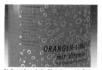

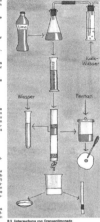

**教科書『基本化学Ⅰ』**
プロジェクト「オレンジレモネードの研究」

な探究能力の育成をねらいに，生徒や教師の興味・関心や疑問に基づいた課題の設定（提案），課題の妥当性の分析（提案の分析），課題の解決方法の検討（計画），解決のための観察・実験活動（実施），及び活動の結果とその考察（終結）という過程で活動が展開される（次節で詳述する）[4]。教科書では，プロジェクトのテーマはあらかじめ決められているので，課題の設定（提案）の基本的な部分はすでになされている。したがって，活動の中身となる具体的な課題の設定から，活動は展開されることとなる。

　ところで，プロジェクトの活動に授業時数のどのくらいの割合を充てるのかについては，教師の判断に委ねられている。参考までに，プロジェクトに関連する定評の高い文献を見てみると，授業時数の1/2を充てることが奨励されている[5]。

　また，この教科書では，プロジェクトに見られる実験とは別に，数多くの

表6-3　前期中等教育の教科書『基本化学Ⅰ』の内容

| |
|---|
| 実験における安全（7-12）【ガスバーナーの取り扱いと安全】 |
| 物質とその特徴（13-32）【（未知の物質の）手配書を作成する】【金属の特徴と利用】 |
| 分離の方法（33-48）【オレンジレモネードの研究】【食品色素の研究】 |
| 物質の構造について（49-56）【固体の状態における粒子の配列】 |
| 化学反応（57-64）【化学反応の特徴】 |
| 空気と燃焼（65-86）【ろうそくの炎の研究】【消火の理由を突きとめる】【pH値の算定とその変化】 |
| 金属の生産―酸化還元反応―（87-96） |
| 水（97-104） |
| 化学反応における量的関係（105-124）【原子の配列をブロックを用いて表す】【組成式を突きとめる】 |
| アルカリ金属・アルカリ土類金属（125-136）【水酸化物の組成】【排水管の清掃についての研究】 |
| ハロゲン（137-148）【フォトグラフィー】 |
| 周期系と原子の構造（149-166） |
| 電子の移動とイオン結合（167-182）【電気分解によるめっき】 |
| 共有結合と分子性物質（183-196）【氷の結晶モデルの構造】【結晶化熱】 |
| 酸性溶液・アルカリ性溶液（197-212）【中和と定量】 |
| 重要な酸とその塩（213-236）【ラムネ用粉末とふくらし粉の研究】【石灰の含有量と水の硬度の研究】 |
| 肥料（237-250）【完全肥料】【土壌の研究】【有機化合物の定性分析】 |
| 炭化水素―エネルギー源と原料―（251-280）【油の粘性】 |
| アルコール・カルボン酸・エステル（281-306）【麦芽ビール】【食酢の研究】【食品中の有機酸】 |
| 栄養素（307-328）【炭水化物】【ソーセージの研究】 |
| 洗剤（329-340）【学校の実験室から化粧品を】 |
| プラスチック（341-352）【プラスチックを分類する】 |
| 付録：化学反応とエネルギーの移り変わり（353），図面による実験器具の表現の仕方（354），実験器具（355），表（356-358），危険物（359），安全のための注意（360-361），廃液処理（362-363），索引（364-368） |

実験がそれぞれの章で取り上げられている。これらの実験は，定性的実験・定量的実験，帰納的（発見的）実験・演繹的（検証的）実験，生徒実験・教師実験等，その性質，目的，形態等はさまざまであるが，いずれにせよ実験を重要視していることがうかがえるだけの量と質を備えている。

第6章 中等教育における理科の教科書と授業　145

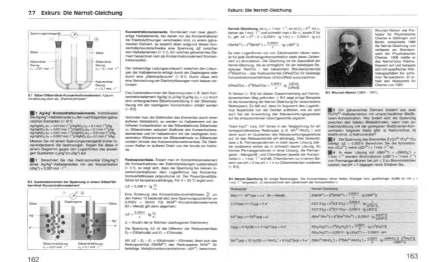

教科書『基本化学Ⅱ』
「ネルンストの式」の内容

## （2）後期中等教育における化学の教科書

　ここでは，ギムナジウムの上級段階用の化学教科書（Klett社『基本化学Ⅱ』）を取り上げ，その特徴を見てみよう[6]。この段階の教科書には，化学の領域ごとに分冊になっているものも見られるが，この教科書は1冊にまとめられている。総449ページで，章立ては表6-4のようになる。（　）内はページ，【　】内はプロジェクトである。

　各章の内容からは，前期中等教育の化学教科書と同様に，身の回りの化学の事物・現象を可能な限り取り上げていること，化学史の内容や化学と環境や技術との関係についての内容を数多く扱っていること，実験を多数例示していること，資料集と問題集の性格も有していることなどの特徴を挙げることができる。

　次に，我が国の化学教科書と比較すると，扱われる化学知識の量はかなり

**表6-4　後期中等教育の教科書『基本化学Ⅱ』の内容**

| |
|---|
| 化学の研究方法（7-32）【イオンの同定】 |
| 原子の構造と化学結合（33-66）【吸収・放出スペクトル】【分子間の力】 |
| 反応の速度（67-84）【反応の速度】【反応速度に影響するもの】 |
| 化学平衡（85-104）【化学平衡の考え方】【溶解と溶解平衡】 |
| エネルギーと化学反応（105-128）【反応エンタルピー】 |
| 酸塩基反応（129-148）【日常の製品における酸・塩基】 |
| 酸化還元反応と電気化学（149-190）【酸化還元滴定】【蓄電池】【腐食とその保護】 |
| 鉄と鋼（191-200） |
| 錯化合物（201-214）【錯体の反応】 |
| 放射能と核反応（215-230） |
| ケイ素・ケイ酸塩・シリコーン（231-240）【ガラス】 |
| 環境化学（241-272）【大気汚染物質の調査】 |
| 炭化水素（273-296） |
| 酸素を含む有機化合物（297-320）【アルコール，アルデヒド，ケトン】【カルボン酸】 |
| 芳香族化合物（321-336） |
| 生物にとって重要な有機化合物（337-380）【脂肪】【単糖】【タンパク質】【酵素】 |
| 合成高分子化合物（381-400）【合成高分子化合物】 |
| 界面活性剤―洗剤と化粧品（401-418）【化粧品をつくる】 |
| 染料と顔料（419-438）【色素と色】 |
| 付録（439-449） |

多い。その中には，軌道関数を用いた電子軌道モデル，ネルンストの式，赤外分光分析や核磁気共鳴吸収法の原理などの高度な内容も見られる。また，化学物質の原料（鉄鉱石や原油など）についての内容は，我が国よりもかなり充実している。

## 第2節　理科のプロジェクト授業

　ここでは，ドイツの中等教育の理科授業を特徴づけるものとして，生徒の探究能力の育成をめざしたプロジェクト授業を取り上げる。これは，長い歴史を持つ授業形態であるが，現在，各州の教育スタンダードにおいてコンピテンシーの育成に有効な形態として推奨され，注目されている[7]。以下，プロジェクト授業の特徴と普及の背景，並びにその構想と実際について述べる。

## 1．プロジェクト授業とは

### (1) 特徴

　プロジェクト授業とは，一言でいえば，問題解決型・課題追求型の授業である。これはデューイ以来の進歩主義教育の流れをくむ授業形態で，その特徴は次のようになる[8]。
○ 原理において，子ども中心主義の立場をとる。
○ 目標において，子どもの問題解決能力の育成を重視する。
○ 教材は，子どもが興味・関心を抱いている問題，生活と結びついた社会の現実的な問題に求める。
○ 方法において，子どもの直接体験や活動を重視し，作業などを取り入れる。
○ 授業の計画，構成，及び評価に，子どもが参加する。

　これらの特徴からわかるように，プロジェクト授業は，講義型・知識伝達型の授業とは対照的である。それは，生徒に教材を講義・伝達し，教え込むことをねらいとするのではない。そうではなく，子どもの自己活動を促し，子どもと教師が一緒に教材（学習材）をつくり，ともに学んでいくことをねらいとする。したがって，プロジェクト授業は，子どもを主体とした探究的で発見的な授業であるといえる。

### (2) 普及の背景

　今日，ドイツでプロジェクト授業が普及している背景，理由はさまざまであるが，次にそのいくつかを挙げてみよう。
　まず第1に，学校や教室に根ざした教育改革の推進である。ドイツでは，1980年代以降，それまでの教育制度や教育課程の大がかりな改革の反省に立って，特色ある学校づくりに代表される，学校独自の改革が進められてきた。そして，その際，学校像が問い直され，学校は民主主義社会を支える人間，

つまり責任ある意識を持って行動できる自立した人間を育てるところであることが，改めて広く認識されることとなった。こうした流れの中で，プロジェクト授業に見られる，子ども1人ひとりの自発的な取り組みを尊重する教育実践が重視されるようになった。

　第2に，上記と関連して，20世紀初頭の改革教育学（Reformpädagogik）の思想が再評価され，オープンカリキュラムやオープン授業といった，開放的なカリキュラムや授業の形態が支持されるようになったこと。つまり，クラス全体の学習到達をねらいに，学習の目標，内容，方法，評価，組織などを教師があらかじめ細かく決め，決めたとおりに学習を進めていく授業ではなく，むしろ，子ども1人ひとりの学習達成をねらいに，教師と子どもが一緒に学習を構想し，必要に応じて修正・発展しつつ，ともに学習を創り上げていく授業が求められてきた。プロジェクト授業は，これに適するものとして注目されるようになった。

　そして第3は，教育実践と不可分な教育行政の方向性の変化である。ドイツでは，学校改革の推進に連動して，教師の授業づくりにおける裁量を拡大する方向で，法的な措置がとられてきた。その結果，学習内容の選択，時間割編成，教員配置などの弾力的運用ができるようになった。この変化は，プロジェクト授業の普及を促すこととなった。

　ところで，ドイツでは，2000年代になって教育課程の大かがりな改革が再び進められてきた。しかし，以上に挙げたような教育実践や教育行政の基本的なあり方は改革の底流に位置づいている。このことは，例えば第5章で述べたように，授業時数の1/3に相当する学習内容を教師が自主的に編成するといった措置（バーデン・ヴュルテンベルク州）に表れている。プロジェクト授業を実践できる環境は，しっかりと継承されている。

## 2．プロジェクト授業の構想

### (1) 授業の過程

　プロジェクト授業の過程については，フレイ (Frey, K.) の『プロジェクト法 (Die Projektmethode)』(1982年初版) がこれまでよく引用されている。これによれば，プロジェクトの過程は，次の5つの段階から構成されている[9]。

① プロジェクトの提案

　プロジェクトの課題は，子どもや教師の興味・関心や疑問に基づいて提案される。誰が提案したかは，さほど重要ではない。ここでは，ブレインストーミング（自由討論による独創的アイディアの開発）が有効な手立てとなる。

② プロジェクトの提案の分析

　提案された課題を追求できるのか，できるとすれば，課題の内容や必要となる時間，場所をおおよそ決める。みんなが合意して，初めて次の段階に進むことができる。

③ プロジェクトの計画

　何を，どのように，誰と行うかを具体的に決める。この活動を通して，それまで課題にあまり興味を示さなかった子どもも，少しずつ変わっていく。見通しを持って計画するという能力は，ぜひとも身につけさせたい能力である。したがって，この段階に比較的多くの時間を充てる必要がある。

④ プロジェクトの実施

　計画に沿って活動を展開する。

⑤ プロジェクトの終結

　記録や資料を整理する。当初の課題と結果を比較し，プロジェクトの成果を導き出す。残された課題をまとめる。

　以上の5つの段階は，問題解決の各段階に相当するが，ここで注目すべきは，活動の課題を決める部分を「提案」と「提案の分析」という2つの段階

に分け，それらの段階に十分注意を払っていることである。

そして，以上の段階に適宜組み込む活動として，次の２つが挙げられており，学習の自己調整や振り返りを重視していることがうかがえる。

○ 定着のポイント

定着のポイントとは，活動を中断し，進捗状況について情報交換することである。そうすることで，考えや成果を共有する，問題点を見つける，目標を修正するといった調整がなされる。互いの情報交換の重要性が認識される。

○ 相互作用

話し合いなどの相互作用によって，自分の理解の枠組みを意識すること，対象を冷静に観察するために必要な距離を保つこと，反省的な思考を促すことが期待される。

### （２）化学における授業の過程

続いて，第９学年の「大気汚染」のテーマを例に，理科（化学）におけるプロジェクト授業の過程を見てみよう[10]。このテーマは，1980年代によく取り組まれていたテーマの１つである。

① プロジェクトの提案

大気汚染の問題は，一般に，生徒がこれまでの生活経験に基づいて提案する場合が多い。

② プロジェクトの提案の分析

ここでは，例えば，「大気汚染を測定するところに行ってみたい」「大気汚染に関わる物質に興味がありますか」「なぜ政治家が対処しないのか，知りたい」「どのくらいの時間を使えますか」といった思いや質問が出される。

③ プロジェクトの計画

何を，どのように，誰と追求していくか，具体的・実際的な計画を立てる。はがき大のメモ用紙に，わからないことや，してみたいことを書き，それを整理して，計画の見取り図を作るとよい（図6-1）。

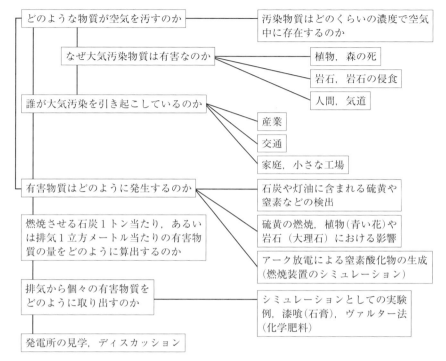

図6-1 プロジェクトの計画の見取り図

④ プロジェクトの実施

新たな疑問が生じたら，必要に応じてみんなと相談し，追求する課題の内容を拡げてもよい。例えば，大気汚染に関連して，スモッグ警報やその時の気象状況について，さらに調べていくこともできる。

⑤ プロジェクトの終結

発表や作品によって，成果をまとめる。自分が理解した内容とともに，理解した過程を振り返るようにする。

以上の過程では，先述の一般的な特徴に加えて，いくつか興味深い特徴を挙げることができる。その第1は，疑問を追求する形で，課題を深める学習

表6-5　化学におけるプロジェクトのテーマの例

| | |
|---|---|
| 大気汚染と水質汚染 | シャンプー，クリームなどの化粧品の合成 |
| 結晶づくり | 化学企業や大学への訪問 |
| 鉱物の世界 | 洗剤や洗浄剤を上手に使う |
| 家庭における化学研究 | 化学肥料とその問題点 |
| 河川水・水道水・上水・下水 | 化学と薬の処方 |
| 食品中の色素 | 化学物質の製造に関わる巨大技術 |
| 植物に含まれる油や色素の抽出 | 環境を調べるためのポータブルキットを作る |
| 石けん，色素，プラスチック，ビール，アルコール，アスピリン，ゴムの合成 | |

を展開していること。そのために，反省的な思考を大切にしている。第2は，プロジェクトの計画を念入りに行い，自分が取り組む学習の目的をはっきりと意識させていること。これは，責任を持って学習に取り組む態度につながるものである。そして第3に，互いの協働活動を重視していること。生徒同士や生徒と教師が関わり合う中で，より効果的に学習課題を達成しようとしているのである。

### （3）化学におけるプロジェクトのテーマ

文献に見られる化学におけるプロジェクトのテーマの例を，表6-5に示す[11]。その多くが生活と結びついた問題や社会の現実的な問題であることがわかる。

## 3．プロジェクト授業の実際—テーマ「沼沢を体験する」—

ここでは，プロジェクト授業の実際として，テーマ「沼沢を体験する（Mo(o)re erleben）」を取り上げる。この授業は，ベルリン自由大学の化学教育講座が第11～13学年の生徒を対象に実施したもので，連続した5日間のプログラムを有する「プロジェクトの週（Projektwoche）」として取り組まれた。実施の週は，2012年10月中旬と2013年5月下旬であり，それぞれ20人近くの生徒が参加した。

## （1）プロジェクトの目標

プロジェクトのテーマである沼沢（沼よりも浅く，抽水植物が繁茂する場所）について，生徒用のパンフレットでは，次のような説明がなされている。

「生活圏である沼沢に対しては，神秘や謎，一部には不気味な誘いが先立つ。この場所は，多くの作家たちに，身の毛もよだつような刑事事件，恐ろしい殺人場面についての着想を与えてきた。沼沢で発見された氷河期の屍体，鬼火，そして沼沢熱。沼沢は恐怖以外の何者でもないと伝えられてきた。

プロジェクトの週では，化学・生態学研究所の科学者がこうした恐怖心をぬぐい去る。自然科学のやり方で，沼沢において経験を積む。そうした経験は，将来の研究に役立つとともに，場合によっては仕事にも役立つ。」[12]

プロジェクトの週
「沼沢を体験する」のパンフレット

このように解説では，沼沢の神秘や謎，不気味さについて触れ，生徒自身が科学者になって，それらを研究することが述べられている。生徒が興味を抱いている問題を取り上げ，学習への動機づけを行っているのがわかる。

そして，プロジェクトの目標として，次の7つが挙げられている[13]。

○ "地域の腎臓" としての沼沢の能力について知る。
○ 沼沢や泥炭の特別な化学的特徴について実験を用いて研究する。
○ 沼沢は動物や植物の世界に対して何を生み出しているのか，この "極端な" 場所に動物や植物はどのように適応しているのかについて調査する。

○ 沼沢へのエクスカーションに参加し，あらゆる感覚を用いて沼沢を体験する。
○ 人間はどのようにして沼沢を自分のものにしてきたのか，そして徹底的な耕作によって沼沢をほぼ完全に消滅させてきたことを発見する。
○ 一度破壊された沼沢地をどのようにして再生し，確保するのかについて経験する。
○ 沼沢の生態学的価値を評価し，沼沢の保護は気候の保全にどの程度関わるのかについて学ぶ。

このようにプロジェクトの目標は，沼沢での直接体験を通して，知る，研究する，調査する，発見する，評価するといった能力を育成することとなっている。問題解決能力の要素となるような能力を取り上げているのがわかる。

### （2）プロジェクトの内容

次に，プロジェクトの週の内容を見てみよう（図6-2）[14]。沼沢の謎という問題を中心に，沼沢での直接体験（火曜日）を挟みながら，沼沢と動植物との関係（月曜日），沼沢の化学的作用（水曜日），沼沢と人間との関わり（木曜日）など，多岐にわたる内容が扱われている。そして最終日の金曜日には，学習の成果を発表し，互いに共有する機会が設けられている。

こうしたプロジェクトの進行は，先述のプロジェクトの理論からすれば，プロジェクトの提案，提案の分析，計画は主催者側があらかじめ設定しており，それらの設定自体を生徒が行う形態にはなっていない。しかし，プロジェクトの目標において，生徒の問題解決能力の育成を重視していること，教材は生徒が興味・関心を抱いている問題，生活と結びついた社会の現実的な問題を取り上げていること，生徒の直接体験や活動を重視していること，そしてプロジェクトの評価に生徒が参加していることなど，プロジェクト授業が備えるべき要件を十分満たすものとなっている。沼沢の謎をめぐって，生徒主体の探究的で発見的な授業が展開されているのである。

第 6 章　中等教育における理科の教科書と授業　　155

・沼沢とは何か？
・沼沢の神秘
・沼沢の生き残りの達人（植物と動物）
・沼沢という生態系における物質循環

・沼沢，特別な能力を持った土壌
・沼沢の化学—腐植酸は沼沢の化学的な進行を決定づける。

・沼沢の保護は気候の保全というのは本当か？
・どんなことがわかったか？
・見通し

| | 月 | 火 | 水 | 木 | 金 |
|---|---|---|---|---|---|
| 9:00-11:00 | 挨拶，導入 | 沼沢を体験する エクスカーション（ベルリン・ケーペニック，トイフェンの沼沢） | 実習 腐植化：足跡に見られる泥炭 | 沼沢が出血すると 排水と沼沢の消滅 | 発表準備 |
| 11:15-12:00 | 沼沢 沼ではないし，陸でもない **邪悪な誘い** 屍と鬼火について | | | | |
| 12:00-13:00 | 昼食(学生食堂) | | 昼食(学生食堂) | 昼食(学生食堂) | 昼食(学生食堂) |
| 13:15-15:00 | 沼沢の住民 沼沢がないと生きていけない **実習** 沼沢にくっついているもの | | 沼沢と分子 腐植酸 **実習** 多彩な能力を持った沼沢：濾過，石灰分の除去，緩衝 | 最後の逃げ道，輸血？ 沼沢の再生 | グループ活動の発表 |
| 15:15-16:00 | | | | | パーティー（グリル） 解散 |

・感覚を用いて自然のままの沼沢を体験する，現地で景観を学ぶ。

・人間はなぜ沼沢を利用するのか？
・耕作の結果
・救出，最後の瞬間？

図6-2　プロジェクトの週「沼沢を体験する」の内容

プロジェクトの週の2日目（火曜日）
沼沢へのエクスカーション，水の採取

プロジェクトの週の3日目（水曜日）
沼沢での観察の記録

以上，プロジェクト授業とその一形態としてのプロジェクトの週について見てきたが，ここで我が国の理科教育に立ち返ってみよう。平成21年改訂高等学校学習指導要領では，新しく設けられた科目「理科課題研究」において，「科学に関する課題を設定し，観察，実験などを通して研究を行い，科学的に探究する能力と態度を育てるとともに，創造性の基礎を培う」ことが求められている。このような学習指導のあり方は，プロジェクト授業と共通するところが多い。その意味で，プロジェクト授業を参考にしつつ，わが国の理科課題研究をはじめとする授業をいっそう充実させていくことが期待される。

## 第3節　理科の授業改革の動向

　ドイツでは，現在，生徒の科学的リテラシー[15]の向上をめざした理科教育の改革が進められているが，その中には理科授業に焦点化したものが見られる。通称 PARSEL（パーセル），正式には「Popularity and Relevance of Science Education for Scientific Literacy（科学的リテラシーのための科学教育の大衆性と関連性）」と呼ばれるプロジェクトはその1つであり，これはヨーロッパ7カ国の大学と ICASE[16]が連携して進めてきた中等教育の理科の授業モデルの開発である。その特徴は，科学的リテラシーの育成をねらいに，理科学習にポピュラリティー（Popularity, 面白さや興味深さ）とレリバンス（Relevance, 自分との関連や関係）を求めるところにある。

　筆者は，2009年3月，ベルリンで開催された PARSEL の成果報告会に参加し，その実際に触れる機会を得た。そこでは54に及ぶ単元の授業モデルが披露され，モデルを用いた「最良の実践（Best Practice）」を参加各国で今後追求することが合意されていた。ここでは，PARSEL プロジェクトを取り上げ，ドイツをはじめとしたヨーロッパで進行する理科授業改革の一端を紹介する。

## 1. 理科授業の課題

PARSELプロジェクトが開始されるのは2006年である。このプロジェクトの立案にあたっては、当時のヨーロッパで注目を集めた欧州委員会の報告書、『ヨーロッパはもっと科学者を必要とする（Europe Needs more Scientists)』（2004年発表）が参

ベルリンでのPARSEL会議（2009年3月）

考にされている。この報告書は、知識基盤社会におけるヨーロッパのリーディング・ポジションを確保するため、科学技術系人材を増やすための方策を社会のさまざまな制度・組織に対して提言するものであった。そして学校教育においては、一般教育としての理科教育を進めることが生徒の科学技術系職業への関心を高めると捉え、そうした考えから理科教育の実態を厳しく批判したのであった。

「残念なことに理科教育は、独自のサブカルチャーを極度に発展させている。理科授業に関わる中等教育（特に後期中等教育）の理科教師、工業や技術の教師の多くは生徒の一般教育を進める立場に立っておらず、むしろ学科の題材に内在する専門的知識を追い求める立場にある。（中略）『自分は将来、科学や工業、技術の専門家になる』と考える生徒には、後者の立場は適当なのかもしれない。しかし、そうした生徒は極めてわずかである。圧倒的多数は教師の発する隠れたメッセージに対して嫌気がさしているのである。」[17]

「依然として理科教育は、科学の"基本"を展開しなければならないという、旧来の考え方に縛られている。そして、その基本というのは常に抽象的で微視的ですらあって、争点を形成し世論を分断するような社会の中での技術の進展は科学に支えられている、という見方からは程遠い。（中略）理科教育は、大半が19世紀に発展した基本的概念を前面に出そうとしている。そ

**ベルリンの中等学校**
第8学年の化学「原子の構造」の授業

こには，十分な実験データや観察，解釈はない。含まれている意味を十分に理解することもない。理解と関心が積み重なって伸びていくという機会を，生徒に与えることもない。それゆえ理科教育は難解なのである。（中略）社会が理科教育を関係ないもの，"科学者"の訓練だけに役立つものとして拒絶するのは当然である。生徒が理科教育を関係ないもの，難しいものと感じるのも当然である。そして，理科教師が社会の期待や教師に期待されている方向に対して，ほとんど考えがないのも当然なのである。」[18]

このように報告書は，専門教育としての理科，科学の基本に終始する理科，生徒に嫌われる理科の現状を問題とし，それらとは逆の一般教育としての理科，社会とつながる理科，生徒の期待に応える理科を強く求めていた。そして，この方向転換には，理科と実社会との関連，理科と生徒自身との関連が鍵になるという点を指摘したのであった。

一方，PARSELプロジェクトのメンバーであるベルリン自由大学のボルテ（Bolte, C.）は，化学の授業モデルの開発にあたって，生徒が化学を楽しくない，関係ないと思う理由を，生徒，教師，教育行政担当者，科学者を対象とした調査を通して明らかにしている。そして，理科教師や科学者が学ばせたい理科と生徒が学びたい理科の間には大きな隔たりがあることを指摘し，理科教師や科学者は"科学を第一とする理科"を望んで，それを実践しているのに対し，生徒は"自分との関係を第一とする理科"を切実に願っているという。

「生徒の関心はもっぱら日々の生活や自分の回りの世界で起こっていることにある。世界の動き，社会や地球の問題の解決方法，そして将来の発展の

あり方。むしろ生徒はこれらを知りたいのである。理科がこの願いに応えることができない、あるいは応えないとしても、生徒は次の試験のために理科に取り組むであろう。しかし、試験は学習の動機づけにはならない。つまり生徒にとっては、"自分との関係が第一"なのだが、このことはほとんどの教室で理解されていないと思われる。」[19]

以上のようにPARSELの開発の背景には、科学の基本に終始し、科学第一を強調する理科教育への問題意識が存在する。そうではなく、もっと生徒に近づいた、楽しい理科、興味深い理科、生徒自身と関係する理科が必要であるというのである。もちろん、後述するように、PARSELは科学の基礎的知識や方法の習得を軽視するものでない。むしろそれらを十分に達成するために、生徒が理科に面白さを感じて、理科で学ぶ内容を自分の問題、自分の課題として内面化することが大切であると捉えているのである。

## 2．新しい理科授業モデル

### (1) PARSELの授業モデルの目標

PARSELの授業モデルの目標は、生徒の科学的リテラシーを高めることである。そのために、生徒の眼から見たポピュラリティーとレリバンスを理科学習に保障することをめざしている。そして、ここでいうポピュラリティーとレリバンスの意味について、PARSELを紹介するブックレットでは、次のような説明がなされている。

「ポピュラリティーとは、生徒が理科授業を好むこと（liking）、学校で理科を学びたいと思うこと（wishing to study）を指す。一般に科学を好むことも指す。それゆえ情意的要素がモジュールの系列と理科の方法に表れる。レリバンスとは、生徒がモジュールを学ぶ価値がある（worthy of study）と認めることを指す。つまり生徒がモジュールを学ぶ目的を理解し、自ら学習意欲を高めるということである。」[20]（筆者注．ここでのモジュールとは単元を意味する。）

PARSELを紹介するブックレットの表紙

また，PARSELプロジェクトのメンバーであるホルブルック（Holbrook, J., ICASE）は，ポピュラリティーを表す言葉として興味深さ（interest）と楽しさ（enjoyment），レリバンスを表す言葉として大切（important）と意味のある（meaningful）を挙げている[21]。そして，ポピュラリティーとレリバンスは切り離すことのできない関係にあること，しかし前者よりも後者の気持ちの方が重要であると述べている。

このように PARSEL では，多義的な言葉であるポピュラリティーとレリバンスの意味を明確にしている。それらの意味とは，生徒が理科学習に好感を抱いて，興味深さや学習意欲を呼び起こすということ，理科を自分にとって大切なものと感じて，理科を学ぶ意味や価値を自覚するということである。生徒の科学的リテラシーを高めるには，これらが決定的に重要なのである。

## （2）PARSEL の授業モデルの内容

PARSEL では，中等教育の理科（物理，化学，生物，総合理科）の54の単元の授業モデルが開発されている。各単元の内容は共通して，表6-6に示した3つのステージから構成されている[22]。表からわかるように，PARSEL の授業モデルは，自分の生活や社会における関心事，あるいは争点を題材にし

表6-6　PERSELプロジェクトの各単元の内容構成

**ステージ1：「場の設定」**
　ステージ1では，「学校内でエネルギーロスを防ぐには？」（物理，7～9学年用），「ララは16歳。妊娠している！」（生物，9・10学年用），「私のiPodは牛糞のエネルギーで動く！」（化学，11～13学年用），「キトサン。脂肪をくっつける？」（化学，または生物，12・13学年用）など，生徒の興味を引くような問題が最初に提示される。
　これらは順にエネルギーの消費と節約の問題，性に対する若者の規範と生命科学の理解の問題，バイオエネルギーの開発の問題，肥満予防と健康食品の利用の問題であり，生徒自身の生活や社会における関心事，あるいは争点（issue）である。
　生徒は問題に関わる脚本を読み，その重要性や切迫性を知ることによって，これから進む理科学習が自分と関係あるものとして意識することとなる。しかし同時に，生徒は提示された問題について考え，その真否や正否，あるいは対応策や解決策を検討し判断するには，自分の持つ科学の知識が不足していることを自覚するようになる。

**ステージ2：「探究を基礎とした問題解決」**
　ステージ2では，ステージ1で提示された問題の解決をめざして，それに必要な学習が展開される。学習の広がりは必要性によって決まるというわけである。生徒は観察・実験を伴う探究活動を進める中で，問題に関わる科学の知識を得，理解を深める。また，科学的な思考と技能を習得する。
　このステージの学習展開は従来の授業でも見られる。しかし従来とは異なり，生徒が問題を自分の問題として内面化し，その気持ちを持続することが強調される。

**ステージ3：「（社会）・科学的意志決定」**
　ステージ3では，これまでの学習を振り返り，提示された問題に対する結論を導き出す。それは先の関心事，争点に対する判断や意志決定を行うことである。ここで重視されるのは，結論の内容よりもむしろ結論に至る過程である。したがって，その過程で生徒が用いる科学の知識や概念，論証のスキル，個々の判断の妥当性が問われる。また，科学の観点と科学以外の観点（倫理，環境，社会，政治，経済等の観点）との調和も問われる。さらにグループの結論を導き出す際には，コミュニケーションスキルが求められる。

て，生徒に妥当な判断や意志決定を求める内容となっている。こうした内容はアメリカのケムコム（Chem Com：Chemistry in the Community）[23]といった従来のSTS教材にも見られるもので，特段，目新しいわけではない。しかし理科学習に面白さや興味深さ，生徒との関連や関係を求め，それゆえに上記の内容を採用しているところに，PARSELの授業モデルの特徴が見出せる。

　そして，その内容は活動の異なる3つのステージから構成され，それらは相互に関係づけられている。つまり単元化が構想され，教師が実際に利用し

やすいものとなっている。このこともまた，PARSEL の授業モデルの特徴の1つといえる。

## 3．授業モデルと理科教育の方向

さて，こうした PARSEL の取り組みは，世界やヨーロッパの理科教育改革の方向とどのように関わるのか。先述のホルブルックはユネスコの報告書，『科学教育の政策作成　現れてきた11の争点（Science Education Policy-making. Eleven emerging issues）』（2008年発表）を取り上げ，この中で述べられた科学教育関係者が考慮すべき指針のいくつかは，PARSEL の趣旨と合致するという。その指針とは，以下のような内容である[24]。

「個人や社会が関心を寄せる科学の争点を参考にして，内容，教授法，及び評価が関わる科学・技術教育のカリキュラムを決定すること。」

「学校カリキュラムのあらゆる段階で，科学教育は理科の教授・学習における現実の世界へのアプローチ，"文脈を基盤とする（Context-based）" アプローチを徐々に用いるべきである，という要求を考慮すること。」

また，PARSEL プロジェクトにおいて中心的役割を果たしたキール大学自然科学教育研究所のグレーバー（Gräber, W.）は，ドイツで2004年に導入された教育スタンダードを取り上げ，そこで謳われた「評価」のコンピテンシーの育成は PARSEL の授業モデルにおいて具現化されていると述べている[25]。事実，教育スタンダードを見てみると，科学，技術，個人，社会の間の関係についての知識を得，その関係を省察するといったコンピテンシーを育成すること，そのために生活や社会における現実の問題の把握，利害の衝突の発見，可能な解決方法の検討，科学の専門知識の活用，結論の論理的導出といったコンピテンシーを養うことが求められている[26]。PARSEL の授業モデルはコンピテンシー育成の方向と合致し，優れた実践例を提示しているのである。

## 注及び引用・参考文献

1) 結城忠（1988）．教育法制の理論―日本と西ドイツ―，教育家庭新聞社，127頁．
2) Arnold, K. und Dietrich, V. (Hrsg.) (2007). *Fokus Chemie Gesamtband Gymnasium Baden-Württemberg*, Cornelsen.
3) Eisner, W., Gietz, P., Justus, A., Schierle, W. und Sternberg, M. (Hrsg.) (1995). *elemente chemie I Ausgabe A Unterrichtswerk für Gymnasien*, Ernst Klett.
4) Frey, K. (1984). *Die Projektmethode*, 2. Auflage, Beltz, S. 53-60.
5) Münzinger, W. und Frey, K. (Hrsg.) (1986). *Chemie in Projekten*, Institut für die Pädagogik der Naturwissenschaften, S. 14.
6) Eisner, W. (Hrsg.) (2000). *elemente chemie II Gesamtband*, Ernst Klett.
7) 渡邉眞依子（2013）．子どもとともに創る授業―ドイツにおけるプロジェクト授業の展開―，ドイツ教授学研究会編，PISA後の教育をどうとらえるか―ドイツをとおしてみる―，八千代出版，83-110頁．
8) Otto, G. und Schulz, W. (Hrsg.)(1985). *Enzyklopädie Erziehungswissenschaft*, Band 4, Klett-Cotta, S. 550-553. 並びに，Skiba, E.-G., Wulf, C. und Wünsche, K. (Hrsg.)(1983). *Enzyklopädie Erziehungswissenschaft*, Band 8, Klett-Cotta, S. 526.
9) Frey, K. (1984). a. a. O.
10) Münzinger, W. und Frey, K. (Hrsg.)(1986). a. a. O., S. 22-27.
11) Ebenda, S. 268-269.
12) Projektwoche "Mo(o)re erleben" website, http://pw-moore-erleben.jimdo.com/
13) Ebenda
14) Ebenda
15) ドイツでは，科学的リテラシーを「科学的人間形成（naturwissenschaftliche Menschenbildung）」と捉える研究もある。例えば，Gräber, W., Nentwig, P., Koballa, T. und Evans, R. (2002). *Scientific Literacy: Die Beitrag der Naturwissenschaften zur Allgemeinen Bildung*, leske + budrich.
16) ICASEはInternational Council of Associations for Science Educationの略称。科学教育の国際組織の一つ。
17) European Commission (2004). *Europe Needs more Scientists. Report by the High Level Group on Increasing Human Resources for Science and Technology in Europe*, pp. ix-x.
18) ibid., pp. x-xi.
19) Bolte, C. (2008). A Conceptual Framework for the Enhancement of Popularity

and Relevance of Science Education for Scientific Literacy, based on Stakeholders' Views by Means of a Curricular Delphi Study in Chemistry, *Science Education International*, 19(3), p. 333.
20) PARSEL website, http://www.parsel.eu
21) Holbrook, J. (2008). Introduction to the Special Issue of Science Education International Devoted to PARSEL, *Science Education International*, 19 (3), p. 265.
22) ibid., 21), pp. 262-263. 並びに, PARSEL website
23) アメリカ化学会編（大木道則訳）(1993). ケムコム―社会に活きる化学―, 東京化学同人.
24) ibid., 21), pp. 261-262. 引用箇所は以下に所収。UNESCO (2008). *Science Education Policy-making. Eleven emerging issues*, pp. 6-7.
25) Gräber, W. and Lindner, M. (2008). The Impact of the PARSEL Way to Teach Science in Germany on Interest, Scientific Literacy, and German National Standards, *Science Education International*, 19(3), p. 277.
26) Sekretariat der Ständige Konferenz der Kultusminister der Länder in der Bundesrepublik Deutschland (2005). *Bildungsstandards im Fach Chemie für den Mittleren Schulabschlus, Luchterhand*, S. 10.

# 第7章　理科の大学入学試験

## 第1節　大学入学に関する制度

　ドイツの大学入学に関する制度は，1972年に常設各州文部大臣会議が締結した「中等教育Ⅱにおけるギムナジウム上級段階の形成に関する協定（Vereinbarung zur Gestaltung der gymansialen Oberstufe in der Sekundarstufe II）」によって規定されている。この協定はギムナジウムの上級段階の教育目標，教科目の履修形態，及び同段階終了時に行われる大学入学資格の取得のための試験について言及している。締結以来，およそ40年を経過しているが，若干の改訂を経て，今日もなお，制度の基本を形づくっている。本章では，この協定の最近の改訂版（2006年）[1]を文献資料にして，大学入学資格と大学入学試験の概要について述べる。

### 1．大学入学資格

　ドイツでは，我が国のような大学入学に関する選抜試験は存在しない。大学入学は州が認定する資格の有無にかかっており，資格を取得すればドイツ全国の行きたい大学に，行きたい時に進学することができる。しかし，これはあくまでも原則であり，実際には各大学・各専攻の入学許可基準（資格取得の際の総合成績，入学を希望してからの待機期間など）によって，入学制限が行われている。近年は，医学，歯学，獣医学，薬学，生物学，心理学が人気で，入学制限の対象となっている[2]。

　大学入学資格は，ギムナジウム上級段階の最後の2年間に履修した教科目の成績と，同段階の終了時に行われるアビトゥーア試験（Abiturprüfung，大

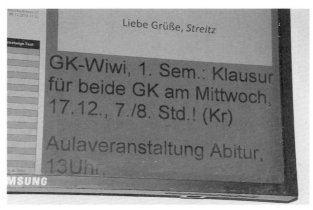

**ベルリンのギムナジウム**
アビトゥーアの実施を示す電光提示

学入学資格を取得するための最終試験）の成績を合わせた総合成績によって判定され承認される。履修した教科目の成績には，アビトゥーア試験で受験する科目をはじめ，必修教科，体育，宗教（あるいはその代替教科），第2外国語（場合によっては）の成績が含まれる。したがって，大学入学資格の取得には，中等教育終了時に行われる最終試験の成績だけでなく，普段の授業の成績も大切であり，しかも最終試験で受験する科目の授業成績だけでなく，他の履修科目の授業成績も大切である。ギムナジウムの教育目標は，幅広い一般教育と大学での専門準備教育であるが，大学入学資格付与のための成績認証は，これら両者の目標を反映したものとなっている。

　先述の総合成績の満点は900点である。このうち，履修した教科目の成績が2/3（600点），アビトゥーア試験の成績が1/3（300点）を占める。資格を取得するには，これら全ての点数（900点，600点，300点）において1/3以上の点数が必要である。

## 2．大学入学試験

　アビトゥーア試験の科目数は，4科目（あるいは5科目）である。このうちの2科目には，ギムナジウム上級段階の最後の2年間に選択履修した達成コース科目（高度な専門的内容からなる教科目，週4～6時間）が充てられる。また，残りの2科目（あるいは3科目）には，基礎コース科目（基礎的内容からなる教科目，週2～3時間）が充てられる。一方，試験科目は，基礎的教科として位置づけられているドイツ語，外国語，数学のうちの2つを含むこと，3つの分野（言語・文学・芸術分野，社会科学分野，数学・自然科学・技術分野）の科目群にまたがることが求められている。したがって，例えば，深く学んだ理数系科目だけを試験科目として選ぶことはできず，このことからも幅広い一般教育を保障しようとしているのがわかる。

　アビトゥーア試験の形態は，筆記試験と口述試験である。筆記試験は3科目であり，達成コース科目の2科目と基礎コース科目の1科目が充てられる。また，達成コース科目の2科目のうちの少なくとも1科目は，ドイツ語，外国語，数学，理科（物理，化学，生物）のいずれかを充てることが求められている。一方，口述試験は1科目（あるいは2科目）であり，基礎コース科目が充てられる。筆記試験には，口述試験が付加される場合もある。

　アビトゥーア試験の配点は，4科目（あるいは5科目）の試験科目に同等である。試験に合格するには，これらの科目の合計点が満点の1/3以上，しかも2科目（1科目は達成コース科目を充てた試験科目）の点数が配点の1/3以上必要である。

　このようにアビトゥーア試験では，選択可能な試験科目，試験形態，試験の配点などにおいてさまざまな基準が定められており，その内容は少々複雑である。そこで，以上の基準に沿って理系進学希望者に想定される選択例を示してみよう（表7-1）。なお，達成コース科目を充てる試験科目として理科の2科目を選択することは，初めからあり得ない。これは，理科の2科目を

表7-1　アビトゥーア試験の試験科目の選択例

■　試験科目が4科目の場合

| コース科目 | 達成コース科目 | | 基礎コース科目 | |
|---|---|---|---|---|
| 分野 | 数学・自然科学・技術 | 数学・自然科学・技術 | 言語・文学・芸術 | 社会科学 |
| 試験科目 | 化学 | 数学 | 英語 | 歴史 |
| 試験形態 | 筆記試験（口述試験を付加する場合あり） | | | 口述試験 |
| 配点（300点満点） | 75点 | 75点 | 75点 | 75点 |
| 合格基準 | 4科目の合計点が満点の1/3（100点）以上。少なくとも2科目は配点の1/3（25点）以上。このうち1科目は達成コース科目を充てた試験科目。 | | | |

■　試験科目が5科目の場合
　基礎コース科目の口述試験として，数学・自然科学・技術分野の科目群から，物理，生物，技術，情報のいずれか1つをさらに選択する。

達成コース科目として選択履修すること自体が，先述の協定において認められていないからである。
　アビトゥーア試験の実施は，各州に委ねられている。各学校や各地域で実施してもよいが，最近では州内で統一試験を実施する州がほとんどである。この変化には，ドイツ国内PISA等の学力調査の結果，従来から統一試験を行っていた州（南ドイツのバイエルン州，バーデン・ヴュルテンベルク州）の方が，生徒の学力が高いという実態が浮かび上がったことが影響している。

## 第2節　理科の大学入学試験

　アビトゥーア試験の試験問題は，全国基準に沿って作成される。この基準は「アビトゥーア試験における統一的試験要求（Einheitliche Prüfungsanforderungen in der Abiturprüfung）」と呼ばれ，常設各州文部大臣会議において定められたものである。先述のように試験の実施は各州に委ねられているため，

試験問題は州ごとに，あるいは学校や地域ごとに作成される[3]。したがって，試験問題はそれぞれ異なるわけだが，この基準によって，その範囲や程度に大差は生じないこととなっている。ここでは，「化学」のこの基準[4]を文献資料にして，化学の受験者に要求される能力と試験問題の概要について述べる。なお，この基準は，後期中等教育の全国レベルでの教育課程の基準に相当する。

## 1．要求される能力

化学の受験者に要求されるコンピテンシー（広義の能力）は，表7-2のようになる。これらは，前期中等教育の教育スタンダードに示された4つのコンピテンシーに対応するものである。その詳細については第5章を参照されたいが，ここで注目すべきは「コミュニケーション」と「省察」である。これらの内容を見てみると，コミュニケーションでは実証性や論理性，批判的なものの見方を大切にして，化学に関する情報を収集，整理，発信する能力が求められている。また，省察では，生活，社会，技術との関わり，あるいは近年話題の持続可能性との関わりにおいて，化学の意義や価値を考察する能力が求められている。これらの能力は従前の試験基準でも触れられてはいたが，最近の改訂版では独立したコンピテンシー領域として新設され，その重要性が強調されることとなっている。

表7-2　アビトゥーア試験の「化学」におけるコンピテンシー領域

| |
|---|
| **専門知識（Fachkenntnisse）**<br>　　化学の知識を適用する。<br>**専門の方法（Fachmethoden）**<br>　　化学の認識方法を活用する。<br>**コミュニケーション（Kommunikation）**<br>　　化学においてコミュニケーションする。化学についてコミュニケーションする。<br>**省察（Reflexion）**<br>　　化学が関わることについて省察する。 |

## 2. 試験問題の範囲と難易度

試験問題の範囲としては，表7-3に示した項目が挙げられている。これらの範囲に，表7-4に示した化学の基本概念を含むことが求められている。そして，筆記試験の試験問題ではこれらの範囲のうちの3つを含むこと，口述試験の試験問題では2つを含むことが求められている。また，これらの範囲は達成コース科目を充てる試験科目，基礎コース科目を充てる試験科目ともに同じであるが，試験問題では表7-5に示した観点において難易度に違いを持たせることが求められている。

**表7-3 「化学」の試験問題の範囲**

| |
|---|
| **物質，構造，特徴**<br>　官能基を持った化合物，巨大分子の構造を持った天然物質と合成物質，化学結合，有機物と無機物の構造<br>**化学反応**<br>　陽子の移動，電子の移動，反応機構，化学反応におけるエネルギー論的視点・運動論的視点，化学平衡<br>**化学の活動方法**<br>　検出方法と定量的測定<br>**生活の世界と社会**<br>　応用化学における経済的視点・エコロジー的視点，話題の技術と化学製品 |

**表7-4 「化学」の試験問題に含まれる基本概念**

| |
|---|
| **物質と粒子の概念**<br>　物質の世界で経験できる現象と粒子レベルでのその解釈とは，あくまでも異なる。<br>**構造と特徴の概念**<br>　物質の特徴は粒子の種類，配置，相互作用によって決まる。<br>**供与体と受容体の概念**<br>　酸・塩基の反応や酸化還元反応は陽子あるいは電子の移動で表される。<br>**エネルギーの概念**<br>　すべての化学反応はエネルギーの出入りと結びついている。<br>**平衡の概念**<br>　可逆反応は平衡状態をもたらし得る。 |

**表7-5　「化学」の試験問題における難易度の観点**

○ 専門の知識と化学の実験方法に関する広がりと専門化の程度。理論構成に関する広がりと専門化の程度。
○ 構成要素，問題把握・問題解決，及び数学化の程度に表れる抽象化の水準。使用する専門用語の細分化に表れる抽象化の水準。
○ 文脈の複雑さ。化学の事態，理論，モデルの複雑さ。

**表7-6　「化学」の試験問題の解答に対する評価基準**

要求領域Ⅰ
　学習したことと関連づけて，限られた範囲の事態を再現する。限られた範囲及び反復のつながりにおいて，学習・練習した活動技能・方法を述べたり，適用させたりする。
要求領域Ⅱ
　学習を通して既知のことと関連づけて，与えられた視点に基づき，既知の事態を自ら選択，整理，提示する。問題設定，事象のつながり，及び方法に変化が見られる比較的新しい状況において，学習したことを自ら応用する。
要求領域Ⅲ
　解決，解釈，評価，結論づけに自ら到達するという目標を持って，複雑な問題設定に計画的・創造的に取り組む。新しい状況において，自身の学習した適切な方法を意識的に自ら選択し，適合させる。

## 3．試験問題の解答に対する評価基準

　試験問題の解答に対する評価基準は，表7-6に示した3段階である。これは受験者に求められる要求領域と呼ばれ，要求の水準の低いものから順にⅠ，Ⅱ，Ⅲに区分されている。このうち，要求領域Ⅰでは学習したことの適用，ⅡとⅢでは学習したことの応用が水準となっていること，ⅡよりもⅢの方が計画性や創造性が期待され，応用の水準が高いことがわかる。

　試験問題の作成にあたっては，筆記試験，口述試験ともに，要求領域ⅢないしⅡの解答が可能なレベルの試験問題が求められている。つまり，学習したことの単なる適用によって完答できるような問題は不適当とされている。そして，各問題に対する解答は，いずれの要求領域の水準に達しているかが評価される。その水準を満たしていれば，各要求領域に割かれた配点が点数として与えられる。配点は，問題全体で要求領域Ⅱに5～6割，残りをⅠと

Ⅲにほぼ同等に割くことが求められている。問題全体で解答に期待される平均的水準は，初歩的応用であることがわかる。また，高位の要求領域は低位のそれを達成しているという考えに立ち，採点ではⅡの場合はⅠの配点が，Ⅲの場合はⅠとⅡの配点が加算されることになる。

## 4．「化学」の試験問題

「化学」の試験問題に関する基準では，試験問題の範例が挙げられている。以下では，筆記試験のそれを取り上げてみる。

### （1）試験問題の形式

試験問題の形式では，試験全体で大問は3つまでと規定されている。そして範例を見てみると，大問には小問が3～4つ，小問には2～3つの問いが含まれている。また，大問の試験時間は，達成コース科目を充てる試験科目では90分あるいは100分，基礎コース科目を充てる試験科目では60分が充てられている。したがって，試験全体で大問3問とすると，試験時間の合計は前者の試験科目では270～300分，後者のそれでは180分となっている。一方，資料の読解に基づく試験問題だけでなく，試験官（ほとんどがギムナジウム教師）による演示実験に基づいた試験問題や受験者自身による実験を伴う試験問題も認められている。

### （2）試験問題の内容

筆記試験の内容では，大問はテーマを備えたもの，複雑な問題に対する多面的分析・説明を必要とするものが求められている。また，受験者自身が解答の道筋を見つけていくべきなので，その道筋を安易に与えるようなステップで小問を構成しない方がよいとされている。さらに，次のような試験問題は認められていない。ただ論文を書くことを課す問題，過度に数学的処理を必要とする問題，文脈を基本としない問題，及び基礎コース科目あるいは達

成コース科目の学習から逸脱した問題。

### (3) 試験問題の例

達成コース科目を充てる試験科目では，「輸送機械の燃料」「浴室用シリコン」「空気電池」「スルファサラジン」と題する4つの大問が例示されている。

表7-7，表7-8に「輸送機械の燃料」の問題と解答例を取り上げる。この問題では，動力燃料の持続可能性という社会の現実的問題をテーマとしており，環境，経済，社会という文脈の中で問題を多面的に分析・説明することを求めているのがわかる。内容は，4つのコンピテンシー（「専門知識」「専門の方法」「コミュニケーション」「省察」）を映し出すことを意図したものであり，化学の知識をつなぎ合わせて論理的に思考し判断し，考察する能力が必要なものとなっている。また，そうした能力は，筆記によるコミュニケーションの能力を発揮することによって表現される。受験者は，4つのコンピテンシーを結びつけて，正答を導き出すことが要求されている。

最後に，我が国の大学入学試験を考える上で，参考になる点を挙げてみる。①大学入学はギムナジウムでの成績と最終試験での成績との総合成績によって決まること，②理数科目のみの受験はできないこと，③筆記試験は基礎の試験科目で約3時間，達成（発展）の試験科目で約5時間もの時間をかけること，④筆記試験では受験者が実験をして解答する出題もあること，⑤試験問題は社会の現実的問題をテーマとしており，その解答には化学の知識と方法を活用し，論理的に思考，判断，考察する能力が求められていること。

表7-7 「化学」の試験問題の例

### 輸送機械の燃料　約100分

**資料1　読解テキスト**

　現在，輸送機械を動かすために，メタン（天然ガス，バイオガス），アルコール（メタノール，エタノール），植物油（例えば，菜種油のメチルエステル），及び電気が用いられている。ガソリンや軽油の代替として，これらの燃料のいずれか1つを選択することは，経済的に見て現実的ではない（もしかすると天然ガスを除いて）。したがって，優先される代替燃料は，世界各地の政治情勢や利用可能な原料に応じてさまざまである。代替燃料は環境に優しいということとともに，獲得・供給のしやすさ，つまり，難なく入手できるのか，魅力的な価格なのか，ということが重要である。有力な代替の動力燃料として議論されているのは，次のものである。

- メタンガス（天然ガス，バイオガス）：短・中期的に見て，天然ガスはガソリンと軽油の最適の代替である。その可採年数はおそらく50～100年である。輸送機械を動かす際の$CO_2$の排出は，ガソリンに比べて20%少なく，有毒ガスの排出は極めてわずかである。バイオガスは有機物や有機廃棄物の腐敗によって発生し，メタン含有量が高くなるように精製される。バイオガスの生産・利用による$CO_2$の実質的上昇は極めてわずかであり，健康を害するガスの排出もわずかである。
- アルコール：メタノールとエタノールは，木材や農業生産物から製造される（…）。
- バイオディーゼル：メチルエステルになった菜種油は，今日のほとんどのディーゼルエンジンに適合する。しかし，その製造にお金がかかる。

**資料2　物質のデータ**

| 物質 | 標準生成エンタルピー $kJmol^{-1}$ | 標準エントロピー $JK^{-1}mol^{-1}$ | 密度 $g\,mL^{-1}$ | 沸点 ℃ |
|---|---|---|---|---|
| 炭素（黒鉛） | 0 | 5.7 | 2.25 | 4827 |
| 水素 | 0 | 130.7 | 0.00009 | -253 |
| 二酸化炭素 | -393 | 213.8 | 0.001977 | -78.5（昇華）|
| 水（g） | -242 | 189 | | 100 |
| 水（l） | -286 | 70 | 1 | 100 |
| メタン | -75 | 186.2 | 0.000717 | -161 |
| メタノール | -239 | 126.8 | 0.791 | 65 |
| エタノール | -277 | 160.7 | 0.789 | 78 |
| 酸素 | 0 | 205.1 | 0.001429 | -183 |

情報：1 kgのノナンの完全燃焼によって，44300 kJの熱エネルギーが生じる。それは1 kgのガソリンが完全燃焼したときの熱エネルギーにほぼ相当する。燃焼熱$Q$（ノナン）$= 44300\,kJ \cdot kg^{-1}$

**資料3　ガソリンエンジンの排気ガスについてのグラフ**

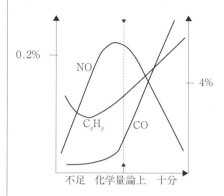

グラフの注釈
- 左の縦座標は窒素酸化物と気体の炭化水素（$C_xH_y$）の体積率 $\varphi$
- 右の縦座標は一酸化炭素の体積率 $\varphi$
- 横座標はガソリン：空気の混合比。「不足」とは，ガソリンが少なく，空気が多いということ。「十分」とは，ガソリンが多く，空気が少ないということ。化学量論的に見て，ガソリンと空気は理論上完全に混合している。

**課題設定**
1. ノナン（$C_9H_{20}$）という物質をガソリンに含まれる化合物の代わりとする。
  この炭化水素が完全燃焼したときの反応式を書きなさい。
  ノナンの標準生成エンタルピーを計算しなさい。
  ノナンとエタノールのどちらの燃料を用いた方が輸送機械をより遠くまで動かすことができるか，判断しなさい。
2. 内燃機関の排気ガスの成分は，空気とガソリンの混合比に依存する。
  問1の反応式を手がかりにして，この関係について説明しなさい。
  ガソリンと空気の混合比が"十分"な燃料として使用すると，どのようなことが生じるか，判断しなさい。
3. 天然ガスはガソリンに比べて排気ガスの発生が20％少ない，という読解テキストの記述について検討しなさい。その際の比較には，これらの物質の代わりに，適当な純物質を用いなさい。
4. 輸送機械に電気エネルギーを調達するための電気化学的方法を述べなさい。また，反応式を用いて述べたことを補足しなさい。
  メタンを燃料とした内燃機関に比べて，電気を動力として用いることの長所，短所について評価しなさい。

**注釈**
**前提となる授業**
　炭化水素化合物の燃焼，燃焼エンタルピーの計算
　燃焼によるガスの排出，蓄電池におけるエネルギーの貯蔵あるいは燃料電池における化学反応によるエネルギーの変換，反応エンタルピーと反応自由エネルギーの計算，化学平衡の考え方についての検討
**補助資料**
　電卓，周期表，Tafelwerk（筆者注，科学のデータブック）

表7-8 「化学」の試験問題の解答例

| 課題 | 生徒に期待される解答水準 | 要求領域の評点 | | |
|---|---|---|---|---|
| | | I | II | III |
| 1 | **能力:** 粒子レベルでの化学反応の解釈，範例的な化学の問題に対する数学的方法及び参考資料の活用。<br><br>$C_9H_{20}(l) + 14O_2(g) \rightarrow 9CO_2 + 10H_2O(g)$；<br>想定されうる計算過程：<br>M（ノナン）$= 128$ gmol$^{-1}$；n（ノナン）$= 7.81$ mol<br>反応エンタルピー$\Delta_rH = -5672$ kJmol$^{-1}$<br>標準生成エンタルピー$\Delta H°_m = -285$ kJ／mol<br>質量m（エタノール）$= 1$ kgと関係づけて，物質量n（エタノール）を計算する。<br>標準反応エンタルピーを計算する。<br>$\Delta_rH$（エタノール）エネルギー利用の比較 | 8 | 16 | 4 |
| 2 | **能力:** テキストとグラフ表示の解釈。<br>情報源の利用，主要な陳述の理解。<br>適切な情報選択及び獲得した知識との結びつけ。<br><br>生徒に期待される水準に含まれるもの：<br>　グラフでは排気ガスの主成分は示されていないことを理解する。一酸化炭素と炭化水素が発生する不完全燃焼であることの理解を説明する。燃料の燃焼は空気の混合に左右されることを他者に理解させる。不足した混合気は十分に燃焼するが，100％燃焼するわけではないことを示す。窒素と酸素の反応による一酸化窒素の発生は避けられないことを理解する。十分な混合気における不完全燃焼によって，なぜ燃料の消耗が大きくなるのかを伝える。 | 5 | 12 | 8 |
| 3 | **能力:** 事実に基づく論証と十分な根拠のある理由づけ。<br>化学事象と問題設定，技術の成果に対する判断。<br>陳述に対する多様な視点からの考察・評価。<br><br>例えば，ガスの排出において放出されたエネルギー値が同じ場合（例えば1 MJ）を選ぶ。<br><br>物質量の計算： | 5 | 10 | 4 |

第 7 章　理科の大学入学試験　177

| | | | | |
|---|---|---|---|---|
| | MJ につき，天然ガス（メタン）は $CO_2$ 1.25 mol と $H_2O$（g）2.49 mol，ガソリン（ノナン）は $CO_2$ 1.59 mol と $H_2O$（g）1.76 mol<br>　二酸化炭素の排出においてのみ，20％という主張は正しいということを理解し，解説する。<br>水蒸気によって決算は正反対になることを明らかにする。（強要しない解答のオプション）<br>（注：実際には不完全燃焼の考慮に基づいて，ガスの排出を比較することが大切であるのだが。しかし与えられたデータではできない。） | | | |
| 4 | 能力：<br>専門固有の基礎概念に基づいた物質と化学反応について獲得した知識の構造化。<br>専門用語の適切な使用による実際の化学事象の記述，及び具体的説明。<br>技術の成果に対する判断，経済の視点と持続可能性の考え方から見た物質循環。<br><br>　蓄電池（例，鉛蓄電池）あるいは燃料電池を描く。文章や式を用いて反応過程の一部分あるいは全体の反応式を示す。供与体と受容体の応用。<br>　産出，ガス排出，ハンドリング，及び生産の問題の範囲で，天然ガスの長所と優れた変形である電気の長所とを比べる。 | 6 | 16 | 6 |
| | 計 | 24 | 54 | 22 |

## 注及び引用・参考文献

1 ) Sekretariat der Ständingen Konferenz der Kultusminister der Länder in der BRD (2006). *Vereinbarung zur Gestaltung der gymansialen Oberstufe in der Sekundarstufe II*.

2 ) 木戸裕（2008）．ドイツの大学入学法制—ギムナジウム上級段階の履修形態とアビトゥーア試験，外国の立法，238，21頁．

3 ) だだし最近では，後期中等教育の教育スタンダードの作成と連動して，全国的に同じ難易度のアビトゥーア試験を導入しようとする動きが見られる。これは，全国共通の問題プールをつくり，そこから各州が問題を選択・構成するという方式である。

4 ) Sekretariat der Ständingen Konferenz der Kultusminister der Länder in der BRD (2004). *Einheitliche Prüfungsanforderungen in der Abiturprüfung Chemie*, Luchterhand.

# 第8章　理科の教員養成

　ドイツの教員養成は，大学における養成教育と学校での準備勤務における養成教育の2段階から構成されている。そして，前者の後に第1次試験，後者の後に第2次試験が州ごとに実施される。第2次試験に合格すると，教員として正式に採用される。

　教員の養成教育の基準は，これらの試験規程である。大学における養成教育では，第1次試験の規程にしたがって，授業科目の一部が規程に対応した授業科目として設定されている。また，学校での準備勤務における養成教育では，第2次試験の規程にしたがって，養成校（第1次試験に合格した試補見習の教員の勤務校）における教育実践の内容と州の教員研修機関における講座の内容が定められている。本章では，教師教育の制度について触れた後，中等教育（特にギムナジウム）の理科教師と初等教育（基礎学校）の事象教授を専門とする教師を中心に，それらの養成教育の現状と課題を述べる。

## 第1節　教師教育に関する制度

　ドイツでは教育に関わる権能は基本的には州（16州）に属しており，学校教育に関する制度がそうであるように，教師教育に関する制度も各州によって異なる。しかし，各州の施策を調整するために，常設各州文部大臣会議と呼ばれる機関が設けられており，各州はここで結ばれた協定にしたがって，ある程度の共通性を持った施策をとることとなっている。教師教育に関する協定は1997年に結ばれており，これが現在の制度を形づくっている[1)2)]。

## 1. 教師教育の目標

教師教育の目標は、協定に明記されている。これによると、その目標は、教師になる人に「さまざまな文化的・言語的出自、能力・才能、及び学習要求を持つ児童・生徒に対応し、彼らを育成する能力を身につけさせること、陶冶（Bildung）と訓育（Erziehung）により、児童・生徒の価値観形成や人格形成を支援する能力を身につけさせること」と述べられている。陶冶と訓育は教育学用語としてよく用いられるものであるが、陶冶とは知識、認識、技能の形成作用、訓育とは価値観、生き方、行動様式の形成作用と捉えることができる。したがって、ここに掲げられた目標からは、児童・生徒1人ひとりに対応できる教師、単に教育内容を教え授けるだけではなく、同時にそのことを通して価値観の形成に影響を与えることのできる教師、そして全体的な人間形成を支えることのできる教師を理想の教師像とし、このような教師を育てることを求めているのがうかがえる。

## 2. 大学における養成教育

教師教育の第1段階は、大学における養成教育である。まず、ギムナジウムの教師の養成教育は、おおよそ次のようになる。

○ 養成機関：総合大学（Universität）。
○ 養成期間：標準9ゼメスター（4年半）。
○ 学習内容：教育学領域（教育学と心理学が中心）と教科領域（例えば「化学」では、無機化学、有機化学、物理化学などの専門科学、化学教授学（Chemiedidaktik）などの教科教育学）の学習と、教育実習（Schulpraktika）が求められている。そして、特に専門科学と教科教育学を深く学習することが求められている。
○ 最低取得単位数：160単位。その3/4にあたる120単位は専門とする教科（2教科）の教科領域の単位とすること、2教科の一方を主教科、もう一方

**シュレスヴィヒ・ホルシュタイン州にあるキール大学**
ギムナジウムの理科教師になるために，教育学領域（教育学や心理学）
と教科領域（自然科学や自然科学の教授学）について学習する。

を副教科とするのではなく，それぞれにほぼ同等の単位数を充てることが求められている。2教科の組合せは各州が定めるところであるが，物理，化学，生物のうちの2教科の組合せが一般的である。また，それらのうちの1教科とドイツ語，英語，数学，体育といった理科以外の教科との組み合わせも可能である。

次に，基礎学校の教師の養成教育は，おおよそ次のようになる。

○ 養成機関：総合大学と教育大学（Pädagogische Hochschule）。ただし，1970年代半ば以降，教師の養成は総合大学で，という考え方が浸透し，教育大学の多くは総合大学に統合されてきた[3]。その結果，現在では，総合大学が養成機関のほとんどを占めている。

○ 養成期間：標準7ゼメスター（3年半）。

○ 学習内容：ギムナジウムの教師の養成教育と同様に，教育学領域と教科領域の学習と，教育実習が求められている。そして，特に教育学と教科教育学を深く学習することが求められている。また，児童期の子どもを対象

とする初等教育の特性を十分理解するために，教育学の領域において，基礎学校固有の教授学の履修が求められていることが特徴的である。
○ 最低取得単位数：120単位。そのうちの35単位は専門とする教科（1教科）の教科領域の単位とし，中核となる教科を形成することが求められている[4]。ただし，これは協定による最低限の取り決めであり，州によっては2教科が課せられている場合もある。また，専門とする教科の種類について協定の取り決めはないが，いくつかの州ではドイツ語，算数，音楽を専門の1つとすることが奨められている。残りの単位は，専門としない教科に関わる教科領域の単位と教育学領域の単位とすることが求められている。

以上のことから，ギムナジウムの教師の養成教育と基礎学校のそれとでは，養成期間や最低取得単位数という基本的な部分に相違が見られる。しかし，教科指導（教科教育学）の専門性をしっかりと身につけさせようとしていることは共通している。ギムナジウムの教師になる人は教科内容（専門科学）の高い専門性も身につけて，2教科を担当できること，また，基礎学校の教師になる人は少なくとも1教科の教科指導の専門性を身につけることが求められている。

次に，我が国の現行の法規と比較すると，最低取得単位の総数はわが国では59単位，ドイツでは初等教育でその約2倍，中等教育でその約2.7倍となっている。また，我が国の「教科に関する科目」「教職に関する科目」を，それぞれドイツの「教科領域」「教育学領域」と一応見なすと，我が国では「教職に関する科目」に位置づけられる教科教育学は，ドイツでは「教科に関する科目」に位置づけられている。そして，このことを踏まえて「教科に関する科目」の最低取得単位数を比較すると，我が国では初等教育で8単位，中等教育で20単位であるのに対して，ドイツではそれぞれ約4.4倍，6倍となっている。もちろん，我が国では，中・高等学校の2つの教科の免許を取得したり，小学校免許とともに中学校免許も取得したりすることなどは普通に見られるので，実際の取得単位数は大幅に増加する。しかし，最低の基準

を見る限り，両国の間にはかなり大きな違いがあるといえる。

ところで，ドイツの教職は免許制ではなく資格制である。大学における養成教育を終えた学生は，資格取得のための第1次試験（Erste Staatsprüfung，各州が実施）を受験する。大学における養成教育での学習証明と成

メントル（指導教師）による試補見習の
教師に対するメンタリング

績証明が，試験を受験する際に必要である。一般に，学習証明とは授業科目を受講することで得られるもので，成績証明とは授業科目を受講し，さらに筆記試験などに合格することで得られるものである。そして，第1次試験を合格した者は，州による採用基準（欠員状況，第1次試験の点数，待機期間など）を満たすと，各学校に採用され，準備勤務へと進むこととなる。

## 3．学校における準備勤務

教師教育の第2段階は，学校における準備勤務（Vorbereitungsdienst）である。この制度は，ギムナジウムの教員と基礎学校の教員とで大差はなく，おおよそ次のようになる。

○ 採用形態：試補見習（Referendar）の教師として採用される。任命を撤回できる臨時的公務員である。給与を受ける。
○ 勤務期間：1年半〜2年。州によって異なる。
○ 勤務形態：養成校（Ausbildungsschule）と呼ばれる勤務校において教育実践を経験するとともに，ゼミナール（Seminar）などと呼ばれる各州の教員研修機関において教育の理論と実践を学習する。勤務校においては，養成教師（Ausbildungslehrkraft，通称メントル（Mentor））と呼ばれる指導教師の指導・助言を受ける。

○ 学習内容：勤務校と教員研修機関の両方において，①教育学と心理学，②専門とする教科の内容，③専門とする教科の教授学・方法学，④学校法などについて，教育実践に密着した形で学習することが求められている。また，レーアプラン（Lehrplan，各州が定める学校の教育課程の基準）についての学習も求められている。

以上のことから，大学での養成教育に続く準備勤務の段階では，教師になる人の教育者としての実践力を高めていこうとしているのがうかがえる。したがって，大学は学問を主体とした養成教育，準備勤務は教育実践を主体とした養成教育であり，この2段階をもって教師の養成教育の全体が完結することとなる。

学校における準備勤務を終えた者は，教職資格の取得のための第2次試験（Zweite Staatsprüfung）を受験する。試験に合格した者は，終身有効の教職資格を取得し，州による採用基準（第1次試験と第2次試験の点数，準備勤務から判断される教師としての適性・能力など）を満たすと，各学校に正式に採用される。なお，教師の州間の移動は基本的に可能である。これは，常設各州文部大臣会議による教職の試験・資格の相互承認に関する別の協定に依拠する。

## 4．教師の継続教育

教師の継続教育（Fortbildung）は，教師教育の第3段階に位置づけられている。これは教員研修機関等における校外研修と，各学校における校内研修に分けられるが，協定では特に後者が重視されている。このことは，1990年代以降，ドイツで盛んに主張されている「学校の自律性（Autonomie der Schule）」の考え方と密接に関係している。また，校外，校内を問わず，研修内容として求められているものは，次のとおりである。

①教育施策の変更内容（特にレーアプラン改訂の趣旨と内容，及びそれの教育実践への適用），②教科に関わる専門科学や教科教育学の新しい内容，③教育学や心理学の新しい内容（特に教師の人格の問題），④メディア教育の内容，⑤

教師同士のチーム活動や協力，⑥学校教育に関連する社会問題。

## 第2節　大学における教師の養成教育

ここでは北ドイツのシュレスヴィヒ・ホルシュタイン州を事例として取り上げる。養成教育は州の文部省による第1次試験の試験規程に準拠しており，大学は提供する授業科目の一部を試験規程に対応した授業科目として指定している。以下では，試験規程[5)6)]を文献資料として，大学における教師の養成教育の現状を見てみる。

### 1．概要

まず，ギムナジウムの教師を取り上げると，大学での学習が求められる内容は教育学領域，教科領域，及び教育実習であり，最低取得単位数は160単位である。教育学の領域は，必修の教育学と心理学，選択必修の哲学と社会学から構成されており，最低取得単位数は順に12単位，6単位，どちらかを6単位で，合計24単位である。また，教科の領域は，専門科学と教科教育学から構成されており，順に60単位，8単位で，合計68単位である。そして，2教科を選択することが課せられており，合計136単位となる。したがって，教科内容と教科指導の専門性がかなり重要視されているのがうかがえる。

次に，基礎学校の教師を取り上げると，大学での学習が求められる内容は，ギムナジウムの場合と同様に，教育学領域，教科領域，及び教育実習であり，最低取得単位数は120単位である。教育学領域は，必修の教育学と心理学，選択必修の哲学と社会学から構成されており，最低取得単位数は順に20単位，14単位，どちらかを6単位で，合計40単位である。また，教科領域は専門科学と教科教育学から構成されており，順に26単位，14単位で，合計40単位である。そして，2教科を選択することが課せられているので（1教科はドイツ語，英語，数学から選択必修），合計80単位となる。したがって，教育学や心

シュレスヴィヒ・ホルシュタイン州
リューベックのシンボル、ホルステン門

理学の学習とともに，教科内容と教科指導の学習が重要視されており，基礎学校の教師にも2教科の専門性を身につけることが求められている。

　教育実習は，勤務を志望する学校種を問わず，ゼメスター実習（Semesterpraktika）と主要実習（Hauptpraktika）から構成されており，両者とも単位化はなされていない。ゼメスター実習は授業観察を主なねらいとしたもので，教育学と教科教育学の授業科目の内容の一部として行われる。6回の授業観察をひとまとまりとして，教育学ではそれが2回，教科教育学では1回行われる。また，主要実習は授業の観察，研究，及び試行を主なねらいとしたもので，大学の夏休みなどの長期の休暇中に6週間行われる。主要実習には事前・事後指導があり，これらは教育学と教科教育学の授業科目の内容の一部として行われる。このように，教育実習は実践経験を積むことがねらいではない。あくまでも授業を研究することに焦点が絞られているのがわかる。

　なお，教師の視野を広げる立場から，各領域の学習と教育実習に加えて，社会教育施設や福祉施設での実習を課している州もあるが，この州の試験規程ではそれは求められていない。

## 2．教育学領域の学習内容

　次に，教育学領域で学習が求められる内容は，表8-1のようになる。教育学や心理学とともに，哲学や社会学が重要と捉えられていること，要求される学問分野の内容はかなり詳細に示されていることなどが特徴的である。

　また，表中の教育学・心理学のa）〜c）については，各内容に関わる4

表8-1 養成教育における教育学領域の学習内容

**教育学・心理学**
a) 一般教育学（一般教育学の理論とモデル，教育学的思考・行動の原理，社会化・陶冶・訓育の理論，人間学的条件・成長の社会的条件）
b) 学校教育学（学校・学校の発展・教育政策の理論，一般教授学と教授・学習研究，メディア教育学・メディア教授学，授業における情報テクノロジーとコミュニケーションテクノロジー，授業の構想・計画・方法，異文化間教育，学習状況の診断，学習障害・行動障害，教科枠を越えた授業，話術教育，相談と介入）
c) 社会教育学，養護教育学（社会教育学の理論とモデル，社会教育の施設と課題，養護教育学の理論と方法，相談と介入）
d) 心理学（発達心理学，教育心理学，社会心理学，学習心理学，差異心理学）

**哲学**
a) 実践的哲学（道徳と法・倫理学的論証，社会哲学・政治哲学，文化の相対性と他者理解）
b) 文化と教育（教育の哲学，文化の哲学，芸術の哲学，技術とコミュニケーション・技術と相互作用・技術と理解）
c) 理論的哲学（論理学，科学哲学，言語哲学）

**社会学**
a) 一般社会学（社会学の基本概念・典型的なテキストにおける社会学の位置価値，伝統的な社会学理論の分析，経験的な社会研究の基礎）
b) 社会的不平等，社会構造の分析（社会階層の分析，性差による不平等の広がり，民族的・宗教的マイノリティー，社会発展の歴史的分析）
c) 家族社会学，青少年社会学（歴史的展望から見た家族構成，近代化と家族，年齢層の役割の変化）

つの授業科目（8単位）の成績証明が要求されており，そのうちの2つ（4単位）は学校教育学の授業科目となっている。また，教育学・心理学のd），並びに哲学と社会学については，成績証明ではなく，授業科目の学習に伴う試験の成績のみが要求されている。

## 3．教科領域の学習内容

　教科領域の「物理」「化学」「生物」で学習が求められる内容は，表8-2のようになる。科学の理論的・応用的内容の習得とともに，実験方法やモデル活用の習得（物理，化学），安全や環境への配慮（化学，生物），生命倫理（生物）が挙げられていることが注目される。また，各科の内容に関わる10の授

**表8-2　養成教育の教科領域（「物理」「化学」「生物」）の学習内容**

---
**物理**
a）教科教育学（物理）
b）力学，電磁気学，光学，熱力学，気体分子運動論，量子物理学・原子物理学・核物理学，物質の構造と基本粒子
　　以下の領域については1つを選択し，それを深めること。数学的・実験的方法，原理，モデルにも習熟すること。
　　古典力学の理論的・数学的記述，電気力学，特殊相対性理論，量子力学

**化学**
a）教科教育学（化学）
b）無機化学，有機化学，物理化学（一般法則に基づく物質の特徴と反応，及び物質の意義と影響についての幅広い知識の基礎）
c）重要な化学技術とその意義や影響
d）自然界における化学物質（特に大規模な物質循環とそれの生物的・物理的影響）
e）学校における実験の方法，安全確保・廃棄処理・事故防止の措置

**生物**
a）教科教育学（生物）
b）教科「生物」の基本構成と部分領域
c）生物の構造と機能，個体群，生態系
d）郷土の動植物の世界，動植物の分類
e）生態学，生理学，遺伝学，バイオテクノロジー，進化，行動学
f）生命現象を解釈するための生物学，化学，物理学，及び数学の原理
g）生物学における倫理的・社会的視点
h）人間生物学（特に健康促進，性教育，環境教育）
i）学校における生物学の活動方法の視点，安全確保・廃棄処理・事故防止の措置，動植物の保護

---

業科目（20単位）の成績証明が要求されており，そのうちの3つ（6単位）は教科教育学の授業科目となっている。教科領域の最低取得単位数に占める教科教育学の割合（8/68）に比べて，成績証明の数に占めるその割合（6/20）が大きいことが注目される。ギムナジウムの教師は2教科を専門としており，「物理」「化学」「生物」のうちの2つを専門とすることは大いにあり得る。

　次に，教科領域に属する「事象教授」（この州の基礎学校での教科名は，「郷土及び事象教授」である）に関連して学習が求められる内容は，表8-3のようになる。これらの内容は，さまざまなやり方で，互いに結びつけて取り扱うことが求められている。また，これらの内容に関わる6つの授業科目（12単位）

表8-3 養成教育の教科領域（「事象教授」）の学習内容

| 郷土及び事象教授 |
| --- |
| ○ 教授学・方法学＊<br>○ 重点分野：自然科学の学習領域（分野：生物，化学，物理）と社会科学の学習領域（分野：地理，歴史，経済・政治）の中から1分野を選択<br>○ 教育学において重要な課題領域：教科枠を越えた領域（健康，パートナーシップ，性徴，環境，文化の相違，メディア）<br>○ 課題領域の分析と計画 |

（筆者注）＊印の教授学・方法学は教科教育学に当たる。

の成績証明が要求されており，その内訳は事象教授の教授学・方法学に関わる2つの授業科目（4単位），重点分野に関わる2つの授業科目（4単位），重点分野が属さない学習領域に関わる1つの授業科目（2単位），課題領域に関わる1つの授業科目（2単位）となっている。事象教授は理科と社会科の内容が主体

ギムナジウム
第6学年の生物「目のつくりと働き」の授業

となっている。両者の内容をしっかりと教えることができるように，しかもその内容を健康や環境といった実生活・実社会の課題と関係づけて総合的に教えることができるように，履修条件が詳細に規定されているのがわかる。

## 第3節　学校における教師の準備勤務

　前節同様に，シュレスヴィヒ・ホルシュタイン州を取り上げる。同州では州立の教員研修機関である「学校の質向上に関する研究所（Institut für Qualitätsentwicklung an Schulen）」と養成校が連携して，養成教育の第2段階である，学校における準備勤務を組織している。以下では，州の教育省による準

備勤務に関する規程[7]を主な文献資料として，教師の準備勤務の現状を見てみる。

## 1．概要

規程によると，準備勤務の目標としては，次の3つが挙げられている。
① 大学での学習で培った専門科学，教科教育学，及び教育学の知識・技能・経験を授業に結びつけ，それらを広げ深めること。
② 能力・資質や社会的・文化的出自が異なる生徒1人ひとりを育てる能力を身につけること。
③ 学校の発展に参画する能力を身につけること。

このうち③を目標として掲げていることは，先にも述べたように，学校の自律性をめざす考え方と軌を一にするものと考えられる。

準備勤務の期間は2年間である。なお，期間終了後に行われる第2次試験に不合格の者は，さらに6ヶ月間延長される。ただし，再試験は一度に限られるので，再延長はない。期間中に，養成校での教育実践と州立の教員研修機関における研修が連携を取りながら進められ，これらをもって養成教育を組織している。

## 2．養成校での教育実践

教育実践の内容は，授業と授業以外の校務である。授業は，①同僚の授業の参観，②養成教師の指導に基づく授業実践（養成教師に責任がある），③独立して行う授業実践（試補見習の教員に責任がある，養成教師は視察する）の3種類からなる。独立して行う授業実践については，2年間（4半期）の平均で週10時間が求められている。

このうち，養成教育の期間といえども校務を与えていることは留意すべきで，このことは「学校の発展に参画する能力を身につける」という目標に合致している。また，養成教育に関わる授業を3種類に分け，授業実践の責任

の所在を明確にしていることは，教師の教育実践力や責任感を高めていこうとする意図がうかがえる。

なお，指導教師は校長の責任において指名された校内あるいは校外の教師である。養成教師になると，担当授業時間が軽減される。教員研修機関の職員や

**試補見習の教師が独立して行う授業**

校長と密な連携を取りながら，試補見習の教員の指導にあたっている。

## 3．教員研修機関での研修

研修の内容は，専門とする2つの教科に関連する講座と教育学（学校法や公務員法を含む）に関連する講座からなる。また，講座の種類は，必修講座と選択講座である。講座の形態は，一定の期間にまたがる数時間の連続した講座となっている。

研修の総時間数は360時間，その2/3にあたる240時間は，教科に関連する必修講座と教育学に関連する必修講座とに同等に配分することとなっている。したがって，研修機関における養成教育では，教科とともに教育学に関連する学習を大切にしているのがわかる。

次に，研修講座の内容を見てみると，教科に関連する講座は，各教科において全体として表8-4に示したような内容[8]を含んでおり，これらの内容にしたがって，いくつかの講座が設けられている。これらのことは，「物理」「化学」「生物」や「事象教授」においても当てはまる。表の内容から，教科指導に関わる諸要素が体系立てて項目化されていること，また，教授学的構想や教授学的考察といった教授学（Didaktik）の知見が挙げられていること，テーマ学習やプロジェクト学習といった問題解決型・課題追求型の授業構成

表8-4　教員研修機関における各教科の講座内容

| |
|---|
| １．内容と構想<br>　1.1 教育課題と目標設定　　1.2 教育課程　　1.3 教授学的構想<br>２．授業の計画・実施・評価<br>　2.1 単元と時間数の計画　　2.2 教授学的考察　　2.3 (生徒の) コンピテンシーと授業目標　　2.4 方法学と組織　　2.5 反省と評価<br>３．授業の構成<br>　3.1 (生徒が身につけるべき) 学習のコンピテンシーと活動方法　　3.2 学問に関連する学習　　3.3 テーマ中心の活動　　3.4 教科枠を越えた活動　　3.5 プロジェクト志向の活動　　3.6 (生徒の) 差異　　3.7 成績と評価　　3.8 実地視察と実地研究　　3.9 メディア　　3.10 実験　　3.11 自ら (試補見習の教員自身) が求める学習領域 |

表8-5　教員研修機関における「事象教授」の理科内容に関わる講座

| |
|---|
| **講座名**<br>　学習領域：自然と環境・技術<br>　教科における活動方法，思考方法，及びそれらの関係づけ―教授学への還元の仕方と方法学的視点を持った構成の方法<br>**講座種別**<br>　必修<br>**講座内容**<br>○ 植物と動物の１年の移り変わり：事象に即した扱い方，活動における技能，メディア。<br>○ 自然や環境に即した基礎教育を拡げる可能性。授業記録の様式。<br>○ 学校外の学習の場での活動。<br>○ 現象についての子どもの疑問とその解釈を明らかにする。物理学や化学が関わる出会いと活動の形態。<br>○ 「郷土及び事象教授」から見た教科枠を越えた学習：１つの主要テーマをモジュールに変える。<br>○ 創作と設計：モジュールを技術や環境と関係づけて発展させる。 |

のあり方が挙げられていることなどが注目される。

　ここで，2008年春・夏期に実施された「事象教授」の理科内容に関わる研修講座の１つを例示する (表8-5)[9]。この講座は，州内の３ヶ所の学校でそれぞれ終日 (試補見習の教員の研修日である水曜日) を用いて実施された。表の内容から，事象教授の理科内容で扱う自然の事物・現象の特性，すなわち理科教材の特性を理解させようとしていること，自然の事物・現象に対する子

ども固有の認識の実態を踏まえた，理科の授業づくりを理解させようとしていること，理科の内容と技術科や環境教育の内容との接点を探り，それらを関係づけた総合的な学習の構想力を身につけさせようとしていることがわかる。このように，教員研修機関における養成教育は，教師の教育実践力の形成を確実に保証するために，内容豊かで一貫した研修講座を組織していることがうかがえる。

## 第4節　理科教師の養成教育の課題

　最後に，教師の養成教育の課題の一端を見るために，ドイツ数学・自然科学教育振興協会 (Deutscher Verein zur Förderung des mathematischen und naturwissenschaftlichen Unterrichts) とドイツ化学会 (Gesellschaft Deutscher Chemiker) のメンバーからなる専門家委員会が，2004年7月に発表した勧告を取り上げる[10]。この勧告は化学の教師教育全般にわたり，その将来的あり方について述べたものである。要点は，教師教育の第1～3段階の連携を強化することである。これは，各段階は教育の対象者と担当者がそれぞれ異なり，相互の連携は図られてこなかったという反省に立っている。そして，教師教育の基盤である第1段階（大学での養成教育）を強化するために，表8-6に示したような能力を学生に育成することが課題とされている。

　表の内容から，モジュール1では化学教師をめざすか否かにかかわらず，科学（化学）の意義と価値を考える能力や科学コミュニケーションの能力を，モジュール2では化学授業を実践する上で必要な基本的能力を，モジュール3ではモジュール2で身につけた能力をもとに，化学授業を研究する上で必要な基本的能力をそれぞれ求めているのがわかる。もちろん，特にモジュール2と3で挙げられた能力は重なり合っている部分もあろうが，このように大学での養成教育において化学教師に育成すべき能力を分類し，それを段階的に配置していることは注目に値するであろう。

表8-6　化学教師の養成において学生に育成すべき能力（学会による勧告から）

| モジュール1（教職をめざす学生，めざさない学生が身につけるコンピテンシー）
（1）化学の意義とその発展について熟考する能力
（2）専門科学と一般市民を結びつけるための化学のコミュニケーション過程を熟考する能力，及びそれを変える能力
モジュール2（教職をめざす学生が大学教育の前半で身につけるコンピテンシー）
（1）教科「化学」の教授・学習の特性を理解する能力，及びこれを熟考する能力
（2）教える人になるという役割の変化を意識的に捉える能力，及びこれを熟考する能力
（3）学校における化学実験を実施・整理する能力
（4）モデルを利用・分類する能力
（5）化学事象と自然科学の認識方法とを結びつけ，教科教育学の立場から化学授業を計画・実施する能力
（6）教育目標，教育スタンダード，レーアプラン，及び他の政策上の基準に対応する能力
モジュール3（教職をめざす学生が大学教育の後半で身につけるコンピテンシー）
（1）学習論や認識論を基礎に化学の教授・学習を構造化する能力
（2）化学教授学の研究を理解し，それを行う能力
（3）生徒の学習の到達度や困難さを診断・把握する能力
（4）教授・学習過程を観察・理解・評価する能力，授業における行為を熟考する能力 |
|---|

## 注及び引用・参考文献

1) Sekretariat der Ständigen Konferenz der Kultusminister der Länder in der BRD (1997). *Rahmenvereinbarung über die Ausbildung und Prüfung für Lehrämter der Grundschule bzw. Primarstufe (Lehramtstyp I).*

2) Sekretariat der Ständigen Konferenz der Kultusminister der Länder in der BRD (1997). *Rahmenvereinbarung über die Ausbildung und Prüfung für Lehrämter für die Sekundarstufe II [allgemeinbildende Fächer] oder für das Gymnasium (Lehramtstyp 4).*

3) 木戸裕（2012）. ドイツ統一・EU統合とグローバリズム―教育の視点からみたその軌跡と課題, 東信堂, 403頁.

4) 基礎学校は, 基本的には教科担任制をとっていない。したがって, 中核となる教科の形成は, 教科担任制とは無関係である。

5) Ministerium für Bildung, Wissenschaft, Forschung und Kultur des Landes Schleswig-Holstein (2003). *Landesverordnung über die Ersten Staatprüfungen der Lehrkräfte (Prüfungsordnung Lehrkräfte I-POL I) vom 11.09.2003. Anlage: Lauf-*

*bahn der Gymnasiallehrerinnen und Gymnasiallehrer.*
6 ) Ministerium für Bildung, Wissenschaft, Forschung und Kultur des Landes Schleswig-Holstein (2003). *Landesverordnung über die Ersten Staatprüfungen der Lehrkräfte (Prüfungsordnung Lehrkräfte I-POL I) vom 11.09.2003. Anlage: Laufbahn der Grund- und Hauptschullehrerinnen und Grund- und Hauptschullehrer.*
7 ) Ministerium für Bildung, Wissenschaft, Forschung und Kultur des Landes Schleswig-Holstein (2004). *Landesverordnung über die Ordnung des Vorbereitungsdienstes und die Zweiten Staatprüfungen der Lehrkräfte (Ausbildungs- und Prüfungsordnung Lehrkräfte II-OVP)vom 22. April 2004, geändert durch Gesetz vom 15. Juni 2004.*
8 ) Institut für Qualitätsentwicklung an Schulen (2004). *Informationen zum Vorbereitungsdienst,* Nr.3, S.25.
9 ) https://www.secure-lernnetz.de/lehrerausbildung/index1.php
10) MNU (2004). Empfehlungen zur Ausbildung von Chemielehrern in Chemiedidaktik an Hochschule und Seminar -Ausbildungsstandards und Projektideen-.Juli 2004, *Der mathematische und naturwissenschaftliche Unterricht,* 57(7), S. I-XII.

　なお，教師教育の課題を全般的に把握するには，以下の文献が参考になる。渡邉満，カール・ノイマン編著（2010）．日本とドイツの教師教育改革—未来のための教師をどう育てるか—，東信堂．

# 付　　録
前期中等教育における理科の教育スタンダード

## 付録1．「物理」の教育スタンダード

### 1　教科「物理」の教育への寄与

**自然科学と技術**は我々の社会のあらゆる領域に影響を与え，今日，我々の文化的アイデンティティーの重要な部分を形づくる。自然科学的認識と技術的応用との相互作用は，多くの分野の進展をもたらす。例えば医学，バイオ・遺伝子工学，神経科学，環境・エネルギー技術の新しい方法の開発と応用において，また，材料や生産方式，ナノテクノロジー，情報テクノジーのさらなる開発においてである。他方，自然科学と技術の開発はリスクを含んでおり，それは認識され，見積られ，把握されなければならない。このことに関わり，自然科学諸科からの知識が必要となる。

**自然科学教育**は，技術開発と自然科学研究に関する社会的コミュニケーションや世論形成への個人の能動的参加を可能にする。それゆえ，一般教育の本質的な要素である。自然科学の基礎教育の目標は，現象を経験的に知ること，自然科学の言語と歴史を理解すること，自然科学の成果についてコミュニケーションすること，及び自然科学が関わる固有の認識獲得の方法とその限界に根本的に取り組むことである。加えて，世界の分析的・合理的考察を可能にする，理論や仮説から導かれる自然科学的活動も欠かせない。さらには，自然科学の基礎教育は，自然科学と技術の職業分野のための方向づけを示し，また，接続可能な職業関連の学習の基礎を形づくる。

**物理**は自然現象を理解するための，また，技術のシステムや発展を解釈し判断するための本質的な基礎である。物理教育はその内容と方法によって，その分野で課題や問題に着手する典型的な方法，並びに専門的な世界の視点の発展を促進する。

物理は自然や技術の現象をモデル化したり，作用の関連の結果を予想したりすることによって，世界との出会いを可能にする。その際に，現象について構造や形式を整えて記述することと同様に，本質的な物理的性質やパラメーターを習得することも重要である。物理教育では，生徒は解明した自然現象の物理的モデル化を活用するための多様な機会を見つけることができる。

それゆえに，物理教育では若者が自然科学のテーマとその社会的な関連に取り組むための基礎が敷かれる。加えて，物理教育は他の諸教科，技術的な職業，あるいはさらに続く教育の過程の準備に寄与するとともに，それに関連した接続可能な手引き的知識を可能にする。

## 2　教科「物理」のコンピテンシー領域

中等修了資格の取得に伴い，生徒は一般に自然科学のコンピテンシーを，特に物理のコンピテンシーを有する。ヴァイネルトにしたがうと，コンピテンシーとは，"確定した問題を解決するために，個人が自由自在に用いることができる，あるいは習得することができる認知的能力と技能，並びに，確定していない状況における問題解決に成果と責任を持って活用でき得るための，認知的能力と技能が結びついた，動機づけ，意志，社会性の準備と能力"である。

4つのコンピテンシー領域で定められたスタンダードには，必要不可欠な物理の基礎教育が記述されている。上位の4つの基本概念である物質，相互作用，システム，エネルギーによって，コンピテンシー領域「専門知識」において計画された垂直的な網目状の結びつきは，生徒の累積的な学習を容易にするはずである。同時に，専門知識を基礎にして，認識獲得，コミュニケーション，評価の領域におけるコンピテンシーの獲得が可能となり，また，専門知識は社会的で日常に関連した文脈で応用される。そこからコンピテンシーは，教科枠を越えた活動と教科間が結びついた活動の接続点を提供する。

| 教科「物理」のコンピテンシー領域 | |
|---|---|
| 専門知識 | 物理の現象，概念，原理，事実，法則性を知り，基本概念に分類する。 |
| 認識獲得 | 実験による研究方法や他の研究方法，モデルを活用する。 |
| コミュニケーション | 情報を事象や専門に関連づけて解明し，交換する。 |
| 評価 | さまざまな文脈において物理の事態を認識し，評価する。 |

中等修了資格を持った生徒は，教科内容や行動の次元を考慮した教科「物理」のコンピテンシーを獲得しなければならない。

● 3つの自然科学は基本概念によって内容の次元を示す。基本概念は累積的で文脈に関連した学習を促進する。そして内容を体系化し，構造化することで，基本的で網目状に結びついた知識の獲得を容易にする。内容の次元は，全体的かつ内容的に根拠のある原理や主要な理念の認識を含む。それらをもって，現象は物理学的に記述され，整理される。

● 活動の次元は自然科学の認識獲得の基本要素，つまり実験的・理論的活動，コミュニケーション，及び専門的・社会的文脈における物理の事態の適用・評価と関連する。

物理の活動のこれら両者の次元は，生徒が自らに役立つ多様なコンピテンシーを獲得すること，自然と文化の世界を理解し解明することを可能にする。内容の次元は，主に専門知識のコンピテンシー領域で示され，また，活動の次元は，認識獲得，コミュニケーション，及び評価のコンピテンシー領域において示される。内容と活動に関連するコンピテンシーは共同で，しかも文脈においてのみ獲得される。コンピテンシーは学習成果を記述したものであり，授業方法・方略を前もって定めたものではない。

## 2.1 専門知識

物理の現象，概念，原理，事実，法則性を知り，基本概念に分類する。

4つの基本概念によって特徴づけられるような物理の専門知識は，現象，概念，像，モデルについての知識とそれらの有効な領域についての知識，並びに機能上の関連や構造についての知識を含む。専門知識は構造的な知識のストックとして，物理の問題や課題を取り扱うための基礎を形づくる。

関連，概念，モデルを理解すること，並びにこれらをさらなる認識獲得，討論，あるいはオープンな文脈に関連した問題設定に活用することは，要求の高い問題処理の一部である。以下では，4つの基本概念がより詳細に述べられ，可能な具体化のための事例が示される。

| | 事例 |
|---|---|
| **1．物質** | |
| 物体はさまざまな凝集状態となる。それは外的作用によって変化し得る。 | 物体の形と体積 |
| 物体は粒子からなる。 | 粒子モデル，ブラウン運動 |
| 物質は構造化されている。 | 原子，分子，結晶 |
| **2．相互作用** | **事例** |
| 物体が互いに作用を及ぼすとき，物体の変形や運動状態の変化が生じ得る。 | 力の作用，慣性の法則，作用・反作用の法則，力積 |
| 物体は場において互いに作用し得る。 | 電荷間の力，重力，磁石間の力 |
| 放射線と物質は互いに作用する。それによって，互いに変化する。 | 反射，屈折，全反射，色，温室効果，温暖化，電離放射線 |
| **3．システム** | **事例** |
| 安定状態とは平衡したシステムである。 | 力の平衡，圧力の平衡，熱の平衡 |
| 平衡が乱れると電流や振動が生じ得る。 | 圧力，熱，及び電位の差，原因となる流動 |

| | |
|---|---|
| 電流が生じるには誘因（原因）が必要である。電流の強さは抵抗の影響を受ける。 | 電気回路，熱の流れ |
| **4．エネルギー** | **事例** |
| 消耗資源や再生資源から利用可能なエネルギーを得る。 | 化石燃料，風力・太陽エネルギー，核エネルギー |
| エネルギーの運搬や利用では，エネルギー形態あるいはエネルギー源の変換が生じる。その際，利用できるのは，投入されたエネルギーの一部のみである。 | 発電機，電動機，変圧器，効率，エントロピー，廃熱，エネルギーの降下 |
| エネルギーの総量は不変である。 | 揚水発電所，蓄電池，熱ポンプ（冷蔵庫） |
| さまざまな温度の物体では，温度の高いものから低いものへのエネルギーの流れが自ずと生じる。 | 熱伝導，放射 |

### 2.2 認識獲得

**実験による研究方法や他の研究方法，モデルを活用する。**

物理の認識獲得は，次のような活動によって記述され得る過程である。

- 知覚する： 現象を観察し，記述する，問題設定を認識する，知識基盤を具体的に思い浮かべる。
- 整理する： 既知の事柄に還元し，それを整理する，体系化する。
- 解釈する： 実体をモデル化する，仮説を立てる。
- 試験する： 実験する，評価する，判断する，仮説を批判的に省察する。
- モデルをつくる：理想化する，関連を記述する，一般化する，抽象化する，概念を形成する，定式化する，簡単な理論を立てる，転換する。

物理の認識獲得の過程に埋め込まれているのは，物理の活動の本質的な要素である実験と問題設定の展開である。いずれの認識過程においても，すでに手元にある知識が引き出される。

### 2.3 コミュニケーション

**情報を事象や専門に関連づけて解明し，交換する。**

受け手に適した，事象に関連したコミュニケーションに関する能力は，物理の基礎教育の本質的な要素である。

そのために，必要とする知識基盤を独自に導き出すことを可能にする，知識と技術

を自由自在に使えることが必要である。さらに，専門のテキスト，図版，表についての適切な理解，並びに情報メディアの扱い方と実験や調査で得た知識の裏づけが必要である。

コミュニケーションに関して，日常用語と専門用語における適切な会話・筆記能力，討論のルールの習熟，及びプレゼンテーションの今日的な方法や技術は不可欠である。コミュニケーションは，討論において自身の知識，考え，イメージを提示すること，信頼してコミュニケーションの相手に応対すること，その人格を尊重すること，及び自身の知識水準を認識させることを必要条件とする。

### 2.4 評価
**さまざまな文脈において物理の事態を認識し，評価する。**

物理的，技術的，社会的な決定の理解と評価に関して，物理の思考方法と解釈のための認識を育成することは，時流にかなった一般教育の一部である。これに加えて，物理的，社会的，政治的な構成要素の間で評価を区別することが重要である。テキストや描写の中の物理学的に裏づけられたり，仮定されたり，あるいは科学的でなかったりする表現内容を区別する能力と並んで，自然科学的視程の限界を知ることも必要である。

## 3 教科「物理」のコンピテンシー領域のスタンダード

以下では，4つのコンピテンシー領域に関わり，生徒が中等修了資格の取得に伴い獲得する規定的スタンダードが表現される。具体的な内容は，課題例で範例的に割り当てられる。スタンダードは，2章で記述されたコンピテンシー領域にしたがって配列されている。

### 3.1 コンピテンシー領域「専門知識」に関するスタンダード
**物理の現象，概念，原理，事実，及び法則性を知り，基本概念に分類する。**

生徒は，…

F 1 　基本概念を基礎にして，構造化された基礎知識を自由自在に用いる。
F 2 　物理の基本原理，オーダー，測定の決まり，定数，及び簡単な物理の法則についての知識を表す。
F 3 　課題や問題の解決のために知識を活用する。
F 4 　さまざまな文脈において知識を適用する。
F 5 　課題や問題の解決のためにアナロジーを援用する。

3.2 コンピテンシー領域「認識獲得」に関するスタンダード
　　実験による研究方法や他の研究方法，及びモデルを活用する．
　生徒は，…
E 1　現象を記述し，それを既知の物理の関係性に還元する．
E 2　課題や問題を取り扱うために，さまざまな情報源からデータと情報を選び，それらの関連性を調べ，整理する．
E 3　知識を生むために，アナロジーとモデルによる表象を用いる．
E 4　簡単な数式を適用する．
E 5　簡単な理想化を行う．
E 6　簡単な仮説を例として立てる．
E 7　簡単な実験を手引きにしたがって行い，それを評価する．
E 8　簡単な実験を計画・実施し，その成果を記録する．
E 9　得られたデータを評価する．場合によっては，簡単な数式化によって．
E 10　経験的に得られた成果とその一般化の妥当性について判断する．

3.3 コンピテンシー領域「コミュニケーション」に関するスタンダード
　　情報を事象や専門に関連づけて解明し，交換する．
　生徒は，…
K 1　専門用語や専門固有の描写を適切に利用することで，物理的認識及びその適用について意見を交わす．
K 2　日常用語による現象の記述と専門用語によるそれとを区別する．
K 3　さまざまな情報源を用いて調査する．
K 4　簡単な技術的器具の構造とその作動方式を記述する．
K 5　活動の成果を記録する．
K 6　受け取る人に応じて，活動の成果を提示する．
K 7　物理学の視点から活動成果や事態について議論する．

3.4 コンピテンシー領域「評価」に関するスタンダード
　　さまざまな文脈において物理の事態を認識し，評価する．
　生徒は，…
B 1　専門内外の文脈における物理学の視程の範囲と限界を，簡単な事例によって示す．
B 2　物理学的，経済的，社会的，及び生態学的視点を考慮して，代替の技術的解

決策を比較し，評価する。
B 3　実験や日常や現代の技術における危険性や安全措置を評価するために，物理学の知識を活用する。
B 4　歴史的・社会的関係において物理学的認識の影響を挙げる。

## 4　課題例

この章の目標設定は，4つのコンピテンシー領域及び要求水準の明確化に基づいて，スタンダードを具体的に説明することである。

### 4.1　教科に特有な要求領域の記述

経験的に保証されたコンピテンシーの段階モデルは未だ存在しないので，課題例においては，さしあたり3つの領域に設定された要求を評価に用いる。それらの要求については，アビトゥーア試験における統一的試験要求（EPA）の記述において説明されている。その際，要求領域はコンピテンシーの明示や水準段階ではない。むしろそれは，1つのコンピテンシーや同じコンピテンシーの中でのさまざまな難易度を表現できる，課題の指標であるということが大切である。したがって，後述のことは，第一に，要求領域を1つひとつに分類するための特徴的な基準を示している。

| | | 要求領域 | | |
|---|---|---|---|---|
| | | I | II | III |
| コンピテンシー領域 | 専門知識 | 知識を再現する。事実と簡単な物理の事態を再現する。 | 知識を適用する。簡単な文脈で物理の知識を適用し，簡単な事態を同一視し，それに活用する。類似性を挙げる。 | 知識を転換し，結びつける。部分的に知らない文脈で知識を応用する。ふさわしい事態を選択する。 |
| | 認識獲得 | 専門の方法を記述する。物理の活動方法，特に実験に基づいて後づける，あるいは記述する。 | 専門の方法を活用する。課題を解決するための方略を活用する。簡単な実験を計画し，実施する。手引書に沿って知識を導き出す。 | 専門の方法を問題に即して選択し，適用する。さまざまな専門の方法，簡単な実験，及び数学を結びつけ，目標に即して選択し，使用する。知識を自主的に身につける。 |

|  |  | 要求領域 | | |
|---|---|---|---|---|
|  |  | I | II | III |
| コンピテンシー領域 | コミュニケーション | 所与の表現形式を使って活動する。<br><br>手引書に基づいて，言葉と活字，あるいは他の所与の形式で簡単な事態を表現する。<br>事象に関連した問いを設定する。 | 適当な表現形式を活用する。<br><br>事態を専門用語で構成して表現する。<br>他の適切な貢献をするものに理解を示す。<br>事実に基づいて発言を理由づける。 | 表現形式を自主的に選択し，活用する。<br><br>表現形式を事象や受け取る人に応じて選択し，適用し，省察する。<br>適当な水準で限定されたテーマについて討論する。 |
|  | 評価 | 所与の評価を後づける。<br><br>物理的認識の影響を挙げる。<br>物理の視点からの簡単な技術の文脈を説明する。 | 所与の評価について判断し，解説する。<br><br>物理的考察の観点の特性を指摘する。<br>評価の物理的な要素とその他の要素とを区別する。 | 自身による評価を行う。<br><br>物理学の知識の意義について判断する。<br>事態を評価するための基盤として，物理学的認識を活用する。<br>物理の文脈における現象を整理する。 |

### 4.2 解説された課題例

　課題集に関連して，特にコンピテンシー領域と要求領域が具体的に述べられるべきである。そのために選択された内容は，カリキュラムの記述ではない。

　課題例はすべての基本概念，コンピテンシー領域と要求領域を考慮している。加えて，さまざまな課題のタイプが提案される。

　そのつどの主要な基本概念に関連し，課題の重点が示される。解答の期待水準は，課題設定と結びつけて記述される。オープンな課題の場合には，解答方法だけが示される。提案された期待水準は，生徒により近い表現と専門的な正確さとの間の妥協点を表している。

　それぞれの課題部分について，コンピテンシー領域と要求領域の配列にマトリクスが提案される。それらは，4つのコンピテンシー領域が3つの要求領域で記述されたような，前述の一般的なマトリクスに基づく。

## 課題例3．熱気球

（基本概念　物質：物体は粒子からなる。）

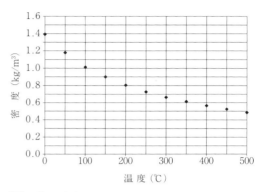

出典：www.jj-pr.de/
u-publikationen.htm

出典：Kommission

　熱気球での飛行はいつも人気がある。気球の内部はバーナーで温められる。表は一定の圧力での空気の密度と温度の関係を示している。

1．表中の測定点の位置について，粒子の運動と関連付けて説明しなさい。
2．なぜ熱気球は浮かぶのか？　表を使って，解答を理由づけなさい。
3．写真の熱気球の容積は，1,600m³である。気球内の空気の温度は，100℃である。気球を浮かべている大気は，0℃である。カバー，かご，これら以外の器材の重さは，合計約340kgである。
　 ― 内部の空気はどれくらいの質量か？
　 ― 気球によって押しのけられる0℃の外気はどれくらいの質量か？
　 ― それぞれ75kgある5人が同時に気球に乗ることはできるか？

## 期待水準

**1について：**

　それぞれの温度の上昇は，気体微粒子間の速さを増大させる。それで，微粒子間の間隔が増大する。よって，密度は小さくなる。

|   | I | II | III |
|---|---|----|-----|
| F |   | ■  |     |
| E |   |    |     |
| K |   |    |     |
| B |   |    |     |

2について：

　気球内の空気はより高い温度により，気球を取り囲む空気よりも密度が小さい。その空気が押しのけられた空気と同じ重さであれば，気球は浮かぶ。それゆえ，この空気の質量が熱気球のカバー，かご，積み荷に見合うまで，内部からの加熱によって，たくさんの空気が押しのけられなければならない。

3について：

　表から空気の密度は読み取れる。0℃の空気の質量（約2240kg）と100℃の空気の質量（約1600kg）が算出される。両方の質量からその差は，カバー，かご，積み荷の総質量（約640kg）であることがわかる。したがって，各人75kgで最大4名まで同乗できる。

|   | I | II | III |
|---|---|---|---|
| F |   | ■ |   |
| E |   |   |   |
| K | ■ |   |   |
| B |   |   |   |

|   | I | II | III |
|---|---|---|---|
| F |   |   |   |
| E |   |   | ■ |
| K |   |   |   |
| B |   |   |   |

# 付録2．「化学」の教育スタンダード

## 1 教科「化学」の教育への寄与

　自然科学と技術は我々の社会のあらゆる領域に影響を与え，今日，我々の文化的アイデンティティーの重要な部分を形づくる。自然科学的認識と技術的応用との相互作用は，多くの分野の進展をもたらす。例えば医学，バイオ・遺伝子工学，神経科学，環境・エネルギー技術の新しい方法の開発と応用において，また，材料や生産方式，ナノテクノロジー，情報テクノジーのさらなる開発においてである。他方，自然科学と技術の開発はリスクを含んでおり，それは認識され，見積られ，把握されなければならない。このことに関わり，自然科学諸科からの知識が必要となる。

　**自然科学教育**は，技術開発と自然科学研究に関する社会的コミュニケーションや世論形成への個人の能動的参加を可能にする。それゆえ，一般教育の本質的な要素である。

　自然科学の基礎教育の目標は，現象を経験的に知ること，自然科学の言語と歴史を理解すること，自然科学の成果についてコミュニケーションすること，及び自然科学が関わる固有の認識獲得の方法とその限界に根本的に取り組むことである。加えて，世界の分析的・合理的考察を可能にする，理論や仮説から導かれる自然科学的活動も欠かせない。さらには，自然科学の基礎教育は，自然科学と技術の職業分野のための方向づけを示し，また，接続可能な職業関連の学習の基礎を形づくる。

　**化学**は，粒子・構造の変化と化学結合の組み換えによる物質・エネルギー変化のまとまりである化学反応を特に考慮して，物質の世界を研究し描写する。これに関連し，化学は物質の合成と製造，物質の適切な取り扱いについての認識を与える。

　化学教育は，中等修了資格までに，物質や化学反応についての知識を基礎にして，生徒が生活界の現象を解釈し，評価し，決定し，判断を下し，それによって受け取る側の人とコミュニケーションできるようにする。

　生徒は学問としての化学，化学工業，及び社会・経済・環境が関わる化学関連の職業の意義を認識する。同時に，資源の持続可能な利用について敏感になる。このことは，家庭，実験室，環境における化学薬品や器具との責任意識を持ったつきあい，並びに安全意識を持った実験につながる。

　獲得された化学固有の知識，能力，技能を基礎にして，生徒は化学現象についての個々の認識獲得の手段として，特に実験による方法を用いる。このことに関連し，生徒は他教科からのコンピテンシーを援用し，自然科学的認識の限界を知る。生徒は実

験の成果とモデルによる表象を結びつけ，粒子の領域における化学反応や物質の性質についての深い理解に達する。

## 2　教科「化学」のコンピテンシー領域

中等修了資格の取得に伴い，生徒は一般に自然科学のコンピテンシーを，特に化学のコンピテンシーを有する。

ヴァイネルト（2001）にしたがうと，コンピテンシーとは，"確定した問題を解決するために，個人が自由自在に用いることができる，あるいは習得することができる認知的能力と技能，並びに，確定していない状況における問題解決に成果と責任を持って活用でき得るための，認知的能力と技能が結びついた，動機づけ，意志，社会性の準備と能力"である。

自然科学の基礎教育の本質をなすコンピテンシーは，教科枠を越えた活動と教科間が結びついた活動の接続点を提供する。それらの網目状の結びつきを考慮に入れないなら，コンピテンシーは4領域に分類され，教科「化学」では次のように詳述される。

| 教科「化学」のコンピテンシー領域 | |
|---|---|
| 専門知識 | 化学の現象，概念，法則性を知り，基本概念に分類する。 |
| 認識獲得 | 実験による研究方法や他の研究方法，モデルを活用する。 |
| コミュニケーション | 情報を事象や専門領域に関連づけて解明し，交換する。 |
| 評価 | さまざまな文脈において化学の事態を認識し，評価する。 |

中等修了資格を持った生徒は，教科内容や行動の次元を考慮した教科「化学」のコンピテンシーを獲得しなければならない。
- 3つの自然科学は基本概念によって内容の次元を示す。化学では，内容の次元は4つの基本概念（2.1節参照）で構成される。こうした基本概念でもって，現象は化学的に記述され，整理される。
- 活動の次元は自然科学の認識獲得の基本要素，つまり実験的・理論的活動，コミュニケーション，及び専門的・社会的文脈における化学の事態の適用・評価と関連する。

化学の活動のこれら両者の次元は，生徒が自らに役立つ多様なコンピテンシーを獲得すること，自然と文化の世界を理解し解明することを可能にする。内容の次元は，主に専門知識のコンピテンシー領域において示され，また，活動の次元は，認識獲得，コミュニケーション，及び評価のコンピテンシー領域において示される。内容と活動

に関連するコンピテンシーは共同で，しかも文脈においてのみ獲得される。コンピテンシーは学習成果を記述したものであり，授業方法・方略を前もって定めたものではない。

## 2.1 専門知識

**化学の現象，概念，法則性を知り，基本概念に分類する。**

化学は物質の性質，変化，及び利用の可能性を現象学的に考察し，そしてその解釈のために，粒子のレベルでのモデルを援用する。それゆえ，コンピテンシー領域「専門知識」は以下のことを含む。
— 化学現象についての知識。
— 物質とその変化を描写するための化学の基本概念，法則性，原理の理解。
— 化学において利用されるモデルについての基本的理解。

所属の自然科学の専門概念と関連し，学校において重要な化学の教科内容は，わずかな基本概念に還元される。中等修了資格に関しては，次の基本概念が選び出される。
— 物質と粒子の関係。
— 構造と性質の関係。
— 化学反応。
— 物質の変化におけるエネルギー的考察。

こうした基本概念を用いて化学は描かれ，生徒は専門科学の内容を構造化する。基本概念は，学習者にとって専門的かつ生活界的視点に基づいた体系的な学問構造の基礎を形づくるとともに，授業の場で獲得された知識の垂直的な網目状の結びつきに役立つ。同時にそれは，知識の水平的な網目状の結びつきの基礎であり，学習者にとって他の自然科学諸科における解釈の基盤を提供する。基本概念は，例えばエネルギー的考察に関する概念がそうであるように，教科「生物」や教科「物理」の内容とさまざまな関連やはっきりとした現れが再び見られ，自然科学の分野間を結びつけることができ，したがって関連が際立つ。

## 2.2 認識獲得

**実験による研究方法や他の研究方法，モデルを活用する。**

概念の枠組みについての専門に関連する思考様式と研究方法は，コンピテンシー領域「認識獲得」に分類される。

化学は社会的・歴史的関係の中に位置する。専門に関連する認識獲得のための事態の選択においては，そうした関係が映し出されるべきである。

認識の開発にとっての基礎は，取り扱われる事態に関連して重要で，しかも教科「化学」によって解答可能な問題設定を認識するための，また，適切な研究方法を適用するための生徒の能力である。

研究方法の構想の枠組みは，研究対象を選択・制限すること，並びに，必要な条件に注意することで，学習によって可能な方法を計画・評価することを含んでいる。この枠組みは，生徒が活動のステップを組織することや，ある種の活動や評価の技術に習熟することも含んでいる。その際，実験は中心的な意味を持つ。

成果は，出発点にある問題，確定された条件，根底にあるモデルによる表象を背景とする学習を通して吟味される。

獲得した認識をすでになじみの概念，モデル，理論と結びつけることは，化学現象を認識・解釈する能力をもたらす。このことを通して，自然科学的な世界理解の発達に貢献する。

### 2.3 コミュニケーション

**情報を事象や専門領域に関連づけて解明し，交換する。**

コミュニケーションの領域では，専門に関連した情報交換に関わり，日常用語と専門用語との事実に即した結びつきの基盤を必要とするコンピテンシーが記述される。

生徒は，生活環境の中で，専門用語の利用をもとにした化学知識を用いることで，自身であるいは他者とで解釈できるような現象に出会う。把握しようと分析することで，関係を知り，情報を探し，そしてこれらを評価する。それらのために，化学の専門用語を基礎的な水準において理解し，具体的に適用できることが不可欠である。成果，あるいは手に入れた部分的な解決は，他者に伝えられる。各々の会話の相手との情報交換は，生徒に日常用語を専門用語に絶えず変換したり，その逆を行ったりすることを要求する。その際，そこで表現されていることが化学的に正しいか否かについて，生徒は情報を吟味する。生徒は自分の立場を専門的に方向づけて表現・省察し，論拠を見つけ，場合によっては，述べられた異議に基づいて考え方を修正する。

コミュニケーションは，学習者にとって，現象の解釈を発展させ，適当な形態（言葉，式，数学）で表現し，伝えるのに不可欠な手段である。コミュニケーションは学習の道具であり，同時に対象でもある。

その他，コミュニケーションは，チームでのうまくいく活動にとっての本質的前提である。チーム能力の基準は，例えば構造的で互いに調整した活動計画，活動プロセスの省察，及び獲得した成果の評価とプレゼンテーションである。

## 2.4 評価
**さまざまな文脈において化学の事態を認識し，評価する。**

自然科学，技術，個人，社会の間の関係についての知識と省察が，評価の領域に属する。

適当な事態を選択することによって，生徒は生活界，日常，環境，学問における化学の網目状の結びつきを認識できる。その結果，生徒は化学の事態をその意義と利用において説明するようになるべきである。

化学が関わる文脈のこうした目的的選択は，生徒が新たに比較できる問題設定に専門知識を転用したり，現実の状況における問題を把握したり，利害の衝突を見つけたり，可能な解決を検討したり，その結論について議論したりできるようにする。

さまざまな観点から社会に関連するテーマを考察することで，学習者は，問題解決は価値の相違に左右されることを認識する。彼らは，論拠を客観的部分とイデオロギー的部分において吟味する能力や，決定を妥当性，自律，責任意識と関係づける能力を持つべきである。

## 3　教科「化学」のコンピテンシー領域のスタンダード

以下では，4つのコンピテンシー領域に関わり，生徒が中等修了資格の取得に伴い獲得する規定的スタンダードが表現される。具体的な内容は，課題例で範例的に割り当てられる。

### 3.1　コンピテンシー領域「専門知識」に関するスタンダード
**化学現象，概念，及び法則性を知り，基本概念に分類する。**

コンピテンシー領域「専門知識」に関するスタンダードは，示された基本概念に沿って区分される。

**F1　物質・粒子・関係**

生徒は，…

F1.1　重要な物質の典型的な性質を挙げ，記述する。
F1.2　選び出した物質の微視的な構造をモデルのようなもので記述する。
F1.3　適当な原子モデルを用いて原子の構造を記述する。
F1.4　粒子の凝集，空間的構造，及び分子間の相互作用を説明するために，結合モデルを適用する。
F1.5　粒子のさまざまな組合せや配列をもとに，物質の多様性について解釈する。

**F2　構造・性質・関係**

生徒は，…

F 2.1　物質に関する整理の原理を記述し，その理由を述べる。例えば，物質の典型的な性質，あるいは粒子の関係や構造の特有の指標と関連させて。

F 2.2　粒子のレベルで物質の性質を説明するために，適当なモデルを活用する。

F 2.3　物質の利用の可能性やそれに結びついた長短所を，物質の性質から結論づける。

### F 3　化学反応

生徒は，…

F 3.1　化学反応による物質やエネルギーの変化の現象を記述する。

F 3.2　粒子の変化や化学結合の組み替えの観点から，物質やエネルギーの変化を解釈する。

F 3.3　選び出した供与体・受容体・反応において粒子の移動の特徴を述べ，反応の種類を定める。

F 3.4　結合における原子の不変性や一定の原子の数の比による構成についての知識を適用して，反応の図式や反応式を立てる。

F 3.5　化学反応の可逆変化を記述する。

F 3.6　自然界における物質循環の事例や化学反応のシステムとしての技術の事例を記述する。

F 3.7　反応条件を変えることによる化学反応の制御の可能性を記述する。

### F 4　物質の変化におけるエネルギー的考察

生徒は，…

F 4.1　化学反応では周囲との交換によって反応系のエネルギー量も変化することを述べる。

F 4.2　化学反応によるエネルギー的現象は，物質が持つエネルギーの一部が他のエネルギー形態に変化することである，ということに立ち返る。

F 4.3　触媒の使用による化学反応への影響を記述する。

### 3.2　コンピテンシー領域「認識獲得」に関するスタンダード
　　　実験による研究方法や他の研究方法，モデルを利用する。

生徒は，…

E 1　化学の知識や研究を用いて，特に化学実験によって答えるべき問題設定を認識し，展開する。

E 2　予想や仮説を検証するために，適当な研究を計画する。

E 3 定性的実験，簡単な定量的実験，及び他の研究を行い，これを記録する。
E 4 実験における環境や安全の視点に注意する。
E 5 研究によって，特に化学実験によって関連するデータを集め，調査する。
E 6 集めた，あるいは調査したデータにおいて，傾向，構成，及び関係を見つけ，これらを解釈し，適当な結論を導く。
E 7 化学の問題設定を取り扱うために，適当なモデル（例えば，原子モデル，元素の周期系）を活用する。
E 8 化学の認識と社会の発展との間の範例的な結びつきを示す。

### 3.3 コンピテンシー領域「コミュニケーション」に関するスタンダード
情報を事象や専門領域に関連づけて解明し，交換する。

生徒は，…

K 1 化学の事態について異なった情報源を調査する。
K 2 テーマに関連し，説得力のある情報を選び出す。
K 3 専門的な正確さの観点から，メディアの表現を検証する。
K 4 専門用語を適用して，あるいはまたモデルや図表を用いて，化学の事態を記述し，具体的に説明し，解釈する。
K 5 化学の事態と日常現象を関係づけ，専門用語を意識的に日常用語に直したり，その逆を行ったりする。
K 6 研究や議論の進行や成果を適切な形で記録する。
K 7 状況や受け取る人に応じて，研究の進展や成果を記録し，提示する。
K 8 専門的に正確に，また論理的に議論する。
K 9 化学の事態に対する自分の立場を主張し，異議を自己批判的に省察する。
K 10 チームとしての活動を計画，構成，省察，及び提示する。

### 3.4 コンピテンシー領域「評価」に関するスタンダード
さまざまな文脈において化学の事態を認識し，評価する。

生徒は，…

B 1 化学の知識が重要となる適用範囲や職業領域を示す。
B 2 他教科と密接な関連を持つ問題設定を認識し，この関連を示す。
B 3 生活実践的に重要な関連性を明らかにするために，専門に特徴的で網目状に結びついた知識と技能を活用する。
B 4 化学の専門科学的な認識を利用することで解答できる，今日的で生活世界に

関連した問題設定を展開する。
B 5　社会に関連して述べられたことを，さまざまな観点から議論し，評価する。
B 6　問題の関係性と化学の事態とを結びつけ，解決方略を立て，それを適用する。

## 4　課題例

　この章の目標設定は，4つのコンピテンシー領域及び要求水準の明確化に基づいて，スタンダードを具体的に説明することである。

### 4.1　教科に特有な要求領域の記述

　経験的に保証されたコンピテンシーの段階モデルは未だ存在しないので，課題例においては，さしあたり3つの領域に設定された要求を評価に用いる。それらの要求については，アビトゥーア試験における統一的試験要求（EPA）の記述において説明されている。その際，要求領域はコンピテンシーの明示や水準段階ではない。むしろそれは，1つのコンピテンシーや同じコンピテンシーの中でのさまざまな難易度を表現できる，課題の指標であるということが大切である。したがって，後述のことは，第一に，要求領域を1つひとつに分類するための特徴的な基準を示している。

|  |  | 要求領域 | | |
|---|---|---|---|---|
|  |  | I | II | III |
| コンピテンシー領域 | 専門知識 | 知識や概念を目標に合った形で再現する。 | 知識や概念を選択し，適用する。 | 知識や概念を基礎にして，複雑な問題設定を計画的かつ建設的に取り扱う。 |
|  | 認識獲得 | 既知の研究方法やモデルを記述する。手引書に沿って研究を行う。 | 見通すことができる事態を取り扱うために，適当な研究方法やモデルを選択し，適用する。 | 複雑な事態を取り扱うために，適当な研究方法やモデルを根拠を持って選択し，適用する。 |
|  | コミュニケーション | 既知の情報を教科に関連するさまざまな表現形式において把握し，再現する。 | 情報を把握し，適当な表現形式において，状況や相手に適した形で具体的に説明する。 | 情報を評価し，省察し，自身の論証のために活用する。 |
|  | 評価 | ある事態を評価するために，あらかじめ与えられた論拠を見きわめ，再現する。 | ある事態を評価するために，適した論拠を選択し，活用する。 | ある事態を評価するために，さまざまな視点から根拠を選択し，決定の過程を省察する。 |

## 4.2 解説された課題例

この章では，課題を紹介する。それは，第3章で述べられたスタンダードを実際の内容に範例的に結びつけ，具体的に説明するものである。期待水準は，課題の中で検証されるスタンダードに対応したコンピテンシー領域と関連する。生徒の期待される成果は，経験を基礎にして各要求領域に分類されている。

期待水準では，唯一の解答が示されたり，また，課題によっては多くの表現形式（例えば，総括的な式による記述形式，イオンによる記述形式，凝集状態による表現）が可能であったりする。オープンな課題設定によって，適当な解答に関する基準が挙げられ，解決の可能性が具体的に表される。

一覧とページ配分をより良くするために，期待水準の表の見出しでは，次の略号を用いる。

AFB：要求領域
F：コンピテンシー領域「専門知識」に関するスタンダード
E：コンピテンシー領域「認識獲得」に関するスタンダード
K：コンピテンシー領域「コミュニケーション」に関するスタンダード
B：コンピテンシー領域「評価」に関するスタンダード

### 課題例7．タンクの分野から－バイオディーゼルと軽油の比較
**教材**

ヨーロッパの指針では，全てのEU加盟国は全ての動力燃料におけるバイオ燃料の割合を2005年末までに2％に，2010年末までにさらに5.75％に到達させなければならないと述べられている。そうしたバイオ燃料とは，菜種油から作られるバイオディーゼル（$C_{17}H_{32}O_2$）である。

次の一覧は，燃料であるバイオディーゼルと軽油（石油から製造）のエコ対照表である。これらはさまざまな委託者から提供されたものである（出典A, Bを参照）。

| 視点 | エコ対照表1 | エコ対照表2 |
|---|---|---|
| エネルギーの対照表 | 今日，軽油の生産ラインはバイオディーゼルの生産ラインよりも，2倍のエネルギーを消費している。 | 軽油とバイオディーゼルのエネルギーの対照表では，はっきりと有利なことがある。すなわち，それらの製品が提供するエネルギーは，製造に必要なエネルギーよりも大きいということである。 |
| ディーゼル機関用燃料1kg当たりの気候に関連するガス（$CO_2$ガス）の総排出量 二酸化炭素 硫黄化合物 | ―軽油　3.5～3.6kg ―バイオディーゼル　0.9g ―軽油　4kg ―バイオディーゼル　0.3～0.8kg ―バイオディーゼルの排気ガスは，酸性雨をもたらす硫黄酸化物を排出しない。 | ―軽油　3.5～3.6kg ―バイオディーゼル　1.9～3.0kg ―軽油　3.4～3.5kg ―バイオディーゼル　0.8～1.4kg ―硫黄化合物による負担において，本質的な違いは多くない。 |
| エンジン内での燃焼による環境への影響 | バイオディーゼルの排気ガスに関する最大の価値は，以下が低いことである。 ―炭化水素　20～40％低い ―すす　40～50％低い ―微粒子　0～40％低い ―エンジンの特性による一酸化窒素は，最大で0～15％高いが，多くの場合はそれより低い。 ――酸化炭素はほぼ同等。 | バイオディーゼルの利用は部分的に長所があるだけである。例えば，それは微粒子の排出である。窒素酸化物の排出という短所もある。 |
| 経済性 | 価格は，ディーゼル機関用の化石燃料の価格水準による。 | 市場競争の機会をバイオディーゼルに開くには，高い補助金が必要である。そうした補助金を与えることは，環境の視点とともに，価格と利用の関係からも否定的に評価される。 |

| | | |
|---|---|---|
| 結論 | 化石燃料をバイオディーゼルに置き換えたならば，国は鉱物油税を得ることができなくなる。にもかかわらず，$CO_2$の削減効果は，置き換えた燃料1リットル当たり3.5〜4.0kgの$CO_2$ガスに達する。加えて，化石エネルギーの資源を大切に扱うことになる。 | その上，軽油の代替としてのバイオディーゼルの利用促進は，環境の視点からも支持されない。 |

<u>テキストは出典ごとに変更されている。</u>
**出典A**：開発テクノロジー協会：バイオディーゼル，社団法人油脂植物・タンパク質植物促進連合，Godesberger Alle 142-148, 53175 Bonn, 1995
**出典B**：W. Drechsler, K. Kraus, J. Landgrebe：軽油の代替としての菜種油（菜種油メチルエステル）のエコ対照表，石油・天然ガス・炭素研究協会

**課題設定**
7.1 両方のエコ対照表において，どのようなことが一致して述べられているか。×印をつけなさい。
  バイオディーゼルは環境を損なわない燃料である。□
  バイオディーゼルの製造に必要なエネルギーはわずかである。□
  気候に関連するガスの総排出量は軽油の方が大きい。□
  二酸化炭素の排出は軽油の方が4倍も大きい。□
  硫黄化合物による負担は，問題として見なされていない。□
7.2 両方のエコ対照表に述べられたことについて，出典ごとに分類しなさい。
7.3 エコ対照表の情報は一部整合していなかったり，全く整合していなかったりする。グループ活動として，対照表に述べられたことを検証し，補足するという課題が出された。分担して調査すべき視点や出典を，マインドマップを用いて示しなさい。

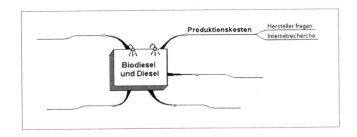

7.4 バイオディーゼルの燃焼によって二酸化炭素が発生することを説明できる実験について略記しなさい。どのような生成物がさらに生じるか，反応式をもとに示しなさい。

7.5 バイオディーゼルの使用をめぐる議論では，"バイオディーゼルの燃焼は，二酸化炭素に関しては大気に負担を与えない"ということが度々主張される。こうした主張の立場について考えなさい。

期待水準

| 課題 | 生徒に期待される成果 | 要求領域 | スタンダード | | | |
|---|---|---|---|---|---|---|
| | | | F | E | K | B |
| 7.1 | 対照表の中で述べられていることを検証し，正しいものに×印をつける。<br>3番目と5番目に×印をつける。 | I | | | 2 | |
| 7.2 | 挙げられている視点と欠けている視点について分類する。<br>―対照表1：油脂植物・タンパク質植物促進連合<br>　対照表2：石油研究協会<br>―対照表1の根拠：バイオディーゼルのエネルギー換算を肯定的に強調している。CO$_2$排出で明らかに肯定的である，排気ガスの有利な値…<br>―対照表2の根拠：バイオディーゼルの長所を特に強調していない。バイオディーゼルの排気ガスの値の限定的な長所について述べている。バイオディーゼルへの補助金を強調している。 | II | | | 2<br>8 | 3<br>5 |

| | | | | | | |
|---|---|---|---|---|---|---|
| 7.3 | 使用に関連して述べられていることを選び出す。例えば，<br>―排気ガスの値：連邦環境省，調査部局，製造業者，技術検査協会<br>―硫黄による負担：連邦環境省<br>―エンジン内での燃焼プロセス：物理学や化学の本，インターネット<br>―効率：製造業者<br>―インフラストラクチャー　ガソリンスタンド：鉱物油協会<br>―利用の可能性，産出，加工：搾油所，製油所 | Ⅱ | 5<br>6<br>8 | 1<br>2<br>3<br>4<br>10 | 3<br>2 | |
| 7.4 | **可能な実験を略記する。例えば，**バイオディーゼルを磁器製の皿に入れて加熱し，燃え立たせ，燃やす。発生するガスを漏斗と水流ポンプを用いて石灰水の入った洗浄びんに通す。濁りは二酸化炭素を示している。<br>反応式の記述<br>$C_{17}H_{32}O_2 + 24O_2 \rightarrow 17CO_2 + 16H_2O$ | Ⅱ | 1.1<br>3.4 | 2<br>5 | 8 | |
| 7.5 | **炭素の循環についての論証**<br>―菜種はその燃焼によって付加した二酸化炭素の負担分を，毎年，光合成によって再び大気中から取り込む。<br>―ただし，その際，バイオディーゼルの製造によって遊離された二酸化炭素の負担分は考慮されていない。 | Ⅲ | 3.6 | | 8<br>9 | 3 |

## 付録3．「生物」の教育スタンダード

### 1　教科「生物」の教育への寄与

　自然科学と技術は我々の社会のあらゆる領域に影響を与え，今日，我々の文化的アイデンティティーの重要な部分を形づくる。自然科学的認識と技術的応用との相互作用は，多くの分野の進展をもたらす。例えば医学，バイオ・遺伝子工学，神経科学，環境・エネルギー技術の新しい方法の開発と応用において，また，材料や生産方式，ナノテクノロジー，情報テクノジーのさらなる開発においてである。他方，自然科学と技術の開発はリスクを含んでおり，それは認識され，見積られ，把握されなければならない。このことに関わり，自然科学諸科からの知識が必要となる。

　**自然科学教育**は，技術開発や自然科学研究に関する社会的コミュニケーションや世論形成への個人の能動的参加を可能にする。それゆえ，一般教育の本質的な要素である。

　自然科学の基礎教育の目標は，現象を経験的に知ること，自然科学の言語と歴史を理解すること，自然科学の成果についてコミュニケーションすること，及び自然科学が関わる固有の認識獲得の方法とその限界に根本的に取り組むことである。加えて，世界の分析的・合理的考察を可能にする，理論・仮説から導かれる自然科学的活動も欠かせない。さらには，自然科学の基礎教育は，自然科学・技術の職業分野のための方向づけを示し，接続可能な能力や職業関連の学習の基礎を形づくる。

　**教科「生物」**は，生き物との交流の中で，世界を解明することに寄与する。生物的自然は，さまざまなシステム―例えば，細胞，生物，生態系や生物圏―，相互作用，及び進化の歴史で形づくられる。生物システムの理解には，異なったシステム間を思考上で交換すること，さまざまな視点を取り入れることが必要である。それとともに，生物教育においては，多面的な視点の思考と体系的な思考を同時に発達させることが特にうまくいく。こうしたシステム構造において，人間は自然の一部であり，自然に対峙するものでもある。人間自体が生物教育の対象であることにより，個々人の自己理解や自立的な行動の発達に寄与する。これは個人的，並びに社会的な責任において，健康を意識した行動や環境にやさしい行動の基礎である。生物教育へ積極的に関与することにより，コミュニケーションや評価のコンピテンシーは促進される。

### 2　教科「生物」のコンピテンシー領域

　中等修了資格の取得に伴い，生徒は一般に自然科学のコンピテンシーを，特に生物

のコンピテンシーを有する．ヴァイネルトにしたがうと，コンピテンシーとは，"確定した問題を解決するために，個人が自由自在に用いることができる，あるいは習得することができる認知的能力と技能，並びに，確定していない状況における問題解決に成果と責任を持って活用でき得るための，認知的能力と技能が結びついた，動機づけ，意志，社会性の準備と能力"である．

| 教科「生物」のコンピテンシー領域 | |
|---|---|
| 専門知識 | 生物，生命現象，概念，原理，及び事実を知り，基本概念に分類する． |
| 認識獲得 | 観察，比較，実験，及びモデルを活用し，活動の手法を適用する． |
| コミュニケーション | 情報を事象や専門に関連づけて解明し，交換する． |
| 評価 | さまざまな文脈において生物の事態を認識し，評価する． |

中等修了資格を持った生徒は，教科内容や行動の次元を考慮した教科「生物」のコンピテンシーを獲得しなければならない．

● 3つの自然科学は，基本概念によって内容の次元を示す．基本概念は，累積的で文脈に関連した学習を促進する．生物では，3つの基本概念，システム，構造と機能，及び発生が重要である（2.1節参照）．基本概念により，生徒は構造的かつ体系的な内容の文脈を分析し，基本的で網目状に結びついた知識を獲得する．

● 活動の次元は自然科学の認識獲得の基本要素，つまり実験的・理論的活動，コミュニケーション，及び専門的・社会的文脈における生物の事態の適用・評価と関連する．

生物の活動のこれら両者の次元は，生徒が自らに役立つ多様なコンピテンシーを獲得すること，自然と文化の世界を理解し解明することを可能にする．内容の次元は，主に専門知識のコンピテンシー領域において示され，また，活動の次元は，認識獲得，コミュニケーション，及び評価のコンピテンシー領域において示される．内容と活動に関連するコンピテンシーは共同で，しかも文脈においてのみ獲得される．コンピテンシーは学習の成果を記述したものであり，授業方法・方略を前もって定めたものではない．

## 2.1 専門知識

**生物，生命現象，概念，原理，及び事実を知り，基本概念に分類する。**

コンピテンシーは，内容に関連して獲得される。専門科学としての生物学の幅の広さとその高い知識水準，及び現在の生物学の推進力は，生物学の知識の中核と範例的なやり方で内容を還元することを生物教育に要求する。これらの知識は，網目状に結びついた3つの基本概念を基礎にして習得される。それは体系的で多面的な視点の思考，及び本質的なものへの限定を促進する。中等修了資格に関して，教科「生物」の内容は，次のような3つの基本概念で構成される。

**システム，構造と機能，発生**

### システム

生物学は，歴史的展開の中で，解釈された科学が記述されることによって発展してきた。現代生物学は，生物的自然を系統的に考察するバイオシステムの科学である。

- 生物システム（バイオシステム）は，生物学の主題である。生物システムには，細胞，生物，生態系，及び生物圏がある。これらのシステムは，さまざまなシステムレベルにある。
- 生物システムは，相互に作用し合うさまざまな基本要素から構成される。細胞は細胞内小器官から，生物は器官から，生態系や生物圏は無生物的要素と生物的要素から構成されている。
- 生物システムは，独自のさまざまな特徴を持つ。その特徴とは，細胞や生物では，例えば物質やエネルギーの変換，制御と調節，情報処理，運動，及び遺伝情報の複製と発現である。細胞や生物は，相互に作用しながら環境に属している。生態系や生物圏の特徴は，生物的自然と無生物的自然との相互作用，物質循環，及びエネルギーの流れである。
- 生物システムは，構造と機能によって特徴づけられる。
- 生物システムは，遺伝的変異と環境条件的変異，並びに個体発生と進化による発生の可能性によって特徴づけられる。
- 生物システムは，地球の他のシステムとの関連を持つ。さらに，経済システムや社会システムと結びついている。

### 構造と機能

構造の理解，整理，再認識は，バイオシステムの機能や発生の理解が基礎にある。構造の機能的，発生的な考察は，生物学が解釈的な自然科学であることを証明する。

● 生物の構造と機能の基本的構成単位は細胞である。
● 細胞，生物，及び生態系と生物圏の機能には，絶えず構造上の裏づけがある。
● 物質とエネルギーの変換，制御と調節，情報処理，運動，及び遺伝情報の複製と発現といったシステムの性質をもたらすのは，構造と機能である。
● 生物の環境への適応は，構造と機能の進化によってもたされた成果である。

発生

　生物システムは，時間とともに変化する。それらは発生によってもはっきり示される。個体発生と進化による発達は区別される。
● 細胞と生物は，種固有の個体発生を示す。生態系と生物圏は，時間とともに変化する。生物圏は生態系の進展によって変化する。
● 遺伝的性質と環境の影響によって，種固有の個体発生が生じる。
● 突然変異と自然選択は種内部での発生や系統発生の原因となる。
● 生物の個体発生や系統発生は，それぞれ時間が異なる。
● 人間は直接的にも間接的にも生物システムを変化させる。

　これらの基本概念を用いて，生徒は生物学の専門科学の内容を記述し構造化する。一方では，学習者は生物学によって動的にさらに拡大される生物の事態の複雑性を克服し，他方では模範的な累積的に獲得される知識が結びつけられる。生物学の課題と事象に関連する統一的な理解は，学習者が次のような状態にある場合に示される。それは彼らが生物学の課題設定を扱う際に，柔軟に体系の水準を変換（垂直的な視点の変換）し，生物学の中や自然科学の分野間でさまざまな自然科学的な視点をとる（水平的な視点の変換）ような状態である。網目状に結びつく知識を構築する際に，学習者は特に体系的で多面的な視点の思考を発達させる。

　それゆえ，学習者は教科「化学」や教科「物理」において比較可能な概念を利用するので，基本概念は，生徒に知識の学際的な網目状の結びつきも可能にする。彼らは，基本概念「システム」を「物理」における基本概念「システム」と結びつけ，基本概念「構造と機能」を「化学」における基本概念「構造と性質の関係」と結びつける。それで，生徒は，構造化された自然科学の基礎知識の構想において，中等修了資格を獲得する。獲得された生物学の基礎理解は，例えば，自然保護や持続可能な開発を配慮する環境領域，生命工学の領域，あるいは経済，社会，倫理の観点を考慮する医学において，生物学の応用判断を可能にする。これらは社会的な討議に参加することを可能にする。生物システム内で，あるいは生物システム間で相互作用に取り組むことは，システムにおける思考を促進し，純粋で直線的な思考に立ち向かう。

中等修了後にさらに続く教育の過程で深められる教育のために，基本概念はより細分化される。

### 2.2 認識獲得
　　**観察，比較，実験，及びモデルを活用し，活動の手法を適用する。**
　生物学は，生命現象の批判的関連での観察，仮説へと導く実験，基本的な科学的方法の手続きとして批判的関連での比較とモデル化を活用する。

　仮説へと導く活動の際に，生徒は3つのステップに進む。まず，1つの問題から課題設定を文章化し，さらに，関連する仮説を設定する。それから，観察，比較，あるいは実験を計画し，これらの探究方法を実行する。その際，生物学で顕微鏡操作，生物の同定や処理のような一定の活動の手法を決定するようになる。最終的に，学習で獲得した資料を評価し，仮説について解釈する。

　学習者は，血縁関係，例えば種間，及び生態学的な類似性や相違性に関する生物学の認識を，批判的な関連での観察や比較の助けで獲得する。これらは進化論についての考察でもいえる。

　モデルやモデル化は，とりわけ生徒が複雑な現象を扱ったり具体的に示したりするような応用についての生徒の自然科学の認識過程で出てくる。実在する，あるいは考えられた対象やシステムの理想化，または一般化した表現として，モデルを学習に利用する。モデルを使った活動の際に，学習者は課題設定の答えが本質的なものと見なされるように，その実在する対象の特性のみ考慮する。その点では，自然科学的認識獲得の重要部分の文字通りのモデル化であり，またはモデルの批判的な省察である。

### 2.3 コミュニケーション
　　**情報を事象や専門に関連づけて解明し，交換する。**
　コミュニケーションのコンピテンシーは，私的領域と同様に仕事の世界においても人間の共同生活の基盤である。コミュニケーションは，学習者に生活現実との交流を可能にし，生物の事態を把握し紹介することも可能にする。コミュニケーションの形成は，一方では直接の学習対象であり，他方では学習過程の方法である。認識獲得と専門に関連した用語の習得は，相互に影響し合う。

　世界を解明する基盤は，言葉である。教科「生物」も言語コンピテンシーの強化，特に，学習者の専門性に基づく読解力，表現力に教育的に寄与する。学習者は，専門教育に個人の日常の表象を持ち込み，専門的な概念と専門用語を逆に日常用語に戻す。それで，特に社会・日常の関連性を含めて，生徒は生物学のテーマについて議論する

能力に到達する。

　教科「生物」でのコミュニケーションに関して，例えば，写真，図版，表，専門記号，公式，方程式，グラフのようなさまざまなテキストや情報源が利用される。生徒は，さまざまな情報源の意味内容を理解し，それらを互いに関連づけ，処理し，発信する。これらの能力は，拡大される読解力，あるいは理解力の本質的な構成要素である。論理的に構成された言葉の描写，及び口頭や文字による表現形式での自分の意見は，特に重要である。

　生物学の情報の処理は，学習者の予備知識を基礎に行われる。これに加えて，生徒は，しばしば専門の適切な理解の発達にとって重要な，場合によっては修正されるべき日常の表象を持っている。生徒は，自分の予備知識，獲得した学習水準，学習過程について省察する。さらにまた，学習者は情報源として認識獲得の実践的な方法と態度を活用する。それに加えて，本，雑誌，フィルム，インターネット，データ処理プログラム，アニメーション，シミュレーション，ゲームのようなメディア及び専門家の調査が重要である。生徒がこれらの資料を目的に合わせて活用し，生産的な方法でそれらを検討するならば，顕著なコミュニケーションのコンピテンシーを駆使できる。

　コミュニケーションのコンピテンシーは，さまざまな社会形態で育てられ，過程を批判的に省察することによって促進される。それゆえ，授業で獲得したコミュニケーションのコンピテンシーは，一生の学習の意味で学校外のコミュニケーションのための基礎でもある。

## 2.4　評価
**さまざまな文脈において生物の事態を認識し，評価する。**

　基本的に網目状に結びつけられた専門知識を基礎に，学習では自分の身体を含めて，生命系の生物構造や発生に関する知識を獲得する。生徒は，健全な自然と自分の健康な生き方を高く評価することを発達させ，持続的な開発の意味での決定に理解を示す。生徒は現代生物学の適用領域において新しい事態を理解し，さらに評価コンピテンシーを発達させる場合には，社会で一部意見が対立するような議論に参加することができる。

　もっとも広い意味で，倫理的な判断形成は生物教育のテーマの重点である。つまり，自分や他人に対して，及び環境に対して関連する責任を自覚する人間行動である。それに対し，例えば，胚の研究，生物の遺伝子工学上の変容，生態系における大量の動物の飼育や干渉がある。評価の基準は，持続的な開発の原理，及び2つの基本的な倫理の思考伝統にある。一方では，最初の方向には人間の尊厳が中心にある。これは不

可侵として見なされる。他方では，結局は人間が健康であること，あるいは彼ら自身の決意のための体系的で完全な自然の保護に方向を定める。

　生徒が本来の評価をする前に，生物の事態を解明し，可能な問題点を理解する。その際，さまざまな方法で家庭内での視点，あるいは交友範囲での視点，社会，別の文化，立法において，あるいは自然の次元においても個別のグループの視点を受け取る。この視点を転換する能力には，他の人の役割を紹介したり，そして誰か他の人を思ったり，そこから自分のこととしてもっとよく決定するように理解を発達させることがふさわしい。これは自分の容認範囲をはっきりと自覚させて楽にし，これらを広げる。生徒は行動する可能性を体系的に評価する際に，倫理的な価値との関係でこれを設定する。学習により，自分自身で，あるいは他人や違った種類の判断もが基礎づけられるべきである。これらを基礎に，個人的に，社会的に話し合われるべき価値を考慮して，自分の立場を主張する。倫理的な評価によって，狭い意味での自然科学の視点は補足される。これは他方で多面的な視点の思考を暗に含む。両方とも現代の生物教育の本質的な構成要素である。

## 3　教科「生物」のコンピテンシー領域のスタンダード

　以下では，4つのコンピテンシー領域に関わり，生徒が中等修了資格の取得に伴い獲得する規定的スタンダードが表現される。具体的な内容は，課題例で範例的に割り当てられる。

### 3.1　コンピテンシー領域「専門知識」に関するスタンダード
　　生物，生物現象，概念，原理，事実を知り，基本概念に分類する。

F1　システム
　生徒は，…
F1.1　システムとしての細胞を理解する。
F1.2　システムとしての生物及び生物群集を解釈する。
F1.3　システムとしての生態系や生物圏を解釈する。
F1.4　生物内，生物同士，及び生物と無生物の相互作用を記述し，解釈する。
F1.5　システムのレベル間を行き来する。
F1.6　生態系における物質循環やエネルギーの流れを表現する。
F1.7　生物圏と大地の他の圏との相互作用を記述する。
F1.8　持続可能な開発の基本的な基準を知り，理解する。
F2　構造と機能

生徒は，…
F2.1　生物の構造と機能の基本的構成単位である細胞を記述する。
F2.2　バクテリア，植物，及び動物の細胞を構造と機能において比較する。
F2.3　生物や生物群集の構造や機能における共通性と相違性を表現する。
F2.4　器官や器官システムの構造と機能を記述し，解釈する。例えば，物質やエネルギーの変換，制御と調節，情報処理，及び遺伝と複製において。
F2.5　生態系の構造や機能における組織を記述する。
F2.6　選び出した生物の環境への適応を記述し，解釈する。

**F3　発生**

生徒は，…
F3.1　成長，生殖，及び繁殖における細胞分裂の意義を解説する。
F3.2　生物の種固有の個体の発生を記述する。
F3.3　さまざまな生殖の形態を記述する。
F3.4　生態系の時代における変化を記述する。
F3.5　生物の系統上の類似性を記述し，解釈する。
F3.6　選び出した生物の進化の過程と原因を記述し，解釈する。
F3.7　生物の多様性を解釈する。
F3.8　自然における人間の概念及びそれの決定基準を知り，検討する。

## 3.2　コンピテンシー領域「認識獲得」に関するスタンダード

観察，比較，実験，及びモデルを活用し，活動の手法を適用する。

生徒は，…
E1　細胞を顕微鏡で調べ，スケッチで表現する。
E2　生物の解剖学的構造と形態学的構造を記述し，比較する。
E3　基準による比較を通して，生物の系統上の類縁関係，場合によっては生態学的に条件づけられた類似点を分析する。
E4　適当な鑑定文献を使って，生態系においてひんぱんに見られる種を確かめる。
E5　適当な定性的・定量的方法を用いて研究を行う。
E6　簡単な実験を計画，実施，評価する。
E7　認識獲得のための実験的方法の措置を解釈に適用する。
E8　研究の構想，実施，成果の有効範囲と限界を検討する。
E9　構造と機能を具体的に説明するためにモデルを適用する。
E10　モデルを使って，相互作用を分析する。

E 11 　適当なモデルを利用した遺伝情報の蓄積と伝達を記述する。
E 12 　モデル表象を用いて生態系の動的過程を解釈する。
E 13 　モデルの表現力を評価する。

### 3.3 コンピテンシー領域「コミュニケーション」に関するスタンダード
情報を事象や専門に関連づけて解明し，交換する。

生徒は，…
K 1 　さまざまな社会形態の中でコミュニケーションし，議論する。
K 2 　スケッチや理想的な図を用いて，実物あるいは実物通りの模写を記述し，解釈する。
K 3 　システム，構造と機能，及び発生に関する計量可能なデータを，言語的，数学的，図表的な手段を用いて具体的に説明する。
K 4 　さまざまな情報源から生物学の問題設定に関わる情報をねらいに沿って評価する。受け取る人や状況に応じて，さまざまな技術と方法を用いて，情報を処理する。
K 5 　生物学的システム，例えば組織について，事象，状況，及び受け取る人に応じて表現する。
K 6 　生物学研究の成果や方法を表現し，そのことについて議論する。
K 7 　社会や日常と関連する生物学のテーマについて研究報告する。
K 8 　生物の現象を解釈する。それを日常現象との関連に移す。
K 9 　専用用語，場合によっては日常用語のテキストの意味内容，並びに構造化した言語描写である図表の意味内容を記述し，解釈する。
K 10 　複雑な事態において理想的な描写，図面，ダイヤグラム，記号言語を適用する。

### 3.4 コンピテンシー領域「評価」に関するスタンダード
さまざまな文脈において生物の事態を認識し，評価する。

生徒は，…
B 1 　記述的（自然科学的）表現と規範的（倫理的）表現とを区別する。
B 2 　自分の健康保持や社会的責任に関するさまざまな措置や行動様式を判断する。
B 3 　例えば，医療，バイオテクノロジー，遺伝工学のような選び出した話題に関連する認識や方法について，社会的に話し合われるべき価値を考慮して記述し，判断する。
B 4 　郷土性や有用性の保持について記述し，判断する。

B5 　人間の介入が生態系に与える影響を記述し，判断する。
B6 　持続可能な開発の観点から地球規模での循環や物質の流れの影響を評価する。
B7 　持続可能性の意味から環境や自然と調和のとれた行動の選択について検討する。

## 4　課題例

　この章の目標設定は，4つのコンピテンシー領域及び要求水準の明確化に基づいて，スタンダードを具体的に説明することである。

### 4.1　教科に特有な要求領域の記述

　経験的に保証されたコンピテンシーの段階モデルは未だ存在しないので，課題例においては，さしあたり3つの領域に設定された要求を評価に用いる。それらの要求については，アビトゥーア試験における統一的試験要求（EPA）の記述において説明されている。その際，要求領域はコンピテンシーの明示や水準段階ではない。むしろそれは，1つのコンピテンシーや同じコンピテンシーの中でのさまざまな難易度を表現できる，課題の指標であるということが大切である。したがって，後述のことは，第一に，要求領域を1つひとつに分類するための特徴的な基準を示している。

---

**要求領域Ⅰ：事態，モデル，技能を再現する。**
これらの要求水準は，専門知識の再現と，モデルと技能の再利用を含む。
**要求領域Ⅱ：事態，モデル，技能を新しい関連で利用する。**
これらの水準は，基本的に既知の事態を新しい文脈で扱うことを含む。その際に，基本的な専門知識，あるいはその他のテーマに関連して獲得されるコンピテンシーも含む。
**要求領域Ⅲ：事態を新しく習得し，省察し，及びモデルと技能を自主的に活用する。**
これらの水準は，予備知識を基礎に，未知の事態と問題の自主的な習得と省察を含む。概念の知識とコンピテンシーは，自身による説明，探究，モデル形成，あるいは意見などに活用される。

---

|  |  | 要求領域 | | |
| --- | --- | --- | --- | --- |
|  |  | I | II | III |
| コンピテンシー領域 | 専門知識 | ●基本概念を知り，確認した例を記述する。<br>●知識を再現し，基本概念を関連づける。 | ●簡単な文脈で生物学の知識を利用する。<br>●新しい事態を概念に関連づけて記述し，解釈する。<br>●生物の事態をさまざまなシステムレベルで解釈する。<br>●既知の生物現象を基本概念，事実，原理で解説する。 | ●包括的な文脈で生物学の知識を新たに利用する。<br>●生物学，あるいは自然科学のさまざまな視点から新しい事態を解釈する。<br>●システムレベルを解釈のために自主的に変更する。 |
| | 認識獲得 | ●手引書にしたがって実験を実施する。<br>●実験を事象に即して記録する。<br>●研究技術を事象に即して適用する。<br>●活動の手法とモデルを知り，利用する。<br>●判断基準に関連する比較を記述する。<br>●モデルを事象に即して活用する。<br>●モデルを実際に作成する。 | ●生物学の専門課題を設定し，仮説を表現する。<br>●実験を計画し，実施し，解釈する。<br>●観察とデータを評価する。<br>●新しい関連で生物学特有の活動の手法を適用する。<br>●相違点と共通点を判断基準のもとに分析する。<br>●事態をモデルで解釈する。 | ●自主的に生物学の課題と仮説を見つけて，表現する。<br>●データを仮説や失敗に関連づけて評価し，解釈する。<br>●生物を自分で選び出した基準で整理する。<br>●目的に合わせて活動の手法を選択，あるいは変更する。<br>●モデルを使って仮説を作成する。<br>●モデルを表現力と許容力を考慮して批判的に調べる。 |

|  |  | 要求領域 | | |
|---|---|---|---|---|
|  |  | I | II | III |
| コンピテンシー領域 | コミュニケーション | ●自分の知識と活動成果についてコミュニケーションする。<br>●専門用語を利用する。<br>●情報をやさしく推論可能なテキスト，シェーマ，その他の描写形式から，引き出し，加工し，コミュニケーションする。 | ●描写形式を変換する。<br>●新たな文脈で専門用語を利用する。<br>●専門用語を日常用語に変換したり，またその逆を行ったりする。<br>●日常の表象と生物の事態を区別する。 | ●異なった情報源を加工する際に，新しい事態を目標案内として活用する。<br>●自主的に事象や受け取る人に応じて論証し，討議し，及び解決提案を基礎づける。 |
|  | 評価 | ●生物の事態を既知の評価の文脈で再現する。<br>●評価を追体験する。<br>●健康，人間の尊厳，無傷の環境，持続的なことに関して知られた評価基準を記述する。 | ●新たな評価の文脈で生物の事態を解説する。<br>●新たな評価の文脈で人間あるいは自然に関係する決定を認識し，記述する。<br>●事態を健康，人間の尊厳，無傷の環境，持続的なことと関係づける。 | ●新たな評価の文脈で生物の事態を解釈する。<br>●別種の決定のために，違った視点を受け取り，理解を発達させる。<br>●自主的な姿勢を持つ。<br>●価値について社会的に交渉できることを基礎づけ，検討する。 |

## 4.2 解説された課題例

　課題内容の重点は，そのつど課題のタイトルに基本概念と関連づけて示される。解決の期待水準は，課題設定への接続で記述される。未解決の問題の際には，たいてい解決方法が示される。提案された期待水準は，生徒により近い表現と専門的な精密さとの間の1つの妥協点である。期待水準から，コンピテンシー領域の重点配分とスタンダードの分類を認識できる。

　かなりの課題が広範であることは，一方では目標設定において，コンピテンシー領域の課題設定が可能な限り明確に包括的に説明されることに根ざしている。他方では，あらかじめいわれている生物の事態の複雑性にある。課題の本文は，目標グループの年齢とその読解力を特に考慮する。

## 課題例1．密閉された水槽

基本概念　システム

> 　3ヶ月前から，教室の明るい場所に，密閉された水槽がある。1000mlの容積中800mlの水が入った，栓をしたガラス容器である。
> 　水槽には，いくつかの緑の水草が植えられ，植える際のその重さの合計は215gである。さらに水槽には最初から2匹の先のとがった泥カタツムリ（Spitzschlammschnecke）が住んでいる。その体重の合計は18gである。これらのカタツムリは水中で生きているが，肺のあるカタツムリであり，変温性の動物である。それらは，水草，藻類の付着生物，微小生物，動物の死骸から栄養をとる。

出典：W. Zink, Das versiegelte Aquarium. In: Natura aktuell, Heft 5, Klett-Verlag, Stuttgart 2001

### 課題設定

1．水槽は水で完全には満たされていない。

水槽の空気スペースには，次のような意味がある：

(a)　□水槽の空気スペースは断熱に役立つ。

(b)　□空気スペースは，本来は間違いである。

(c)　□カタツムリは，呼吸のために空気スペースが必要である。

(d)　□植物は，呼吸のために空気スペースが必要である。

正しい発言を選択し，あなたの判断について，理由を挙げて説明しなさい。

2．カタツムリは頻繁に食害を引き起こすにも関わらず，3ヶ月後に水槽の植物を食べ尽くしてはいない。むしろ植物は紛れもなく，よく繁殖している。クラスの生徒は次のように説明する：「これはカタツムリの排泄物があるからです。カタツムリは，栄養を摂るのと同じくらい排泄しています。これらの排泄物は，栄養として植物に役立ちます。それで植物はずっと成長しています。」

a）これらの論証に対する自分の立場を明らかにしなさい。

b）図式を用いて物質循環としての具体的な事象を表現しなさい。

3．生徒は，密閉した水槽をさまざまな水草とカタツムリを使って自分で調整し，これを家で1ヶ月間観察する，という指示を受ける。教師は次のように助言する：「水槽を部屋の暗い場所においてはいけません。」

なぜ教師の助言に注目すべきか，理由を挙げて説明しなさい。

付録3.「生物」の教育スタンダード　235

**期待水準**

| | 生徒に期待される成果 | 要求領域 | スタンダード | | | |
|---|---|---|---|---|---|---|
| | | | F | E | K | B |
| 1 | 答えはCが正しい。カタツムリは肺呼吸しており，水中に溶けた酸素を取り入れることはできない。水上の平地で大気中の酸素を吸い込まざるをえない。これはガラス容器に適した空気スペースがある場合にだけ成功する。 | II | 1.4 | 12 | | |
| 2.1 | カタツムリの排泄物は，水槽の中でバクテリアにより栄養塩に分解され，肥料として水草に作用し，植物にも藻類にもその生長に好ましい影響を与える。けれども，生物資源の生長は，緑色植物と藻類の光合成に根ざしている。この過程で，二酸化炭素と水から炭水化物が作られ，酸素が放出される。炭水化物は植物のために部分的に基質成分に変換される。あるいは栄養素貯蔵所に蓄えられる。十分に藻類が生長し，カタツムリの数がそれほど多くない場合に，カタツムリは植物を食べ尽くす状況にはない。 | II | 1.4 | 12 | 1 | |
| 2.2 | <br>光<br>水生植物，藻類：<br>$CO_2 + H_2O \longrightarrow$ 生物資源〈C, H, O〉 $\to O_2$<br>$CO_2$<br>カタツムリ：生物資源〈C, H, O〉 | I<br>場合によっては<br>II | 1.4<br>1.5<br>1.6 | 12 | 10 | |
| 3 | 緑色植物は，太陽光を利用して，同時期の動物に栄養として役立つエネルギー豊富な炭水化物を生産する。これらの生産物は，十分な炭素・二酸化炭素濃度に加えて，決定的に明るさに左右される。これらは外部の影響の大きさとして密閉されたシステムに作用する。水槽を暗所に置くと，光合成の割合とともに植物の生長は減少する。それで，カタツムリが植物を強く攻め立てると，決定的にシステムバランスの妨げになると考えられる。一定の極限値のもとで明るさが低下すれば，植物は完全に生産を調整し，徐々に枯れていく。それゆえ，システムは崩壊する。 | II | 1.3<br>1.4 | | 1<br>8 | |

# 初 出 一 覧

本書の各章の初出は，以下の通りである。所収にあたり，できるだけ新しい情報を加え，適宜，修正を施している。

第1章　初等教育における理科の歴史
- 宮野純次（1990）．東ドイツの初等教育における理科的領域の取り扱い―「郷土科」の新旧学習指導要領の比較―，日本理科教育学会研究紀要（日本理科教育学会編），31巻2号，1-8頁．
- 宮野純次（1995）．ドイツの郷土科，寺川智祐編著，理科教育　そのダイナミクス，大学教育出版，228-254頁．

第2章　初等教育における理科の教育課程
- 宮野純次（2013）．ドイツ基礎学校における科学教育の最新動向―ハンブルク州の「事象教授」を中心として―，京都女子大学発達教育学部紀要，9号，45-54頁．

第3章　初等教育における理科と環境教育
　第1節　学校への環境教育の導入，及び第2節　学校における環境教育の展開
- 宮野純次（2000）．ドイツ基礎学校における環境教育と事象教授，京都女子大学教育学科紀要，40号，94-102頁．
　第3節　環境教育における自然体験学習
- 宮野純次（2006）．ドイツの自然体験学習，降旗信一・朝岡幸彦編著，自然体験学習論～豊かな自然体験学習と子どもの未来～，高文堂出版社，107-121頁．

第4章　初等教育における理科と就学前の自然学習
- 宮野純次（2014）．自然に関する学習―ドイツの初等・基礎領域を中心に―，京都女子大学発達教育学部紀要，10号，31-38頁．
- 宮野純次（2015）．ドイツの初等・基礎領域における自然に関する学習―ハン

ブルク州における学びの連続性について―，京都女子大学発達教育学部紀要，11号，41-48頁．

第5章　中等教育における理科の教育課程
　第1節　前期中等教育における理科の教育課程
　　・藤井浩樹（2004）．ドイツの中等化学教育（前編）―前期中等教育の教育課程と教科書を中心に―，化学と教育（(社)日本化学会編），52巻5号，340-343頁．
　第2節　後期中等教育における理科の教育課程
　　・藤井浩樹（2004）．ドイツの中等化学教育（後編）―後期中等教育の教育課程・教科書と大学入試を中心に―，化学と教育（(社)日本化学会編），52巻11号，786-789頁．
　第3節　総合理科の教育課程の開発
　　・藤井浩樹（1997）．ドイツの理科カリキュラム観―総合理科カリキュラムの開発の動向を中心として―，理科の教育（日本理科教育学会編），46巻3号，16-19頁．

第6章　中等教育における理科の教科書と授業
　第1節　理科の教科書
　　・藤井浩樹（2004）．ドイツの中等化学教育（前編）―前期中等教育の教育課程と教科書を中心に―，化学と教育（(社)日本化学会編），52巻5号，340-343頁．
　　・藤井浩樹（2004）．ドイツの中等化学教育（後編）―後期中等教育の教育課程・教科書と大学入試を中心に―，化学と教育（(社)日本化学会編），52巻11号，786-789頁．
　第2節　理科のプロジェクト授業
　　・藤井浩樹（2001）．ドイツのプロジェクト授業から学ぶこと，化学と教育（(社)日本化学会編），49巻5号，259-261頁．
　第3節　理科の授業改革の動向
　　・藤井浩樹（2010）．進むヨーロッパの理科授業改革―面白い理科へ，自分と関係する理科へ―，理科の教育（日本理科教育学会編），59巻11号，44-47頁．

第7章　理科の大学入学試験
- 藤井浩樹（2011）．ドイツの大学入学試験―「化学」のアビトゥーア試験を中心に―，化学と教育（（社）日本化学会編），59巻2号，111-114頁．

第8章　理科の教員養成
- 藤井浩樹（2005）．ドイツにおける理科の教師教育―化学教師を中心に―，化学と教育（（社）日本化学会編），53巻9号，516-519頁．
- 藤井浩樹（2008）．ドイツの初等理科教育―事実教授の教育課程・教科書と教員養成―，化学と教育（（社）日本化学会編），56巻9号，466-469頁．

著者紹介

宮野　純次（みやの　じゅんじ）
京都女子大学発達教育学部教授
博士（教育学）
昭和33年　鹿児島県に生まれる。
主著に，『理科教育的視点からみたドイツの総合的学習』（風間書房），
『理科教育　そのダイナミクス』（共著，大学教育出版）などがある。
（本書では第1章から第4章と付録1，付録3を担当）

藤井　浩樹（ふじい　ひろき）
岡山大学大学院教育学研究科准教授
博士（教育学）
昭和42年　兵庫県に生まれる。
主著に，『ドイツ化学教授学の成立に関する研究』（風間書房），
『理科教育　そのダイナミクス』（共著，大学教育出版）などがある。
（本書では第5章から第8章と付録1，付録2を担当）

---

ドイツの理科教育──その伝統と革新──

2015年3月31日　初版第1刷発行

著　者　　宮　野　純　次
　　　　　藤　井　浩　樹
発行者　　風　間　敬　子

発行所　　株式会社　風　間　書　房
〒101-0051　東京都千代田区神田神保町1-34
電話 03(3291)5729　FAX 03(3291)5757
振替 00110-5-1853

印刷・製本　太平印刷社

©2015　Junji Miyano　Hiroki Fujii　　NDC分類：375
ISBN978-4-7599-2081-9　　Printed in Japan
〈JCOPY〉〈(社)出版者著作権管理機構　委託出版物〉
本書の無断複写は，著作権法上での例外を除き禁じられています。
複写される場合はそのつど事前に(社)出版者著作権管理機構（電話 03-3513-6969,
FAX 03-3513-6979, e-mail: info@jcopy.or.jp）の許諾を得て下さい。